제2판

사회과학
입문서

질서의 지배자들

임승빈／지음

法文社

봉준호 감독의 '기생충'이 2019년에 칸영화제 최고의 대상인 황금종려상에 이어 아카데미 감독상을 받은 것은 기뻤지만 영화의 내용은 소위 웃픈 현실이었습니다. '기생충'은 사회 안전망 바깥에 살아가는 도시 빈민의 문제를 리얼하게 조명하면서 자본주의가 가져오는 어쩌면 필연적으로 발생할 수밖에 없는 격차사회 문제를 폭력으로 풀지 않고 은유와 상징으로 표현하면서 마이클 샌델의 공동체주의 및 정의론을 다시 한번 생각하게끔 만드는 영화였습니다. '기생충'이 세계 각국의 사회에서도 공감이 되어 수상했다는 점은 뿌듯한 자부심보다는 신공공관리로 대변되는 현대국가의 부작용에 대하여 다시금 사회정의와 공동체주의를 바라보게 되는 계기가 되었다는 데에 의미를 두고 싶습니다.

지금 우리는 극복해야 할 또 다른 그리고 겪어 보지 못한 색다른 위기를 맞고 있습니다. 기후변화와 인구소멸, 에너지 위기, 국제질서의 재편 등 수많은 과제를 풀어야 하고 때로는 국제사회에 기여까지 하여야 하는 한국에 우리는 살고 있습니다. 사회변동과 기술변동이 공진화하는 사회에 우리는 살고 있습니다. 그러나 정치·경제·사회의 질서 체계의 변화를 통해 이들 과제를 극복해야 하는데 우리 한국 사회의 각 집단에서는 '질서의 지배자'들이 고착화되어 있고 이러한 문제점을 지적할 수 있는 사회과학이라는 학문 분야에서의 진단과 처방은 오히려 실적에 얽매어 분화된 진단과 처방, 정량(계량)적 실적이 강조되고 있습니다. 데이터 사이언스와 IT, AI 기술진보 시대의 도래와 함께 사상적이면서 융합적인 사고를 갖게끔 하는 정성적인 연구는 도태되고 있는 현실입니다. 그러나 현실은 우리가 모두 최첨단의 기술을 취득하고 윤택한 삶을 살아야 한다는 명제에 동의할 수는 없는 상황입니다. 필자가 본 2022년 드라마 '나의 해방일지'는 여러 가지를 생각하게 한 명품드라마였습니다. 주인공인 염미정과 구씨와의 대화에서 염미정은 구씨에게 사귀자고 말을 하는 것이 아니라 자신을 추앙하라고 합니다.

> "나를 추앙하세요, 어차피 채워지지도 않고 할 일이 없잖아요."
>
> (미정이와 구씨의 대화)

즉, 현대인의 잃어버린 상징계를 찾기 위한 단면을 보여준다고 생각합니다. 들뢰즈의 관점에서 해석을 한다면 '나의 해방일지'에서 아버지와 어머니는 가부장적 가치관을 가졌으나 자식들의 인격체를 존중하는 초코드화, 삼남매의 자식들은 개체화된 탈코드화 현상을 보여주고 있습니다. 산업화 속에서 살았던 아버지와 어머니는 자신들의 육체적인 능력(노동)으로 집안과 가족을 일군 사람들로 묘사가 되지만 반면에 두 딸과 아들은 각자의 인생관을 갖는 개체주의적 삶을 꿈꾸고 있습니다. 한 가족이지만 남매들의 꿈과 생활방식의 지향점이 다르기 때문입니다. 그것을 알 수 있는 것은 각자가 지인들과 어울려 지하철이 끊기는 시간이면 서울 강남역에서 삼남매가 모여 경기도의 산포시의 집으로 십시일반으로 돈을 모아 택시를 타지만 택시 안에서도 세 명은 거의 대화를 하지 않습니다. 삶의 지향점과 가치관이 다르고 서로 개입하고 싶지도 간섭당하기도 싫으니까요. 바로 MZ세대적 풍토입니다. 여기에 등장하는 구씨 역시 술집 깡패 출신이면서 사연을 갖고 아버지 밑으로 들어오면서 이들 가족과 인연을 맺게 되지만 구씨 또한 일종의 자신의 삶의 방식을 추구하는 탈코드화된 인간으로 설명할 수 있습니다. 그렇다고 부모, 삼남매들, 구씨를 포함 모두 현재의 상황에 만족하지는 않습니다. 그럼에도 불구하고 이들은 자신의 추앙하는 상대를 끊임없이 찾습니다. 전근대적인 왕과 신이라는 신분제 사회에서, 근대의 가족주의 사회에서, 현대의 개체주의 사회로 변동하고 있는 모습을 잘 나타내고 있다고 봅니다. 그러나, 아버지 역시 이전의 근대적인 가치관을 갖고 가족에게 희생만 하는 모습으로 그려지지는 않습니다.

> "너 이놈의 자식아, 도대체 어떤 계획을 갖고 있어?"
> "아버지는 계획 갖고 살아서 이 모양 이 꼴입니까?"
> "나 먹고 싶은 건 내가 알아서 해, 하고 싶으면 네가 알아서 해. 안 말려."
> (아버지와 아들의 대화)

맞습니다. 지금 우리 사회는 매우 다양한 가치관에 생활관을 갖고 있는 해방을 꿈꾸는 다양한 계층으로 구성되어 있습니다. 이렇게 된 원인이 무엇인지를 규명하는 것보다는 해법을 제시하여야 하는 것이 사회과학자들의 역할이라고 봅니다. 소득, 기술, 교육, 지역, 기업 간들의 격차를 극복하는 메타인지적 관점뿐만 아니라 개체화된 개인들에 대해서도 미시적인 해법을 제시하여야 한다고 봅니다. 아울러 계층화된 한국 사회가 점점 고착화되어 사회적 유동성이 약화되지 않도록 하는 것 또한 우리의 과제들이라고 봅니다. 본서는 이러한 문제의식에서 출발하여 사회과학을 입문하는 혹은 관심있는 독자들을 위해 통시적인 역사 인식과 문화인류학적인 사회구조의 변화와 과학기술이 변화하는 정치·경제·사회의 질서체계에 대하여 우리나라를 비롯 동서양을 관찰하고 비교분석하고자 했습니다.

끝으로 틀에 박힌 인사말이지만 개정판이 나오는 과정에서 교정과 편집에 열정을 가지고 임해주신 법문사 사장님과 편집부 직원 여러분의 지원이 없었다면 본서의 출판은 불가능했을 것입니다. 진심으로 심심한 감사를 드립니다. 향후에도 독자들의 관심과 질책을 기대하면서 다소나마 본서가 사회과학에 대한 이해 증진과 발전에 기여를 했으면 하는 바람입니다.

2024년 1월
서울시 종로구 옥인동 二五齋에서
저자 임승빈 씀

차 례

들어가며

    생명을 가진 모든 생물은 자신의 생태계를 지배하거나 생존하려고 할 것이다. 호모사피엔스라는 인간들은 더욱 그 욕구가 강하다. 그러나 그 욕구는 상황과 조건, 대상에 따라 바뀌기 때문에 사람들로 구성된 사회현상을 연구하고자 하는 사회과학자들은 기본적으로 역사적인 접근방법을 버리면 안 된다. 왜냐면 한 시대에 혹은 어느 나라에 발생한 사회적 현상의 기원은 그 자신의 문화와 역사, 심지어는 주변국을 넘어 세계사적인 역학 관계로 발생했기 때문이다. 이러한 의도로 본문에서는 고대국가에서부터 현대국가에 이르기까지 6개의 장으로 구분하여 각 시대별 정치 · 경제 · 사회의 질서체계의 지배적 논리와 지배자들의 특성을 파악하고자 했다. 정치 · 경제 · 사회를 구성하는 각각의 질서체계를 분석한다는 것은 원칙을 찾아내어 진단과 처방, 그리고 예측까지 하는 작업인데 각국의 역사와 문화, 그리고 관련된 세계사적인 흐름과 사상과 사조까지 밝혀내지 않으면 안 될 것이다. 그러나 이러한 의욕은 쉽게 좌절될 수밖에 없다.

    그럴 만한 필자의 지적 체계의 결핍과 대상 국가들의 모국어를 충분히 이해하지 못하기 때문에 기존 학자들과 문헌들에 의한 2차 자료를 고찰할 수밖에 없었다. 이러한 노력에도 불구하고 국가의 운명과 일상생활을 지배하는 정치 · 경제 · 사회의 질서체계가 어떻게 구성되고 어떤 역할을 했는지에 대해서 처음의 의도에 비해서 충분하지는 못했지만 밝혀내려고 했다. 본서에서 분명하게 밝힌 점은 동서양을 막론하고 기원전부터 기원후까지 종교와 정치체계가 국가와 사회를 지배하는 체계로 자리 잡고 있었다는 점은 동일했었다는 것이다. 실제로 지금같이 우리의 모든 삶을 지배하고 있는 경제체계가 주인공으로 등장한 시기는 그다지 오래지 않다. 경제체계의 서막을 장식한 아담 스미스(Adam Smith)의 『국부론』이 출간된 시점도 미국 독립선언이 되던 해도 1776년이며, 마르크스의 『자본론』 역시 19C 말이며 우리가 상용하는 경제학(Economics)이란 학문이 최초로 대학에서 만들어진 시점은 그보다도 한참 뒤인 1903년의 영국 케임브리지 대학교가 시초이다. 우리의 가치관과 삶의 방식에 영향을 주는 사회체계 분화 역시 오래지 않다. 스스로가 유신론이든 무신론이든 한동안 우리 사회를 지배한 종교는 의식과 무의식의 세계에서 우리의 생활방식과 정신세계를 여전히 지배하고 있다. 사회질서 체계와 정치적 질서가 씨줄과 날줄처럼 혼합되어 보이지 않는 신분제적이며 계층제적 국가와 사회를 유지시켰으며 이데올로기적 진영과 집단을 구분짓기 시작한 것은 19C 이후이다. 가족관계도 종교·정치와 결부되어 각각의 사회체계에서 그 양상이 다르다. 정확한 통계로 확인을 하기 쉽지는 않았지만 서구사회에서는 결혼한 남녀가 불륜(不倫)을 지속적으로 유지하기보다는 이혼을 통해 새로운 가정을 이루는 것이 모세 십계명의 '남의 여인을 탐하지 말라'는 기독교적인 윤리관 입장에서 보면 적절하다. 반면에 부부유별(夫婦有別) 등을 강조하는 삼강오륜(三綱五倫)의 유교(儒教)적 질서체계를 중시하는 얼마 전까지의 한국사회에서는 가족(일종의 가계라고 볼 수 있는 집안)을 해체시키는 이혼보다는 주로 남편인 배우자의 바람을 눈감아주는 것을 선택하지 않았을까 하는 것이 필자의 생각이다. 그러나 같은 동양권이라도 일본의 가족관계라는 사회적 질서체계는 한국과는 다르다. 개인적 구원이 중시되는 소승불교(小乘仏教)와 토테미즘적인 신도(神道)를 신봉하는 일본 사회에서는 각 가족과 개인은 하나하나의 개체여서 한국 사회보다는 개체적 선택이 중요시된다. 그러나 각 개체의 선택이 서구사회처럼 자유롭다는 의미는 아니다. 자신이 속한 가족의 혈연적 가계가 사회적으로 어떤 신분 계급에 속하느냐가 매우 중요하다. 물론 조선 시대에도 반상(班常)이라는 신분제가 있었다 해도 사실 양반은 신분제가 아니라 계층제적 요소가 강했다. 반면에 일본은 에도시대(1603-1867) 이전부터 심지어는 근대국가인 메이지 국가(1868년) 선포 이후에도 혈연적 신분제 사회가 이어져 왔다. 본서에서 강조하고 싶은 점은 각각의 체계에서의 질서의 지배자들은 최소한 현대국가 이전에는 정치와 사회적 질서체계의 상위자들이었다는 점이다. 그러다가 구미국가와 아시아 국가들의 순서의 차이는 있을지언정 산업혁명에 따른 자본가의 탄생과 경제적 질서체계의 지배자들이 등장하면서 인류사회는 좀 더 다양한 정치와 사회적 질서체계의 재편을 겪고 있는 것이다. 그렇다고 현재의 질서가 혼돈(chaos)상태라는 점을 얘기하고 하는 것은 아니다.

본서의 핵심적 주제어인 '질서'라는 개념이 순서 정연한 질서(order)가 아닌 조화적 질서(cosmos) 개념이라는 것은 본문을 읽으면서 분명해질 것이다. 이는 무질서(disorder)에도 정연한 가치가 있으며 패러다임 전환의 원동력이 될 수 있다는 인식의 전환이 필요하다는 의미와 같다. 그렇다면 21세기 우리들이 살고 있는 패러다임의 변화는 어떠한 계기로 어떻게 발생되고 있는 것인가. 19세기의 찰스 다윈이나 20세기의 토머스 쿤이 지적한 대로 변화된 변종이 혁명적인 대체가 되어 주류가 되는 현상을 자연선택 때문인지 또는 인위적으로 인간이 선택하는 진화과정을 거치는 것인지는 21세기 사회과학자들에게 커다란 과제를 던져주고 있다. 자연과학의 수많은 법칙과 원칙이 여러 방면에서 상호 유기적으로 생태학적으로 연계되어 있듯이 현대인의 활동반경과 삶의 방식의 다양성은 전지구적으로 연계되어 사회과학에서도 자신의 국가와 사회만을 봐서는 문제해결이 보이지 않는다는 점을 인식하여야 한다는 점을 본문을 통해 강조하고 싶다.

또 다른 의미에서는 각자의 국가와 사회에서 자신들만의 고유한 정치·경제·사회체계의 고유성은 점차로 사라지고 있으며 정서적 공동체를 강조하는 것 역시 느슨해졌고 무의미해져 가고 있다는 점을 파악하게 될 것이다. 국가와 사회의 질서체계는 어떻게 만들어졌고 어떻게 전개되었으며 어떤 질서체계를 만들어 나가야 할 것인가를 생각해 보는 것이 본서의 목적이다. 그리고 그 과정에서의 질서의 지배자들의 모습을 사회체계론적으로 그려보는 것이 본서의 또 다른 목적으로 하였다.

권력자와 권위자로
나타나는 질서의 지배자들

권력자와 권위자로
나타나는 질서의 지배자들

인류는 언제부터 문자와 언어를 사용하기 시작했을까

인류는 아래 사진 설명에서와 같이 약 8천년 전부터 표기를 사용하기 시작했다는 흔적이 있다고 한다. 그러나 4천여년 전의 이라크 바빌론에서 점토

출처: 2022년 8월에 필자가 미국 워싱턴 메트로폴리탄 자연사박물관에서 촬영.

판이 출토되면서 지금과 같은 제대로 된 언어체계가 이때부터 형성되었다고 알려져 있다.

인류사회에서 구체적으로 질서체계의 지배자들의 시작은 언제인가. "인류 최초로 점토판에 설형문자를 남기고 큰 숫자를 다루기 위해 수메르인(기원전 3000년)들은 60진법을 발명했는데 1분을 60초, 한 시간을 60분, 하루를 24시간, 원은 360도, 1피트는 12인치로 계산을 한 것이다. 이를 계승한 바빌로니아인(기원전 2000~1600년)들은 연산, 대수학, 삼각법, 기하학 등으로 발전시켜 건축, 무역, 땅의 소유권 분할 등 실용적인 용도에 사용한 흔적들이 발견된다. 예를 들어, 기원전 1700년 프림프톤(Plimpton) 322를 보면 이들 바빌로니아인들이 $a^2 + b^2 = c^2$의 직삼각형 공식을 피타고라스가 태어나기 1,000년 전에 이미 기록해두고 있었다. 이들 바빌로니아인들은 천문의 관측을 통해 점성술이라는 것을 만들고 신들의 왕인 아누와 공중의 신인 엔릴을 창조하기에 이른다. 이후 이들의 성좌표는 그리스 로마로 넘어가 라틴어가 붙여진 신들의 이름으로 바뀌어 머큐리, 비너스, 마스, 새턴, 우라노스, 넵튠 등의 행성 이름으로 사용된다. 별자리 역시 바빌로니아 언어에 해당되는 라틴어 이름을 갖게 되는데 토로스(황소)는 춘분, 레오(사자)는 하지, 스콜피온(전갈)은 추분, 카프리코르누스(염소)는 동지라는 뜻을 가진다. 인도의 베다신들을 모시는 '불의 제단' 역시 바빌로니아인들과 유사한 시기에 산스크리트어로 기록된 천문학이 발달된 것이 확인된다. 중국의 상(商)왕조의 수도였던 은허에서 출토된 갑골문에는 무정(武丁) 29년 12번째 달 15일에 월식에 관한 내용을 기록했는데 기원전 1311년 11월 23일과 정확히 일치한다. 제사장이자 천문학자인 고대인들은 이러한 달력을 사용해서 곡식을 심거나 제사 드리기에 적합한 때, 월식과 일식 등을 정확하게 예측하게 된다."[1] 물론 현존 인류의 조상들은 달이 한 달 주기로 변하는 것과 여성들의 생리현상과 일치되는 것을 알게 되어 여성=생산=교환가치라는 등식이 성립되고 주변 환경의 규칙적 변화

---

[1] 존 핸즈 지음・김상조 옮김(2017), 코스모사피엔스: 우주의 기원 그리고 인간의 진화, 소미미디어, pp. 728-731에서 발췌 요약.

를 알게 되어 농업인으로 안정된 삶을 시작하게 된 것은 문자가 기록되기 이전부터이다. 그리고는 고대국가에서 천문학에 대한 지식과 점성술을 독점하는 세력들은 고대국가의 질서의 지배자들로 자리를 잡게 된다. 인류는 자신의 종족이나 부족, 국가를 지배하려는 정치적 권력, 경제적 권력, 종교와 문화로 표출되는 사회적 권력을 쥐거나 혹은 그 굴레에서 벗어나려고 하는 역사 속에서 살아왔다고 해도 과언이 아니다. 지배력을 보다 쉽게 또는 보다 공고히 하기 위하여 초기 인류는 가상의 실재인 신화와 종교를 만들어 정신적인 지배까지도 장악을 하려고 하기도 했다. 학문 역시 시작은 인간성을 찾는다거나 자연의 법칙을 찾고자 했으나 그 사회의 질서를 유지하기 위하여 학문 역시 소수의 지배집단에 이용당하거나 스스로 이용되었다. 가장 손쉬운 질서의 형태는 피라미드적 계서제와 같은 것이다. 피라미드적 신분제 사회는 인류문명의 시작과 같이 형성되고 21세기에 이르기까지 동서양을 막론하고 범용적으로 활용된 아주 오래된 질서의 형태였다.

동서양을 막론하고 근·현대 국가에 이르기까지 타인과 사회를 지배하는 수단은 신분과 종교도 있었으며 심지어는 21세기 현재에도 지구상의 많은 나라들에서는 여전히 신분과 종교가 사회적 질서를 지배하고 있다. 이러한 현상을 프랑스의 유명한 역사학자이면서 지리학, 경제학 등에도 영향을 끼친 페르낭 브로델(Fernand Braudel: 1902-1985)은 인류의 정치·경제·사회 역사를 관통하는 질서로서 계서제를 강조한다. 그가 쓴 내용의 일부를 인용하면 다음과 같다. "계서제의 질서는 결코 단순한 것이 아니다. 모든 사회는 다양성이며 복수성이다. 사회는 내부로부터 스스로 분해된다. '봉건(feodale)' 사회를 정의하려던 마르크스주의자들은 사회의 기본적인 복수성을 받아들이고 계서제의 본질을 설명 못한다. 봉건제는 로마어의 '봉토(feodum)'에서 유래한 신조어이지 16세기부터 20세기 전체를 자본주의라고 지칭하지 못 하는 것처럼 11세기부터 15세기 전체를 봉건제로 지칭하는 것은 틀렸다는 것이다. 그러므로 전체적으로 이야기하면 여러 개의 사회들이 혼재하여 잘하든 못하든 서로 의지하고 있으며 여러 개의 체제들이 있고 여러 개의 계서제가 있다. 즉, 하나의 질서가 아니라 여러 개의 질서가 동시대에 존재하는 것이다. 문화, 언어, 의식, 생활양식도 복수로 존재한다. 그러므로 교회, 국가, 도시 등 모든 사회, 하부사회, 가족집단 등도 나름의 계서적 질서를 갖고 있다. 그러나 사회 전체를 보면 가장 눈에 먼저 띄는 것은 하부가 아닌 부와 권력면에서 정상과 기반으로 나누는 기본적인 불평등이다. 피라미드 정상에 있는 한 줌 만한 특권층은 권력과 부와 생산의 잉여 중 많은 부분들이 이들에게 돌아간다. 즉, 통치, 관리, 지휘, 의사결정, 투자과정의 장악 등이다. 이들 밑으로는 경제의 대리인들, 모든 층위의 노동자들, 대다수 피지배민들 등이 있으며 가장 밑으로는 실업자라는 사회의 찌꺼기가 깔려있다. 놀라운 점은 특권층이 아주 소수라는 점이다."[2] 브로델이 인류사를 계서제로 보는 이러한 관점은 아주 탁월하다. 인간은 자유로움을 갖추기 위하여 태어났지만 타인을 지배하기 위하여 태어났다고도 볼 수 있다. 중세유럽뿐만이 아니라 한국을 비롯한 동아시아 국가들에서도 쉽게 볼 수 있는 것이 계서제이다. 심지어는 미국의 현대도시에서마저도 특권층은 극히 소수이며 때로는 우리들도 이들에게 편승하며 화폐, 신분, 종교가 만든 질서를 통해 여전히 구속받고 있으며 그들의 지배를 정당화시키고 있다는 점은 누구라도 동의할 것이다. 그렇다고 비관할 만한 것은 아니다. 개인의 자유를 억압하는 이들 질서의 지배자들이 갖고 있는 정당성과 위험성에 문제를 제기하고 새로운 세계를 만들기 위한 고민은 고금동서의 학자들에게 항상 있어왔으며 지금도 있다.

신분제적 피라미드 사회가 전근대적이고 근대성의 개념이 신분제적 사회의 해체임과 동시에 신분제적 계급제 사회의 해체를 의미하는 것이라면 서구사회에서는 17-18세기 그리고 아시아권에서는 19세기와 20세기가 가장 치열하게 정치, 경제, 사회 권력의 재편이 이루어졌던 시기였다라고 볼 수 있다. 물론 본서에서는 계급제와 계층제의 개념을 달리 쓰고 있다. 계급제는 신분제와 같은 의미로서 혈연에 의한 소유권이 타인들과 차이가 있다는 점이

---

2) 페르낭 브로델 지음·주경철 번역, '물질문명과 자본주의'의 pp. 659-663의 일부를 발췌 요약.

다. 예를 들어, 같은 민족 내에서 계급제를 유지하기 위해서 말투나 옷의 색깔, 거주지역 등으로 차별화를 시도하는 등 객관적인 기준이 있다. 반면에, 계층제는 흔히들 상류층, 중산층, 하류층으로 구분하는데 여러 지표로 구성되며 해당 사회의 주관성이 반영된다. 예를 들어, 2023년도 현재 한국에서의 중산층은 서울에 30평대 아파트에 노후자금이 10억원 정도라고 일반적으로 생각하는 설문조사가 나오는 반면에 영국에서의 중산층은 시간적 여유가 있어 봉사를 하고 자신의 자산으로 타인에게 기꺼이 기부할 수 있는 정도의 재산소유자라고 한다면 계층제는 상당히 주관적인 지표로 구성되는 것이다.

동서양을 막론하고 이러한 전근대적 신분제적 질서가 깨지는 것은 어떤 선각자 혹은 어떤 하나의 사건에 의존했다기보다는 정치, 경제, 사회 모두가 전체적으로 기존의 질서체계가 바뀌어야 가능했다. 질서가 재편되는 시기는 각국에 따라 다를 수도 있지만 공통적인 사항은 경제 질서를 바꿔버린 산업혁명과 종교의 우월권을 빼앗은 과학혁명에서 찾을 수 있다. 서구에서는 토지에 의존하는 경제구조가 아닌 기술과 노동에 의존하는 19세기 산업화와 과학기술의 발전은 다수의 하층민, 대중을 기존의 계급제적이며 신분제적인 사회적 질서로부터 벗어나는 계기를 만들었고 또한 이들의 개인적 자유의지를 강조하는 근현대 사상가들이 나타나기 시작한 것도 바로 이 때였다. 한 국가 내에서 질서를 만들고 이를 유지하기 위해서는 권력과 권위라는 두 개의 수단이 필요하다. 권력과 권위의 구체적인 표출행태는 권력은 국가 내에서 자원의 배분 권한을 갖는 것이고 권위는 제도적(규범과 관습)인 인허가 권한을 행사하는 것으로 간주해 볼 수 있다. 라스키(Lasky)와 같은 정치학자는 권력을 물리적 권력 등으로 구분하는 등 권력과 권위에 대한 개념과 범주에 대해서는 다수의 사회철학자 내지 사회과학자에게 초미의 관심사였다. 그러나 한 국가의 지배질서를 만들고 유지하기 위해 권력과 권위가 일치 혹은 분리되어야 한다는 원칙은 없다. 국가 탄생 이전 단계에서도 권력과 권위는 있었으며 근대국가 내지 현대국가에서도 이 두 가지의 문제는 때로는 일치 때로는 분리되어 형성되어 왔으며 국가의 성장단계에서도 이 둘의 관계는 긴장과 조정

등의 많은 과정을 거쳐왔으며 지금도 진행 중이라고 볼 수 있다.

이와 같은 권력과 권위의 관계를 본서에서는 어느 한 사회집단이 독점하는 것이 아닌 사회의 여러 집단들 간에 소통으로서 연계되어 있다는 사회체계적으로 보는 것이 타당하다고 본다. 권력과 권위에서 권위는 권력만큼 정치의 주요한 측면으로 다루어지지는 않았다. 1960년대 미국 하버드대학교 정치학 교수인 프레드리히는 권력과 권위에 대해 다음과 같이 말한다. "마키아벨리는 권력의 문제를 중요시 다룬 최초의 저술가라고 하며 마키아벨리는 그의 시대적 배경 때문에 권력을 폭력과 유사한 개념으로 이해했을 것이다. 당시 르네상스시대의 피렌체에서의 정치는 매우 위험한 일이었으므로 권위에 대해서는 거의 관심을 두지 않았다. ...(중략)... 엄밀히 말하면 권위는 권력의 일부가 아닌 뭔가가 있다. 권위라는 단어 'authority'는 라틴어의 'auctoritas'에서 파생된 단어이다. 이것은 로마의 원로원(senatus)과 관련 있는 단어이다. 원로원은 로마시민이 결정한 것에 대해 추인을 하거나 거부를 하는데 그들에게는 종교적 심판의 요소도 갖고 있어 원로원의 결정 행위를 권위(auctoritas)라고 한 것이다. 따라서 권위는 이성에 의한 결정이 아닌 이성의 체화된 형태로 나타나는 것이다. 권위라는 것은 논증이라는 방법을 통해 단순히 의지, 욕구 또는 선호의 관점에서 정당화되는 능력을 갖는 것이다."[3]

예를 들어, 이것을 좀 더 쉽게 설명하자면 환자들이 모 병원의 유명한 의사에게 검진을 받기 위하여 대기 순번을 기다리고 있다면 분명히 그 의사 선생이 권력자라기보다는 권위있는 의사이기 때문일 것이다. 그 의사 선생님은 실력으로 권위가 주어진 것이지 권력 작용에 의하여 만들어진 것은 아니다. 그러나 그 의사 선생님을 채용하고 다른 병원에 뺏기지 않도록 높은 급여를 주고 있다면 병원의 경제 권력이 작동되었다고 볼 수 있다. 이는 시장원리를 중시하는 자본주의적 민주주의 국가만이 권력과 권위 관계만이 아니다. 국가

---

3) Carl J. Friedrich(1967), *An Introduction to Political Theory: twelve lectures at Harvard*, 安世舟・村田克巳・田中誠一・福島治共訳(1995), 政治学入門: ハーバード大学12講, 東京: 学陽書房, pp. 155-157의 내용을 발췌 요약.

가 자원배분 권한을 갖는 사회주의 국가라 하더라도 권위있는 의사의 배치 권한을 국가권력이 갖기 때문이다. 즉, 결국에는 정치권력이나 시장(경제)권력을 만들고 유지하는 것은 권력과 권위이지만, 사실은 자원배분 권한을 갖는 권력에 집중되며 권위는 권력의 하위개념으로 자리잡는 것이다.

따라서 우리가 국가와 사회의 질서가 어떻게 만들어지고 이를 유지하는가를 파악한다는 것은 정치권력, 시장(경제)권력, 종교와 문화로 대변되었던 사회권력이 시민권력으로 변하면서 이들 3자들 간의 관계가 어떻게 형성 내지 권력을 배분했는지에 대해서 알아보는 과정이라고 볼 수 있다. 미리 밝히는 바는 본서에서의 사회라는 개념은 개인과 개인이 모여서 만드는 집단의 큰 단위로서가 아니라 변동적 관점에서 사회적 체계를 서술하고자 한다. 역사성을 경제결정론적으로 계급적 관점에서의 사회를 보는 마르크스와 같은 발전론적 관점을 탈피하고, 플라톤이나 헤겔의 이데아적 방향성이 아닌 사회 여러 집단 간의 유기적 소통 관계 속에서 사회체계가 만들어지고 변화하고 있다고 보는 시각을 취하는 것이다. 이는 독일의 사회철학자인 루만의 시각과 같은데 그가 주장하는 바와 같이 베버의 구조기능주의적 시각이 아니라 기능이 우선되는 기능구조적 관점에서 사회적 질서를 보고자 한다. 이럴 경우 루만이 강조하듯이 기대치가 각각 다른 개인과 개인, 집단과 집단들 간의 소통이 중요하며 예술가들의 경우는 그림, 음악, 문학, 연극이 소통의 수단이된다. 이러한 소통의 수단이 개방적이고, 비권위적, 인본주의적일 때 그 사회는 진화적 방향으로 갈 수 있다. 그러나 소통이 어느 한 집단의 지배적, 독점적인 질서의 수단으로 전락할 경우 아무리 경제력이 커지고 민주주의 정치체제일지언정 그 사회는 암흑기를 맞이하게 될 것이다. 따라서 본서에서의 3대권력(정치, 경제, 사회)의 질서는 상호의존적이어야 하며 어느 하나가 절대적 지배권을 가질 때 그 사회의 위험성은 커진다는 것을 역사적으로 실증적으로 추적하는 것이 본서의 집필의 또 다른 목적 가운데 하나이다.

질서의 개념과 범주

사회과학적 관점에서의 질서라는 담론을 들여다보면 역사학과 고고학, 문화인류학적인 관점들과는 분명히 다르다. 역사학이 현재의 시점에서 과거의 인과관계를 통시적으로 보고 고고학이 시대의 인류사회의 특성을 보는 것이라고 본다면 사회과학에서 관심주제인 질서는 인간과 인간관계의 변화를 구성하는 원칙 내지 담론을 찾아내는 작업이다. 예를 들어, 미셸 푸코는 시대마다 다른 무의식의 의식체계인 담론(에피스테메)이 14-15세기 르네상스 시대에는 '유사성', 16-18세기 고전주의시대에서는 '표상', 19세기 이후의 근현대에서는 '인간이라는 주체'로 변해왔다는 것이다. 푸코는 컨텍스트인 구조(structure) 속에서 인간을 봐야 한다는 것이다.

질서는 공동체가 추구하는 공통의 가치·이해·신조에 의해 구성되는 것이라면 위에서 언급한 푸코의 담론이 바뀌듯이 우리 공동체의 질서의 구성체계 역시 바뀌어야 하는 것이다.[4] 본서에서도 질서에 대한 개념 정의를 불변의 가치·이해·신조로 받아들이고 무질서에도 가치·이해·신조가 있다는 점을 인정하고 논리를 전개하고자 한다. 지금, 현재의 시점에서 공동체의 질서란 불변적이고, 어떤 것이라고 정의하지 않는다는 것이다. 당시의 사회적 질서를 형성하게 되는 에피스테메(담론) 구조를 파악함으로서 질서를 지배하는 집단 또는 개인의 특성을 파악하고자 했다. 고대국가부터 지금까지 질서를 지배하기 위한 욕망과 방법론은 문명적 교류를 본격적으로 하지 않았던 시기였지만 동서양을 막론하고 매우 유사하다. 1651년에 영국에서 출판된 『리바이어던』의 저자인 토마스 홉스(1588-1679)는 그의 저서에서 근대라는

---

4) Carl J. Friedrich(1967), *An Introduction to Political Theory: twelve lectures at Harvard*, 安世舟·村田克巳·田中誠一·福島治共訳(1995), 政治学入門: ハーバード大学 12講, 東京: 学陽書房, p. 121에서 1954년 미국최고재판소에서 '공립학교에서 인종차별은 위헌이다'라는 판결의 사례를 든다. 이는 같은 건으로 1924년의 판결과는 완전히 정반대의 결과다. 즉, C. 프레드리히의 표현에 의하면 미국이라는 공동체의 질서체계가 바뀐 것이라는 것이며, 현재는 무질서처럼 보이지만 얼마든지 그 안에도 가치와 신조 등이 있을 수 있다는 것이다.

시대사와 더불어 영국 내에서의 종교권력과 왕권, 귀족권력 등으로 대변되는 기존 질서는 서서히 무너지고 있었지만 새로운 질서 역시 자리 잡지 못하고 있을 때의 새로운 질서를 제시한 것이었다. 즉, 비이성적이고 폭력적인 인간의 이기심에 대해 각 개개인의 무력함을 이겨내기 위해서는 사회계약을 통한 새로운 질서를 주장한 것이다.[5] 홉스의 인간에 대한 생각은 생각하기 때문에 인간으로서 존재한다는 합리주의적 인간관, 주체론적 사고를 강조하는 데카르트(1596-1650)와는 달랐다. 아마도 토마스 홉스가 태어난 전후 자신의 조국인 영국이 스페인의 무적함대와 전쟁, 프랑스와의 백년전쟁, 그리고 30년 종교전쟁을 오롯이 겪으면서 그는 인간 개개인의 합리성에 의심을 했던 모양이다. 그는 인간의 기계론적 사고체계를 강조하며 동시대에 살았던 지동설의 갈릴레이와 같은 자연과학자들의 사고체계에 관한 영향을 받았다고 한다. 홉스는 1640년에 영국에서 청교도 혁명이 발발하기 직전에 자신의 위험을 감지하고 프랑스로 망명하며 이때 저술한 책이 『리바이어던』이며 출판은 영국에서 공화주의 혁명을 일으킨 올리버 크롬웰이 통치기에 돌아와 발간한다(1651년). 그는 동시대의 인물들인 데카르트, 베이컨, 갈릴레이 등과도 교류가 있었다.

19세기의 유명한 사회학자인 독일의 베버(1864-1920)의 『경제와 사회』를 영어로 번역(1930)하면서 일약 유명해졌으며 현대 사회과학의 사회체계론 형성에 지대한 영향을 미친 탈코트 파슨즈(Talcott Parsons)는 질서 문제를 더 이상 토마스 홉스처럼 정치적 수단으로서 간주하지 않았다. 탈코트 파슨즈는 질서를 주관적으로 의도된 의미의 우연성으로 만들어냈다. "그는 질서는 더 이상 지배와 같은 의미로 받아들이지 않았다. 그가 강조한 질서의 개념은 우연성을 극복하고 기대의 보완을 보장하는 규범적 구조로서 규정할 수 있다는 것이다. 즉, 질서가 존재할 수 있으려면 구조들, 규범들, 공동으로 수용된 가

---

5) 토마스 홉스(Thomas Hobbes, 1588-1679)는 르네 데카르트와 함께 기계론적 세계관의 선험적 철학자이며 스피노자와 같은 유물론을 주장했던 철학자로 유명하다(일본의 Wikipedia 참조, 2022.03.02. 검색).

치들, 제도들이 있어야 한다는 것이다. 그런 것들은 충족되지 않고 있으며 부수적으로 구성된 분석적이며 범주적인 행위체계 이론들을 통해 더욱 세분될 수 있기 때문이다."[6]

반면에 독일의 사회학자이며, 사회체계 이론가 중 하나인 니클라스 루만 (Niklas Luhmann)은 파슨즈의 발상은 체계 구조 내에서 기능적 분석기법에 지나지 않는다고 비판한다. 파슨즈 방법론에 따르면 "체계 자체의 기능, 구조 자체의 기능에 대해서는 질문할 수 없다는 것이다. 루만은 구조-기능주의적 한계가 명확하고 사회는 엄청난 복잡성을 지닌 상호의존적인 체계로 구성되어 있다는 것이다. 루만에 의하면 파슨즈는 다른 사회적 체계들의 특수 기능을 제시하여 사회를 구분하는 작업인 사회의 기능에 대한 질문을 가로막고 있다는 것이다. 루만은 파슨즈의 방법론의 문제점은 다양한 특징들을 모색하는 가운데 자가충족이라는 낡은 기준을 전제하기 때문이라고 지적한다. 결국 행위의 규범적 통제라는 특수 기능으로부터의 독립성을 언급할 수 있을 뿐이다. 파슨즈는 그러한 독립성은 문화, 인성, 유기체 등과 같은 다른 행위체계들과는 달리 사회적 체계의 층위에서 충족되어야 한다는 것이다. 즉 그 기준은 이러한 다른 행위체계들과의 관계와 행위의 자연적 환경과의 관계에서의 의존성을 단순히 배제하지 않는다는 것이다. 루만은 사회는 각각의 경우 그 자체로 기능적으로 분화된 사회적 체계이며 그러한 사회적 체계의 옆에는 오직 같은 유형의 사회적 체계들이 있을 뿐이라는 해석을 하게 되는 파슨즈와 아리스토텔레스의 자족 개념을 환경개방적 체계의 현대적 이론과 연결할 수 없다고 비판한다. 아리스토텔레스에서 출발하는 학파 전통에서 사회는 정치 공동체(koinonia politike) 또는 시민사회(societas civilis)로 정의되었다. 상이한 정도의 추상성에 유념한다면 공동체를 사회적 체계로서 번역할 수 있다. 즉, 사회는 사회적 체계로서 파악되면서 포괄적인 사회적 체계로서 간주되기도 했다. 루만에 따르면 이것이 바로 사회이론과 사회체계이론의 차이라고 한다.

6) Carl J. Friedrich(1967), 安世舟・村田克巳・田中誠一・福島治共訳(1995), 政治学入門: ハーバード大学12講, 東京: 学陽書房, p. 17.

고대 그리스 철학자인 아리스토텔레스는 사회적 존재인 정치공동체에 존재론적이며 윤리적인 우선권을 주었다. 그 결과 사회과학은 사회적 체계이론으로서 발전할 수 없었고 정치사회 이론으로서 길을 걷게 된다는 것이다. 루만에 의하면 코이노니아 개념의 의미는 기능, 구조, 과정, 정보 및 복잡성의 방향으로 발전하지 않았다는 것이다. 루만은 다음과 같이 코이노니아의 한계를 지적한다. "코이노니아는 부분들로 구성된 전체이자, 전체는 부분의 상위에 배치되어 있다는 것이다. 전체는 목적이고 부분들은 수단이다. 이러한 구성은 원래적인 코이노니아로서의 정치사회에 적용되었다. 이때 전체와 부분, 상위와 하위, 목적과 수단의 개념의 이원적 비교방법은 오늘날 볼 때 그리 단순하지 않다는 것이다. 오히려 오늘날의 사회를 이해하는 데에 부적절하며 사회체계이론으로 이해를 하여야 한다는 것이다."[7]

이상은 루만과 하버마스의 사회체계이론을 만들어 가는 과정에서 상호 간의 논쟁을 루만의 입장에서 정리한 것인데 따라서 본서에서는 군주제, 혹은 민주제와 같은 정치체제를 일원화된 사회체계로 이해하지 않고 다양한 사회체계를 유지하는 사회적 규범으로 이해한다. 그러나 질서에 대한 이러한 견해는 시대적 상황을 반영하지 않을 수는 없다. 중세 가톨릭 세계에서의 유럽 그리고 19세기까지의 전제주의 정치체제에서의 중국과 한국에서의 당시의 질서는 지배체계인 정치체계가 사회체계를 형성함과 동시에 개인의 규범까지도 통제하였으므로 질서가 지배체계의 이념과 일치했다고 간주해 볼 수 있다. 그렇다면 인류 역사에서 언제부터 사회적 질서를 형성하기 시작했고 언제부터 어떠한 경위로 생겨난 것일까. 이에 대하여 고대 그리스의 철학자들은 질서의 유용성을 먼저 살펴본 듯하다. '질서'는 인간 개인과 인간 사회의 본연의 자세의 옳고 그름이나 좋고 나쁨을 결정하는 기본적인 기준으로 간주한 것이다. 그리스 아테네 고대철학자 아리스토텔레스는 인간이 가진 논리적으로 생각하는 힘을 사용하여 이해하는 '자연의 법칙'을 '질서'로 이해했다. 자

---

7) 위르겐 하버마스/니클라스 루만 지음 · 이철 옮김(2018), 사회이론인가, 사회공학인가? 체계이론은 무엇을 수행하는가?, 이론출판, pp. 9~12의 일부를 발췌 요약했음.

연과 자신의 주변에 있는 것을 주의 깊게 관찰하고 논리적으로 생각하고 그 관찰 결과를 설명하는 이론을 정립해야 한다고 생각한 것이다. 따라서 이때의 '질서'라는 말의 개념은 수학적 '순서'와 인간이 타인에 나오는 '명령'을 의미하는 영어 'order'와 같은 용어로서 이해한 것이다. 17세기 프랑스의 철학자, 수학자이기도 했던 데카르트 역시 '질서'를 사물을 관찰하고 생각할 때 고려 사항의 기준이 되는 성질을 논의하기 위한 견해를 의미하는 말로 사용했다. 데카르트가 사용한 라틴어 단어를 일본어로 번역한 단어가 '질서(秩序)'이고 한국에서도 이를 그대로 사용한 계기가 된다. 즉, 아리스토텔레스의 '자연의 법칙'을 생각할 때의 '질서'와 데카르트의 사실을 논리적·수학적으로 결합하여 원인과 결과의 논의를 순서적으로 조립하는 것을 의미한다. 꼭 자연의 법칙만이 아닌 인간관계에서의 '질서'에 관한 논의도 고대 로마에서도 시작되었는데 키케로는 인간들 사이에 관계를 유지하는 데 필요한 사회적 규칙이나 법률에 흥미를 가져 인간관계의 질서에 대하여 논의했다.

중세에 들어와서는 아리스토텔레스의 '자연의 법칙'에 관한 생각과 시세의 '인간 사회의 법률'에 관한 생각을 기독교의 생각에 따라 정리하려고 한 것이 가톨릭 종교 철학자 토마스 아퀴나스였다. 종교 철학자인 아퀴나스는 하나님이 자신의 생각을 바탕으로 빚어낸 인간과 인간 이외의 자연과 동물을 지배하는 법칙이 기본적으로는 같은 것이다라고 종교적 관점에서의 질서인 '자연의 법칙'을 정리했다. 토마스 아퀴나스의 '자연의 법칙' 안에는 두 개의 질서가 있는데 첫째는, 인간의 행동을 대상으로 한 바르게 살기라는 질서와 둘째는, 인간의 주위에 존재하는 자연의 움직임을 설명하는 자연의 움직임의 질서로 나뉘어 구성된다는 것이다. 전자는 '윤리'라고 하며, 후자는 '과학'이라는 것이다. 토마스 아퀴나스의 윤리적 질서는 근대에 들어 사회가 발전하면서 사회 구성원인 사람들의 행동을 규제하는 법률의 질서와 인간이 어떻게 행동해야 올바른지 등으로 '윤리' 자체도 분리된다. 과학의 질서 역시도 자연과학만을 의미할 뿐만 아니라, 경제 등 사회과학도 지배하는 기본질서를 의미하게 되어 질서가 분리되기 시작한다.

따라서 앞서 논의한 '질서'의 영어적 표현은 'order'이기는 하나 반의어로서 무질서(disorder)라고 이해한다면 본서에서 전개하고자 하는 질서에 관한 논의를 너무 협소하게 해석하게 된다. 아리스토텔레스, 토마스 아퀴나스, 데카르트를 거쳐 오면서 자연법칙인 과학적 질서마저도 카오스이론이 등장할 정도로 정돈된 숫자의 질서로 이 세상을 이해하기는 힘들다. 윤리라고 하는 개개인 간의 인간관계의 질서는 더욱 더 아니다. 따라서 이제는 질서의 개념을 영어의 order가 아닌 그리스 원어인 '조화'로 번역되는 '코스모스(cosmos)'에 가깝다고 봐야 할 것이다. 물론 루만이 지적하듯이 코스모스를 아리스토텔레스와 같은 정치사회적 코스모스는 아니다. 전체의 합과 부분의 합이 다르다는 것이 본서의 질서의 개념 중 중요한 부분이다. 질서는 인간관계와 인간 행동을 유지하면서 지속적으로 실행하기 위한 구조, 제도, 활동의 관련 집합으로 해석되어야 한다. 예를 들어, 사회적 질서는 소통하는 탈주체적인 개인과 개인, 집단과 집단들 간의 상호 작용과 행동의 패턴과 제도가 형성되었을 때 비교적 안정적인 사회체계(시스템)가 작동될 것이다. 국가뿐만 아니라 국제적인 질서도 상호의존적이면서 상대방에 대한 규제와 강요하지 않는 체계가 보다 안정된 상태가 될 것이다. 따라서 본서에서의 질서의 개념은 순서(오더: order)가 아닌 조화(코스모스: cosmos)를 지향한다.

고대국가에서의 질서

고대국가에서의 질서

질서의 시작: 가상의 실재화를 만드는 사피엔스

유발 하라리의 대표작 『사피엔스(Sapiens, 2015)』에서 그는 "인간이 신을 발명할 때 역사는 시작되었고 인간이 신이 될 때 역사는 끝날 것이다."라는 표현은 그의 저서 전반적인 흐름을 대표하는 글귀이다. 그렇다. 질서의 시작은 인간들의 신의 창조부터라고 볼 수 있다. 1949년 독일의 철학자인 칼 야스퍼스는 그의 저서 『역사의 기원과 목표(1949)』에서 기원전 800–200년을 '축의 시대(Axial Age)'로 정의했다. 축의 시대라는 개념은 지중해에서 중국까지 연결은 되지 않았으나, 동시다발적으로 옛 지혜를 거부하고 철학·과학·종교·정치 분야에서 새로운 이해와 설명을 추구했던 시대를 의미하는 용어로서 그는 사용했다. 야스퍼스는 그리스–중동–인도–중앙아시아–중국을 축으로 간주했으며 이 시대에 등장한 중요한 종교혁신 중 두 가지로서 조로아스터교와 불교를 꼽을 정도로 중앙 및 서남아시아에서의 유일신적 지배질서와 인도의 동쪽지역인 아시아에서의 다신교적 지배질서는 각각의 길을 가게 된다고 지적한 바 있을 정도로 거칠게 표현한다면 인도의 서쪽 지역은 유일신 체제로 동쪽은 다신교 체제로 종교적 지배질서를 형성했다고 볼 수 있다.

　유발 하라리는 『사피엔스』에서 인간이 만물의 주인공이 된 것은 3가지 혁명 때문인데 그것들은 인지혁명, 농업혁명, 과학혁명이라는 것이다. 특히 그 가운데 인지혁명을 강조하는데 인지혁명이라는 것은 간단히 말해서 상상을 마치 실재인 것처럼 바꾸는 것으로 여기서 거짓과 가상의 실재를 구분할 수 있는 집단과 그렇지 않은 집단 간의 진화 경로가 달라졌다는 것이다.

스핑크스

　하라리에 의하면 사피엔스는 이러한 가상의 실재를 설정하였으므로 동시대에 살았던 네안데르탈인 등 약 7종의 다른 형제들을 죽이고 지금의 현생 인류의 조상이 되었다고 한다.

출처: 2020년 1월 필자가 이스탄불 박물관에서 촬영.

　사피엔스들은 거짓말과 가상의 실재가 다른 점을 알고 있었으며 가상의 실재를 상상력으로 바꿔서 실제와 도치시킬 수 있는 능력이 있었다는 것이다. 『사피엔스』에서 기원전 약 5천 년 전에 인류는 몸은 사자, 머리는 사람인 이집트의 스핑크스와 그리스 로마 신화에서 보여지는 바와 같이 반인반수(말, 소, 뱀 등과 인간의 합체) 등 수 많은 신화에서 동물과 사람이 합체된 조각들과 이야기들이 이어진다. 『사피엔스』의 예시를 보다 확장시켜 유추해 본다면 어떤 부족의 인간이 경쟁자를 물리치기 위해서 경쟁이 되는 상대에게 강가에 사자가 있다는 점을 자신이 확인했음에도 불구하고 그 사실을 숨긴 채로 유인함으로써 죽음에 빠뜨릴 수 있는 거짓말을 하는 것이 인간인 것이다. 실제로 침팬지는 먹고 싶은 바나나를 다른 침팬지로부터 갈취하기 위하여 거짓으로 그에게 외부 침입을 알리고 도망간 침팬지의 바나나를 갈취한다고 한다. 가상의 실재를 활용하는 목적은 사자가 있다는 점을 알고 가게 되면 그 사람이 죽는다는 것을 가상(인지적)으로 생각을 한 후 그것이 자신에게 또는 우리 집단에 대한 이익의 유무를 생각하여 논의를 결정하는 것이다. 실제로 독일의 슈타텔 동굴에서 약 32,000년 전의 사피엔스가 만든 상아로 제조된 몸통은 인간, 머리는 사자인 입상이 발견되는데, 이는 유럽의 최초 자동차 회사인 푸조의 아이콘이 된다. 창업주 아르망 푸조의 고향인 발렌티니와는 320km 떨어진 곳이다.[1] 그러나, 인간은 항상 악의의 거짓말을 하지는 않는다. 사자가 없다는 것을 확인했지만 언제든지 나타날 수 있다는 점을 보다 강조하기 위하여 그곳은 신들이 들어오면 안된다고 하며 자신을 따르는 부족에게 마치 실제인 양 거짓을 말할 수 있는 것 또한 인간이다. 고대 인류가 가상의 실재를 표현하고 상상을 통해 사자와 인간의 반인반수상을 만들 수 있는 집단이 되었으며 종교적 숭배물로서 기능을 했을 것이라는 유발 하라리

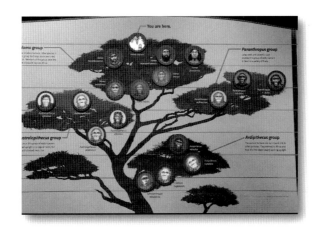

인류7종

출처: 필자가 2023년 8월 워싱턴 메트로폴리탄
자연사박물관에서 촬영.

---

1) 유발 하라리 지음·조현욱 옮김(2015), 사피엔스(Sapiens), 김영사, p. 45

의 주장에 전적으로 동의한다. 유발 하라리에 의하면 사피엔스는 이러한 가상의 실재를 설정하였으므로 동시대에 살았던 네안데르탈인 등 약 7종의 다른 형제들을 죽이고 지금의 현생 인류의 조상이 되었다고 한다. 이들 사피엔스는 호모에렉투스로 진화하고 이들은 본격적으로 신화를 만들고 종교를 만들고 국가를 만들고 사회적 질서를 규정짓는 각종 이념을 만든다. 그게 때로는 협력을 때로는 죽음을 부르는 전쟁을 가져왔지만, 사피엔스가 모든 만물의 기원이 된 이유는 가상의 실재를 만드는 능력이 있었기 때문이다.

지금도 가톨릭에서 성찬식을 통해 빵과 포도주를 나눌 때에 라틴어로 'Hoc est corpus meum(이것은 나의 몸이다)'이라 하면 그 순간 신실한 성도들은 빵은 실재인 빵이 아니라 가상의 실재인 그리스도의 몸으로 변한다. 즉, 신도들은 성찬식을 거짓이라고 하지 않고 가상을 현존으로 이해하고 있는 것이다. 이는 종말론을 강조하는 소위 이단이라고 하는 광신도 집단에서 특히 강하게 나타나는데 거짓말이라도 자신들이 숭배하는 신의 말씀을 전파하기 위한 목적이라면 부도덕적인 행위일망정 타당하다는 것과 같이 이들 신도들에게는 가상의 실재는 현존이기 때문에 죄의식이 없는 것과도 같은 맥락이다.

원시 부족국가를 거치면서 지배집단과 피지배집단으로 엮이는 원시사회에서의 질서 형성에 있어 신은 더욱 큰 역할을 하게 된다. 인도에서는 기원전 1500-1200년 사이에 리그베다(Rig-Veda)라는 사회를 창조한다. 리그베다는 인간 사회의 여러 집단(바르나: Varnas)이 우주적 원시인간 푸루샤(Purusha)의 신체 각 부분에서 나왔다는 것이며 크샤트리아(왕족)는 푸루샤의 팔, 브라만(사제)은 입, 바이샤(평민)는 다리와 허벅지, 수드라(천민)는 발이므로 육체노동자에 해당되는 일을 해야 한다는 숙명론적인 사회질서를 형성하기 시작한다. 리그베다 사회에서의 푸루샤라는 신에서 여러 계급이 나온 것과 달리 비슈누는 4개의 팔을 가진 인류의 구원자로 패배를 모르는 신이다. 그리고 3개의 눈을 가진 시바는 파괴이자 자비의 신이다. 부처도 비슈누와 시바의 아바타로 여겨졌으며 신과 인간 모두 다양한 형태에서 출현 되었다는 다신교적 지배질서를 형성하게 된다. 이러한 리그베다 사회는 굽타왕조(AD 320-520)때

더욱 정비되어 힌두교의 카스트제도의 근간이 되어 근대에 이르기까지 위대한 가문과 신의 계보를 기록한 경전으로 전승하게 된다. 이러한 리그베다의 사회는 신과 인간의 질서 형태이며, 종교로서 승화되는 힌두교 경전의 핵심은 다르마이다. 다르마는 계속 진화하면서 갖가지 의미를 내포하는 질서이자 우주와 사회의 근원이라는 것이다. 그러나 한편으로는 이러한 리그베다 사회와는 다른 사회적 질서를 강조하는 종교가 탄생하게 된다.

불교의 시작은 석가모니의 시작부터이나 실제적으로 국가와 사회 간의 질서를 형성하는 데에 있어서 불교가 주도적 역할을 하기 시작한 것은 서기 3세기 말부터 4세기 초까지 형성된 '굽타왕조' 때부터라고 볼 수 있다. 힌두교의 지배질서의 관점에서 보면 굽타왕가 가문은 바이샤였다. 그들은 통치자는 반드시 크샤트리아에서 나온다는 힌두교의 배경으로는 통치 질서를 만들 수 없었으며 이를 극복하기 위해 적극적으로 활용한 것이 불교의 이념이었다. 이후 찬드라굽타, 아소카 대왕 등 약 800년 동안의 불교는 인도에서의 전통적 지배질서를 형성했던 힌두교를 위협했다. 불교의 질서개념에서는 지배층이 되는 것은 브라만 계급만이 제사장이 되는 것이 아닌 누구나 수행하면 부처가 된다는 것으로 이는 매우 혁명적이었다. 석가모니가 새로운 신을 만들어 불교를 창시한 것은 아니었다. 당시 사람들이 신의 가르침을 깨닫는 데에 열심이지 않고 신을 숭배하는 의식과 제물(심지어는 살아있는 사람)에 열심이며 민중은 피폐해지는 것을 보고 깨달음을 역설하여 모두가 부처가 되어야 한다는 가르침이 불교의 시작이라고 볼 수 있다.

당시 인도의 굽타왕조와 아소카 시대의 중국은 수나라, 당나라가 통일하는 제국을 건설하며 실크로드를 통해 본격적으로 동서양 교역이 시작되는 시기였다. 동서양 교역이 확대되면서 그 중간지역에 위치한 인도의 왕조들에게는 신흥부자가 되는 바이샤계급의 성장, 사제직만 수행하는 브라만, 쿠샨왕조를 세운 월지국 이민족 등의 유입으로 기존의 힌두교의 지배질서 계급제가 무너지는 계기가 되는 시대이기도 했다. 내외부의 급속한 사회경제의 변화는 평민계급인 바이샤 출신의 찬드라 굽타가문이 왕족이 되도록 질서가 바뀌었으며, 힌두교인들이 리그베다 사회로부터 비슈누와 시바 신의 등장으로 다양한 문화가 수용되기 시작하면서 결국 여러 민족이 하나의 국가 안에서 살게 되며 사회적 질서도 다양하게 변화 그리고 통합되기에 이른다.

피터 프랑코판의 분류에 따르면 BC 400여년에서 AD 1492년 콜럼버스의 신대륙 발견까지 동서양 교역의 중앙은 지금의 중앙아시아 및 중근동 국가들이었다. 이곳은 고대에는 메소포타미아 문명의 발상지였으며 고대페르시아 제국의 주무대였다. "이곳 지역을 바탕으로 탄생한 여러 왕조들에서 다양한 신들이 만들어지고 숭배되었으며 그들이 지배하는 사회가 나타난다. 그중 대표적인 것이 기원전 천년에 나타난 자라투스트라를 교조로 하는 조로아스터교이다. 조로아스터는 자라투스트라의 다른 이름이며 조로아스터교는 지금의 터키와 이란의 북부 지역을 기반으로 하여 기원전 10세기에 전후에 발흥하여 아케메네스 제국에서 흥한 종교라고 말한다. 예언자 조로아스터는 세상을 지배하는 유일신인 지혜의 신인 아후라 마즈다(Ahura Mazda)로부터 계시를 받아 활동했다고 한다. 후에 아후라 마즈다는 선신과 악신으로 변형하며 각자의 세계에서 지배질서를 만든다. 조로아스터교는 마케도니아의 젊은 영웅 알렉산더 대왕의 침략 전에는 서아시아의 중요한 종교였으며 페르시아제국의 지배질서를 형성하고 있었다. 알렉산더의 침략 이후 조로아스터교는 상당한 타격을 입었다고는 하지만 완전히 붕괴되지는 않은 상태였다. 그 명맥을 유지한 증거로써 서기 66년에 로마의 네로황제의 재가를 받아 아르메니아 왕으로 등극한 티리다테스 1세는 조로아스터의 사제 출신이었던 것이다. 오히려 조로아스터교가 확산되는 시기는 페르시아의 파르티아 왕조를 전복하고 전면적으로 국가개조를 선언한 서기 224년 아르다시르 1세와 그의 후계자들이다. 과거 페르시아의 영광을 재현하기 위하여 수백 년 동안 사용되어온 그리스 문자와 알렉산더 대제의 흉상 대신에 페르시아 왕의 흉상이 등장했으며 조로아스터교의 상징인 불의 제단이 새겨졌다. 조로아스터교에서는 의식을 통한 정화가 필수적인 요소인데 특히 불을 통한 정화를 강조한 종교이다. 서기 224년에 등장한 새로운 왕조인 사산제국은 자신들의 정치적 권력을 강화시키기 위해 기원전 1000년 전의 선지자라고 신화와 같은 인물인 조로아스터교의 창시자인 자라투스트라의 가르침으로 다른 종교집단의 사상들을 누르며 그들의 지배질서를 따르도록 강요하기에 이른다. 사산제국은 아르다시르 1세와 그의 아들 샤푸르 1세 치하에서 공격적으로 팽창하여 오아시스 도시들과 교통로, 그리고 지역 전체를 직접 지배하거나 예속상태를 강조한다."[2] 조로아스터 신봉자들은 사산왕조가 왕권을 차지하고 다른 소수 종교들을 억압하며 통치 권력을 장악하자 권력 핵심부에 진입했다.

그러나 조로아스터교의 확장은 그리 오래가지 않았다. 로마황제인 콘스탄티누스가 서기 312년 이탈리아 중부의 밀비우스 다리에서 정적인 막센티우스를 물리치고 그리스도교로 개종하고 로마제국의 그리스도교에 대한 지원 이후에는 국교로까지 발전되면서 페르시아의 조로아스터교의 영향력은 급격히 소멸되기 시작한다. 당시 페르시아를 정복하려고 했던 콘스탄티누스가 갑

아르메니아 정교회 수도원

출처: 2017년 8월 필자가
아르메니아에서 촬영.

---

2) 피터 프랑코판 지음·이재황 옮김(2017), 실크로드 세계사: 고대 제국에서 G2 시대까지, 책과 함께, p. 72.

자기 병사하자 페르시아의 샤황제는 페르시아 내에 있던 기독교도를 박해하기 시작하고 이것이 오히려 로마기독교 세력이 통합되어 페르시아에 대한 대항세력으로 급격히 커지며 점차적으로 페르시아의 세력 약화와 조로아스터교의 약화는 같은 길을 걷게 된 것이다. 조로아스터교의 확장과 소멸, 기독교의 확장을 보면 정치적 지배권력이 종교적 지배권력을 만들거나 이용한 것이지 신의 존재인 종교지배 질서가 정치의 권력질서를 만들었다고는 볼 수 없다.

즉, 조로아스터교의 큰 변곡점은 로마제국의 기독교 박해를 피해 33명의 수녀가 노아의 방주가 마지막으로 도달했다고 하는 아라라트산맥으로 둘러싸인 지금의 아르메니아 땅으로 피신하면서 오히려 사라지게 된다. 사산왕조 때 번영했던 조로아스터교는 왕과 귀족이 숭배하여 번창했으나 33명의 수녀들의 순교에 의해 당시 아르메니아 왕인 티리다테스 3세와 그레고리우스의 기독교로 대개종이 일어나는 사건이 발생한다. 이로 인해 새로이 기독교를 받아들인 왕과 귀족들은 기존의 조로아스터의 아나히타 사원들을 붕괴시키고 새롭게 기독교적 지배질서를 세우고 아르메니아는 동방 정교회의 일종인 아르메니아 정교회로서 탈바꿈하게 된다. 해당 사회의 주도적인 종교가 외세의 의한 침략에 의해 박해를 받아 일시적으로 멈췄다고 해도 그 사회의 지배적 질서의 하나로서 오랫동안 남는다면 그 흔적은 관습과 도덕의 형태로 남게 된다. 19세기 영국의 사회철학자이자 고전파 경제학자라고도 일컫는 밀(J.S. Mill)의 『자유론(On Liberty)』에서도 사회적 질서를 법, 관습, 도덕 세 가지로 정의하고 있다. 즉, 질서라는 것은 필히 법으로만 작동되는 것은 아님을 알 수 있다.

상기와 같은 인류 역사에서 가상의 신들이 지배하던 고대사를 뒤로하고 인간의 지배가 시작되기 시작한 것은 동서양을 막론하고 대략 기원전 천년 전후인 것 같다. 마이클 스콧(Michael Scott)은 그의 저서 『기원 전후 천년사, BC 508-AD 415』(2018)에서 그는 인류문명을 3시기로 구분하고 있다. 제1시기는 아테네 민주주의가 시작된 기원전 508년으로 기원전 6세기에 정치를 통하여 협의가 이뤄진 사회이다. 당시 아테네에서는 급진적 민주주의라는 정부 형태가 출현하고 로마에서는 공화정이 탄생했으며 그리고 중국에서는 공자가 국가 운영 및 인간의 상호작용 방식에 관한 정치철학을 강조하던 시기이다. 그러나 아직은 동서양이 단절된 사회로서 각자가 국가와 사회 간의 질서를 만드는 시기였다고 볼 수 있다.

제2시기는 한니발이 코끼리를 이끌고 알프스산맥을 넘어 로마를 침공한 기원전 218년부터 서기 2세기까지 국가와 부족 간의 전쟁을 통해 구축된 고대 공동체 질서를 만드는 시기이다. 이때는 세계를 형성하고 파괴한 전쟁터가 주 무대였으며 카르타고와 로마 간의 지중해 패권 전쟁이 지중해라는 해상질서 유지권을 가지고 쟁탈하던 시기였다. 아시아권에서는 중국 진나라 건국 시조인 시황제가 등장했던 때이다. 당시 로마의 공화정은 위기에 빠져 결국은 무너지게 되고 최초의 황제인 안토니우스가 등장하는 시기이기도 한다. 기원전 140년은 로마제국과 중국의 진나라 그리고 한나라와 동서양이 연결되기 시작했으며 통치자들의 결정은 먼 곳의 사건들과 연결되기 시작한 때이기도 하다.

제3시기는, 로마황제이면서 후에 비잔틴 제국의 시조가 되는 콘스탄티누스 1세가 밀비우스 다리 전투에서 승리한 기원후 312년 국가종교가 도입되어 적용 및 확산되는 때이다. 로마가 지배하는 지역과 아시아 일부에서 기독교가 수용될 때 힌두교는 인도에서 굽타왕조에 의해 재편성되었고, 불교는 중국에서 국교로 인정되었다. 하지만 어느 지역이든 통치자(왕 또는 황제)의 후원 없이는 발전이 되기 힘들었다. 따라서 통치자는 국가의 확장과 통합을 위해 성직자와 위계구조, 종교예술과 건축을 포함하여 새로운 위상을 부여하기 시작한 때이다.

신과 인간이 혼재된 고대 도시에서의 질서

기원전 4~5천년 전부터 메소포타미아 문명과 이집트 문명과 소아시아의 히타이트 문명 간의 충돌, 그리고 크레타섬을 중심으로 하는 에개해 문명을 통해 인류는 신화의 세계에서 벗어나 자신들의 국가를 유지하는 질서를 위한 법 제도를 시행하기 시작한다. 기원전 1800여년 경 그 유명한 함무라비 법전이 공포되며 국가와 사회, 개인과 개인의 질서를 유지하는 법제도가 성립되기 시작한다. 바빌로니아 인이 남긴 이 법전은 다행히도 8피트 높이의 돌기둥에 새겨져 지금까지도 원형이 보존되었다. 이 법전은 귀족과 성직자, 농민과 상민, 노예 3계급의 법질서를 공포했다는 데에 그 의의를 찾을 수 있다. 당시 최강국이었던 소아시아 땅의 히타이트제국과 아프리카 최북단 영토에 있는 이집트왕국과의 양국 간의 전쟁 종식을 위한 세계최초의 국제협약 문서가 나타난 것도 이 시기이다. 즉, 계약적 관계를 통해 체계적으로 질서를 형성하기 시작했다고 볼 수 있다.

　　신과 인간의 질서에서 인간의 질서로 기울기 시작한 시점을 기원전 8세기경에 쓰여졌다고 하는 호메로스(Homeros)의 『일리아드(Iliad)』와 『오디세이(Odyssei)』를 보면 어느 정도 찾을 수 있다. 전쟁의 명운이 걸린 그리스와 트로이의 전쟁에서 제우스를 비롯한 많은 신들이 나서지만 결국은 갈림길에서 인간의 운명에 따라야 하는 것이 전체적인 질서관이다. 제우스를 중심으로 한 신들의 질서에서 인간의 질서로 넘어오는데 그 과정에서 신들 역시 인간으로 묘사가 되고 최고의 신 제우스는 교활한 인물로 묘사되고 3명의 여신인 아테네, 아프로디테, 헤라는 서로 질투하고 거짓을 일삼는 것으로 묘사된다. 즉, 기원전 8세기경에는 신화의 가상의 허구성과, 인격화 된 신들의 묘사를 통해 인간 세상의 모습들로 그려지기 시작했으며 신들이 지배하는 질서 보다는 인간의 질서가 우선이라는 식의 표현을 하기 시작했다고 볼 수 있다. 특히, 호메로스가 『오디세이』에서 오디세이가 그의 고향을 찾아가는 10년간의 여정은 여실하게 신들의 질서에 좌우되지 않고 인간의 질서의 세계로 나가는 오디세이를 통해 이를 표현했다고 볼 수 있다. 이러한 호메로스의 저작은 독일의 실리이만이라는 고고학자에게 영감을 불어넣어 트로이 유적을 발굴하게 된 동기가 된다. 장님 작가 호메로스는 그의 책에서 그리스의 헬레니즘 문명과 지금의 터키 지역의 소아시아 문명 간의 국제전을 다룬 것이지만 사랑과 갈등, 국가와 사회, 개인 간의 질서를 신들과 인간을 교차시키면서 저술한 것이었다.

고린도운하 　　　　　　　　　　　　고린도 전경

출처: 2020년 1월 필자가 촬영.

그렇다고 신들이 완전히 인간 질서의 영역에서 멀어진 것은 아니다. 기원 이후에도 소아시아 지역인 에베소와 그리스 반도의 끝자락이면서 지중해만 건너면 소아시아 한편으로는 유럽대륙과 연계되는 고린도 지방의 고대문명 도시들에서는 그리스 신화에 나오는 신들이 여전히 숭상되고 있었다. 탐미주의의 상징인 아프로디테와 디오게네스[3] 그리고 그리스 철학자들의 금욕주의가 동시에 발생한 것이다. 로마에서는 비너스라고 하는 아프로디테는 제우스와 헤라의 불신으로 탄생하였는데, 인간의 욕망을 위해 방탕과 음욕까지도 허용하는 여신으로서 헬라어로 거품이라는 의미의 '아프로'와 생성된다는 의미의 '디테우스'라는 단어의 조합이다.

　그리스의 최남단에 속하는 고린도는 에게해와 이오니아해를 나누는 접점에 위치한 고대 항구도시다. 고대부터 이곳은 유럽과 소아시아로 넘어가는

---

3) 디오게네스라는 말은 두 번 태어난 고린도인이라는 뜻이다. 견유학자 즉 '개처럼 살아라' 즉 위선의 문제를 집은 학자였는데, 알렉산더 왕이 진리를 물을 때 '비켜라 어둡다.' 밝은 낮에도 등불을 들고 다닌 철학자가 살았던 곳도 아프로디테 신전의 무녀들이 창기 역할을 했던 곳도 고린도였다.

길목에 위치하며 수많은 상인들과 군대들을 위한 배들이 정박하는 상업적으로 번성한 곳이었다. 또한 시지프스(Sisyphus) 신화에서 나오는 하데스라는 산이 있는 곳으로도 유명하다. 언덕 정상에 이르면 바로 굴러 떨어지는 무거운 돌을 다시 정상까지 계속 밀어 올리는 벌을 받은 시지프스는 호메로스가 쓴 『오디세이』에 나오는 오디세이의 아버지이다. 그는 전설에 의하면 자신을 데리러 온 죽음의 신을 묶어버려 아레스가 구해줄 때까지 죽은 사람이 없었다고 한다. 마침내 지하세계에 가서는 자신의 당부를 듣지 않은 아내를 징벌하러 다시 지상으로 왔고, 그 상태로 천수를 누렸다. 그는 죽음의 신을 속인 죄로 영원한 벌을 받게 되었다고 하는데 프랑스의 실존주의 철학자인 알베르 카뮈(Albert Camus)가 『시지프스 신화(1942)』에서 시지프스를 통해 신에게 거부하는 실존적 인간을 그린다. 시지프스가 이 형벌을 내린 신에게 저항할 수 있는 유일한 방법은 형벌을 즐기는 것뿐이라고 말한 곳이 고린도의 하데스산이다. 하데스산 정상에는 아프로디테 성전이 있었으며 이곳은 몸을 파는 무녀들의 집단숙소이기도 했다. 그리스 반도에 있으면서 소아시아와 연계항구였던 고린도는 에베소보다 몇 배나 더 심한 방탕의 장소로 알려졌다. 기독교를 범세계적으로 전파시킨 사도 바울이 헬레니즘 문화권에 그리스도교를 전파하기 위해 세운 선교지로써도 유명한 곳이다. 바울은 헬레니즘 문화의 중심권인 그리스와 로마에 전도를 하면서 이민족들에 대한 경건한 사랑을 강조한다. 특히 그가 집필했다고 전해지는 고린도서라는 서신을 보면 퇴폐한 고린도에서 교인들 간의 무분별한 성관계를 막기 위해서 형제자매들 간의 아가페적인 사랑을 강조하기도 한 곳이라고도 한다.

　고린도를 비롯한 그리스 반도의 여러 도시들, 그리고 시칠리아 섬의 도시들과 소아시아의 고대 도시 등은 신화적 질서와 인간이 만든 법질서들 간의 충돌과 조화가 이뤄지면서 인간사회에서의 피라미드적 계급사회가 점차적으로 정착되는 시기이기도 하다.

고대 폴리스의 지배질서

폴리스는 그리스어를 그대로 옮긴 단어로서 우리말로 단수는 폴리스(πόλις) 복수는 폴리세이스(πόλεις)이다. 이는 도시, 도시국가, 시민권 또는 시민에 의한 정권을 가리키는 그리스어이다. 아테네 등 고대 그리스에 대해 사용되는 경우는 일반적으로 도시국가로 번역된다. 원래 폴리스(πολις)라는 단어는 고대 그리스 시대에는 '요새·방어에 적합한 언덕'을 의미했다고 한다. 에밀 반뵈니스톤은 폴리스는 아크로 폴리스(ἀκρόπολις)에서 유래했다고 한다. 아크로 폴리스는 '작은 언덕, 높은 곳, 도시, 성산 평지에 고립된 언덕'을 의미하며 폴리스의 중심이 되는 언덕에서 훗날 그리스 도시국가의 상징적인 존재가 되었다. 실제로 지금의 아테네를 가보면 아크로 폴리스는 언덕 위에 파르테논 신전이 있고 그 밑에 아고라와 주택가들이 펼쳐져 있어 커다란 자연적인 요새 형태로 구축되어 있는 것을 볼 수 있다. 이러한 아크로 폴리스는 처음에는 대외적 군사 거점 즉 성채로서 구축되지만, BC 7세기경부터는 폴리스에 사는 시민들의 신앙의 대상이 되기도 하여 도시국가에서 공동체의 유대를 이끄는 상징으로서 성전과 같이 되어 이곳에 폴리스의 제우스, 아테네, 아프로디테 등의 수호신을 각 폴리스에서 숭배하게 된다. 폴리스는 점차적으로 도시의 팽창에 따라 주변 마을을 포함하게 되어 폴리스 자체가 한 국가를 가리키게 된다. 동시에 폴리스는 토지 소유자 간의 시민권 개념의 출현으로 시민 전체를 가리키는 시민집단을 뜻하기도 한다. 그 후에 폴리스는 로마 시대에 들어가면 그 어의가 바뀌어 진다. 폴리스는 로마 시대에 시민사회를 의미하는 라틴어의 키비타스(civitas)로 번역되어 자유도시(municipium)의 의미로 변한다. 바로 지금의 영어의 지방자치단체를 지칭하는 municipality의 원어가 된다.

그리고 그리스인은 폴리스 주변 교외 또는 주변 농촌에 살고 있었다. 그리스인은 폴리스를 영토의 분류로 간주하고, 종교적·정치적 단체로서는 간주하지 않았다. 시민권은 출생에 의해 결정되었다. 각 폴리스에는 각자 숭배

그리스 델포이 유적

출처: 2020년 1월 필자가 촬영.

하는 수호신을 갖고 있었으며 수호신 특유의 제사의례가 행해졌다. 대표적인 폴리스였던 아네테는 민주주의와 소피스트 철학이 만발한 시절에 소크라테스와 아리스토텔레스로 대표되는 도시국가였다. 당시 그들이 살았던 그리스의 아테네에서 참정권이 있던 시민은 약 2만 5천명, 그 밖에 타지인들과 노예들까지 합하여 약 20여만명에 이른다고 한다. 아테네 역시 경쟁관계에 있던 스파르타와는 달리 독재자가 지배하는 전제주의는 아니었지만 참주제를 거쳐 민주제라는 정치체계에서도 피라미드적 지배질서를 유지하고 있었다. 시민도 3종류의 주민으로 구분되어 있었다고 한다. 첫 번째 그룹은, 최상위의 계급으로서 참정권을 소지하고 있는 시민이다. 두 번째 그룹은 참정권이 없는 시민이며, 마지막 3번째 계급은 비시민이었다. 노예는 전쟁포로 등으로 비아테네인이었으나 아테네의 시민으로부터 전락한 경우도 있었다. 노예제도는 아테네에서 가장 발달하고 개인소유가 인정된 자산이었다.[4] 최상위계급인 참정

---

4) 에밀 벵베니스트 지음·김현권 옮김(2014), 인도유럽사회의 제도·문화 어휘 연구 1: 경제,

권이 있는 시민집단이 아테네라는 폴리스의 질서를 지배했으며 이들은 자산을 갖고 자신의 지역의 수호신을 믿는 집단이었다.

동서양 질서의 충돌

헬레니즘 문화를 동방세계에 퍼트린 장본인으로서 그리스 마케도니아의 영웅 알렉산더(BC 356-323)를 빼놓고는 언급할 수 없을 것이나 그 기원은 알렉산더 대왕 이전부터이다. 장님 서사시인으로 유명한 호메로스(BC 8세기경)가 『일리아드』와 『오디세이』 등의 저서에서 묘사한 트로이 전쟁은 알렉산더 대왕의 정복 시절 보다 근 500여년 전에 발생한 동서양 간의 10년 전쟁을 묘사한 것이다. 물론 동서 문명의 교류는 훨씬 이전부터라고 볼 수 있다. 헤브라이즘 문화인 그리스와 동양의 전제주의(專制主義) 적인 소아시아와 국가들5)과의 교류는 보스포러스 해협이 주된 무대가 되었다. 그러나 알렉산더 대왕의 동방원정에 의하여 본격적으로 양 문명 간의 충돌과 융합이 이뤄지는데 그리스 언어와 문화, 정치사상이 동방으로 전해지고 중앙아시아인 아프가니스탄까지 이를 정도로 각 지역에 상당한 영향을 미쳤기 때문에 우리는 그를 헬레니즘의 전파자로서 기억하고 있는 것이다.

알렉산더 대왕의 동방진출은 단순히 영토의 확장에만 그친 것이 아니었다. 그리스인들의 우주의 법칙에 대한 지배질서 원리가 동방에 전승되었다는 의미도 된다. 알렉산더가 죽은 뒤에도 수십 년 수백 년 동안 그가 다녀간 지역뿐만이 아니고 각지에서는 그리스 화폐가 통용될 정도로 전파된다. 피터 프랑코판의 저서인 『실크 로드(2017)』에 따르면 "고대 그리스의 사상, 주제,

---

친족, 사회, 그린비, 제3편 6장의 도시와 공동체 발췌 요약.

5) 소아시아에 위치한 지금의 터키의 이스탄불, 즉 동로마의 수도였던 콘스탄티노플을 비잔틴 지역이라 한다. 비잔티움의 기원이 된 비자스라는 인물은 그리스 고린트 메가라 출신이었다고 한다. 그가 젊을 때 델피에 있는 곳에 가서 신탁을 받게 되는데 소아시아에 있는 지금의 터키의 이스탄불로 가게 되고 그곳에 도시를 세우게 될 것이라는 것이다. 바로 비잔티움이다. 더구나 비잔틴으로 넘어가는 곳은 그리스에서 육지로도 갈 수 있으며 고린트 항구에서는 뱃길로 소아시아의 에페소 항구까지는 그다지 길지 않았던 뱃길이었다.

알렉산더대왕

출처: 2020년 1월 필자가 촬영.

상징이 동방에 이식되었다. 그 휘하 장수들의 후손들은 자신들이 그리스라는 뿌리에서 나왔음을 기억하고 적극적으로 강조했다. 예를 들어 교역로를 따라 전략적으로 중요한 지점이나 활기찬 농업 중심지에 위치한 주요 도시에서 만든 주화에 그런 내용이 새겨졌다. 이 주화들의 형태는 점차 표준화되었다. 앞면에는 곱슬머리 위에 왕관을 쓰고, 알렉산더가 그랬듯이 오른쪽을 바라보는 현재의 통치자가 있고, 뒷면에는 그리스 문자로 신원을 밝힌 아폴론 신의 모습이 새겨졌다. 중앙아시아와 인도의 인더스 강 유역 어디에서나 그리스어를 들을 수 있었다. 알렉산더의 부장 출신이며 후에 300여년이나 지속된 셀레우코스 왕조의 창시자인 셀레우코스가 건설한 아프가니스탄 북부의 아이하눔에는 그리스 델포이의 격언이 기념물에 새겨져 있을 정도이다. 또한, 더 동쪽으로 가면 마우리아 왕조의 통치자로 초기 인도의 가장 위대한 통치자였던 아소카가 선포한 포고령 일부는 그리스어 번역과 함께 나왔다는 점은 당시 인도북부에 살고 있던 그리스어를 사용하고 있던 현지 주민들의 편의를 위한 것이었다."[6]

6) 피터 프랑코판 지음·이재황 옮김(2017), 실크로드 세계사: 고대 제국에서 G2 시대까지, 책

헬레니즘과 스토아학파

아리스토텔레스 만년에는 이미 그리스 전체가 마케도니아에 의해 정복되어 고대폴리스 시대는 끝난다. 그로부터 300여년간을 헬레니즘시기라고 불리우며 그리스문화는 인도에서 스페인에 이르기까지 영향을 미쳤으며 이후에는 로마제국이 이어받게 된다. 헬레니즘시대의 사회사상은 에피쿠로스학파와 스토아학파 두 개로 크게 구별된다. 개인의 절제를 통한 자유, 욕망의 자제를 통한 즐거움의 추구, 평정심 그리고 은둔자적 생활을 추구한 에피쿠로스학파와는 달리 키프로스섬 출신의 제논(BC 335-263)에 의해 스토아(회당에 있는 커다란 원형 기둥)에서 가르쳤다는 데에서 유래한 스토아학파는 우주의 만물은 신의 섭리로서 자연의 섭리(로고스)에 의해 지배된다고 가르쳤다. 실제로 에피쿠로스학파의 헬레니즘 사상에서의 영향력은 미미했으나 스토아학파의 사상은 로마공화주의를 이끈 키케로의 스승인 포세이도니우스(BC 135-51), 그리스어 고전을 라틴어로 번역하고 그 자신의 공화주의가 된 키케로(BC 106-AD 43), 네로황제의 스승인 세네카 및 로마황제였던 마르쿠스 아우렐리우스까지도 스토아학파였다. 스토아학파에서는 인간은 자연의 섭리에 의해 정해진 인과율로부터 자유롭지 못하며 이것을 따르는 것이 인간의 도리라고 가르치는 것이다. 이러한 삶의 방식이야말로 인간이 이성적인 존재가 될 수 있다는 것이다. 행복이란 스스로의 욕망과 정념을 떨쳐버리고 자연의 섭리와 신의 섭리가 같다는 생각하에 사는 방식에서만의 얻을 수 있다고 가르치는 것이다. 이렇게 해서 얻어진 '아파테이아'를 추구해야만 하는 윤리적 과제라는 것이다. 즉, 스토아학파는 숙명적 세계관과 실천적 이성을 융합시킨 것이다. 이러한 사상은 후에 중세와 절대주의 시대의 자연법 사상형성에 영향을 미친다. 즉, 인간은 보편적인 자연의 섭리에 따른다면 모두가 평등하다는 코스모폴리타니즘과 모든 법은 궁극적으로 자연의 섭리에 따라서 활용되지 않으면 안된다는 자연법사상으로 귀결되는 것이다. 예를 들어, 스토아학파인 키케로

과 함께, p. 32.

는 그의 저서 『국가(res publica)』에서 국가란 법에 의해 결연된 사람들 간의 공동체라고 정의하며 법의 근원은 사람들의 의사에 의하여 결정되는 것이 아닌 국가가 생성되기 이전에 존재하는 '자연'의 섭리에 존재했다는 것이다. 키케로는 인류 전체에게 해당되는 만민법을 자연법으로 간주한 것이다.[7]

고대 중국의 질서의 지배자들

마이클 스콧(Michael Scott)은 그의 저서 『기원 전후 천년사, BC 508-AD 415』(2018)에서 기원전 10세기-5세기경의 인류 역사를 보면 그리스와 로마, 중근동, 그리고 중국 등 세 곳의 지역에서 변화를 촉발한 원인의 유사성에도 불구하고 각 사회의 전통과 당면한 문제의 차이는 서로 다른 결과를 도출했다고 한다. 한 사람의 덕망 높은 통치자가 권력을 장악한 중국, 사회계급별 권력의 균형을 이루고자 한 로마의 중도, 그리고 아테네의 직접민주주의에 이르기까지 서로 다른 사회계약과 관계개념을 바탕으로 근본적으로 다른 3개의 통치체제가 등장했다는 것이다.

기원전 11세기경 중국 대륙에서는 상(商)나라를 이어 주(周)나라가 건국된다. 그 이후 무려 약 800여년간 존속하며 주나라의 율법과 사상은 동북아의 주요 국가들인 한국, 일본의 고대 지배질서 형성에 강력한 영향을 미치게된다. 국가 형태는 군주제여서 왕은 신성시된다. 전제적인 왕은 자손에 의한 세습을 통하여 지배질서를 계급화시켰다. 즉, 중국을 비롯한 한반도 등에서의 고대국가 질서인 군주제가 탄생한 것이다. 군주제가 왕을 중심으로 하는 중앙집권적이기는 하지만 실제로는 군주제와 중앙집권제는 서로 일치하지 않는다. 군주제는 필연적으로 중앙집권에 속하지만, 중앙집권은 반드시 군주제라는 표현형식을 필요로 하지 않으며, 양자는 일방적인 포함 관계이다. 군주제는 중국 봉건왕조의 산물로서, 고대 제왕의 개인 권력을 강화시켰으며, 어느정도 중국 봉건제도의 지위를 공고히 하였다. 군주제는 군주독재라고도 하며,

---

7) 山脇直司, 1994년, ヨーロッパ社会思想史, 東京大学出版会, pp. 25-27 참조 요약.

군주는 국가와 시민의 자유를 통치하는 모든 권한을 가진 정치 체제와 정부 형태이다. 군주제는 일종의 전제(專制) 정치체로서 모노폴리 독재정치체제이다. 군주의 지위는 세습 방식을 채택하여 탄생한다. 이들 군주의 권력은 하늘에서 유래한 것을 강조하며 "왕권신수(王權神授)"라고 하여 신성시했다. 즉 군주는 신이 뽑은 것이고, 세상에서 권력을 행사할 수 있는 자격은 하늘이 준 것이다. 그래서 황제도 천자(天子)라 불렸던 것이다.

주나라 후기부터 진나라가 통일을 이루기까지 약 500여년 동안 춘추전국시대라는 시대는 백가쟁명의 시대라고 일컬을 정도로 공자, 맹자, 순자, 노자 등의 사상가들이 나타나면서 정치사회 질서에 대한 수많은 논의를 하게 된다. 공자가 활동한 중국 노나라는 주나라의 전제권력이 무너진 후 춘추전국시대에 노나라의 삼환씨가 부패한 권력을 휘두를 때 50세가 넘은 공자가 등용된다.

한편, 춘추전국시대를 평정하여 다시금 중국의 통일왕국을 만든 것은 진(秦)나라였다. 진나라는 주나라와 유사한 전제주의적 군주제의 정치적 질서를 형성했으나 이전의 주나라 보다는 강력한 중앙집권적 질서체계를 확립한다. 진나라(기원전 221년~기원전 207년)는 전국시대의 진나라에서 발전한 중국 역사상 최초의 통일된 봉건 왕조이다. 진왕 영정(嬴政) 황제는 주변의 여섯 나라를 멸망시키고 통일의 대업을 완수하였다. 중국 역사상 처음으로 "황제"라는 칭호를 사용한 군주이기 때문에 그는 "진시황(秦始皇)"으로 불린다. 진시황은 중국을 통일한 후 상앙(商鞅)의 변법의 성과를 계승하고 한비자(韓非子)의 이론을 실천하여 전제주의 중앙집권적 정치제도를 정착시킨다. 그것은 중앙 백관들에 대한 황제의 통제와 지방 및 각급 관리와 백성들에 대한 통제를 모두 포함한다. 전제주의적 의사결정 방식과 중앙집권적 정치제도를 유기적으로 결합하여 전제주의적 중앙집권적 정치제도를 공식적으로 확립한 것이다. 이것은 주나라의 분봉제보다는 중앙집권적이어서 통일을 공고히 하고, 봉건통치의 기초를 수호하는데 매우 중요한 작용을 한다. 전제주의적이며 신성시화된 군주가 집권하는 중앙집권제도의 수립은 진나라 향후 청나라가 멸망하는 20C 초까지도 중국의 정치제도의 기본적인 질서를 체계화시키면서 발전한다. 통일 후 10여년 동안 진시황은 방대한 각 지역의 분산된 영주의 군대가 아닌 중앙집권적 군대체계를 만들었으며 동시에 왕의 직속 부하인 관료체제를 만든다.

중국 시안(西安)의 진시황 병마용

출처: 2001년 8월 필자가 촬영.

주나라 이후 멸망되는 시기까지 중국은 왕이 하늘로부터 권력을 받았다는 '왕권신수설'에 의존했지 신들에 의한 통치적 질서체계는 만들지 않았다. 이는 동시대에 고대 그리스·로마시대에서의 수많은 신들과 신화, 그리고 AD 313년의 기독교 공인 이후의 근세에 이르기까지 왕권과 더불어 강력한 권한을 행사했던 서구의 종교적 통치와는 매우 다른 질서체계를 보여준다. 그 원인은 경제적 질서의 특징에서 찾아볼 수 있을 것이다. 서구의 국가들과 달리 중국을 비롯한 아시아의 전제국가들은 일찍이 농경문화의 특성으로 정착민이 주된 민족 구성이 되었고 이들을 통제하기 위한 수단으로서 왕(국가)중심의 관료제는 서구와는 비교가 안 될 정도로 강력한 지배집단이 되었으며 중앙집권제 국가를 성립하기에 이르기 때문이라고 본다.

당시의 고대 그리스가 도시국가들이 주된 정치체제였던 것에 비해 기원전 232년에 중국 전역을 통일한 진나라는 삼공구경(三公九卿)이라는 중앙정부 부처의 관제를 왕이 직접 임명하고 관리하는 정치적 질서체계를 확립한다. 진나라는 중앙행정기관 외에 지방행정기관인 "군현제(郡県制)"를 확립하여 중앙과 지방의 질서체계를 확립했다. 군현제는 분봉제도 이후에 나타난 2급 지방관리 행정제도로 거의 모든 봉건시대가 채택하였다. 중앙은 수직으로 지방을 관리하며, 지방 관원은 황제가 직접 임면하여 지방은 중앙의 관할이다. 군현제 중의 "군"은 중앙 정부 산하의 지방 행정 단위로서, 그 조직 기구는 중앙정부와 유사하며, 군수, 군위, 군감(郡守. 郡尉. 郡監)을 둔다. 군수는 군의 최고 행정장관으로서 전 군의 정무를 장악하고 중앙정부의 통제를 직접적으로 받는다. 군현제의 실행은 중앙집권의 강화와 국가통일에 유리하고 관료정치가 귀족 중심의 혈연정치를 대체하는 것을 나타내며 중국이 귀족봉건제도에서 봉건전제제도로 나아가는 징표이다. 그토록 강력했던 중국의 최초의 통일왕조였던 진나라가 단명한 이유에 대해서는 여러 가지가 있겠으나 황제에 지나치게 권력이 집권화되어 세습과정에서의 불화와 지배집단들 간의 갈등, 그리고 국민들에게 지나친 법치의 강조는 각 지역의 영주로 대표되는 귀족집단과 백성들의 저항과 반감을 일으키기에 충분했다. 물론, 진나라가 중국이라는 지리적 영토의식을 만들게 하고 통일의 필요성과 황하민족을 주체로 하는 중화민족을 형성하는데는 짧은 기간이었지만 그 역할은 매우 컸다. 진나라 말기에 서초 항우(項羽)와 한왕 유방(劉邦) 양대 그룹이 정권을 쟁탈하기 위해 대규모 전쟁을 벌인다. 결국 전쟁은 항우의 서초가 멸망하고 유방이 한나라를 건설함으로써 끝났다. 그 이후 등장한 한나라의 정치·경제·사회 질서에 장기간에 걸쳐 중국에 큰 영향을 미친 것은 물론이다.

한나라(BC 202-AD 220)는 진나라의 뒤를 이은 통일왕조로 총 29명의 왕이 전제군주로서 지배했으며 426년간 중국을 통치했다. 유방은 한나라를 건국하고 장안에 도읍을 정하였는데 중국역사에서는 이를 서한(西漢)시기라고 부른다. 장안의 시대를 끝으로 서기 25년에 유수(劉秀)는 한나라를 재건하고

자 장안의 남쪽 지역에 있는 낙양(洛陽)에 도읍을 정하였으며, 역사에서는 이를 동한(東漢)시기라고 부른다. 한족은 현재 중국의 95% 이상 차지하고 있는 민족의 명칭으로 바로 한나라에서 유래된다. 수·당·송 시대의 전제주의 중앙집권제도 역시 쇠퇴하지 않고 정치체제로서 발전한다. 수나라는 3성 6부제(三省六部制)를 실시하여, 원래 승상에 집중된 권력을 3성 6부로 분산시켰다. 이 새로운 조치는 당나라에 의해 답습되고 발전되어 중앙집권제도를 완비할 수 있게 되었다. 수나라에서 생겨 당나라 시대에 정착해 가는 관리임용시험

[그림 1] 중국의 역대 왕조들

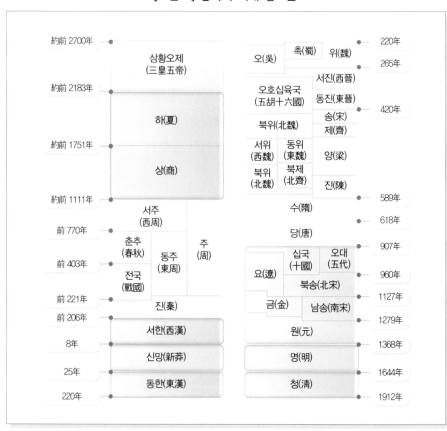

인 과거제도는 당시 정치제도의 발전과 상응하여 발전한다. 당대의 3성 6부제와 과거제의 실시는 행정효율을 제고하고 통치기반을 확대하였으며 관료대오의 문화자질 향상에 유리하여 전제주의 중앙집권제도를 한층 더 보완하게 하였다.

수나라 때 확립되고, 당나라 때 확립된 3성 6부제는 청나라 말기까지 유지된 중국의 집권형 관료체제이다. 한편, 중국이 정치와 사회질서를 체계화시키는 것에 비해 과학기술 발전을 위한 체계는 오히려 취약해진다. 1280년 중국 원나라의 곽수경의 천문학은 그 이후 쇠락해지는데 미국의 중국학자이자 역사학자인 네이선 시빈(Narthan Sivin)은 그 원인을 지배층의 점증하는 사고의 경직성은 지식인들의 기술에 대한 호감을 반감시켰으며 사대부로 하여금 과학은 자기들이 추구할 분야가 아니라고 자리매김한 덕분이라고 말한다. 외국인 기술자들이 유클리드와 코페르니쿠스에 대해 전해줬어도 중국의 지배층은 숨기기에 바빴다.

고대 그리스 민주주의 질서의 탄생

고대 아테네 역시 신분제 사회였다. 플라톤과 아리스토텔레스는 노예사회에서 편히 살던 사람이었으며, 노예제도의 부당성에 괴로워하기보다는 오히려 억압을 정당화하려는 논지를 폈다. 그리고 전제 군주를 섬겼고 육체와 정신의 분리를 가르쳤는데 이 때, 사상과 물질도 분리시켰으며 플라톤은 불멸의 신, 불멸의 영혼을 믿지 않는 데모크리토스의 책을 불사르게 했으며 호메로스의 책도 없애버린다. 따라서 그들로 하여금 절대적 진리가 있다고 믿게 했으며 신비주의를 용인하고 코스모스와 자연을 설명할 수 있다고 한 것이다. 이는 플라톤주의자들과 그들의 기독교 후계자들은 지상의 세계는 때 묻고 골치아픈 곳인 반면 천상계는 완벽하고 신성하다는 이분법적 견해를 갖게끔 한다.

정치적 질서를 민주주의 방식으로 만들어 정착시킨 것은 그리스 반도의 폴리스였던 아테네였음은 분명하다. 물론, 아테네 이외에도 고대 폴리스들이 유사한 민주주의를 실시한 것도 역사적 사실이다. 아테네에서 대략 고대 민주주의가 형성된 과정은 기원전 750년과 450년 사이라고들 한다. 고대 그리스는 초기에 폴리스라는 작은 촌락 단위로 나뉘어져 있었다. 그 대표적인 폴리스 중 두 곳이 바로 우리가 흔히 알고 있는 스파르타와 아테네였다. 아테네의 정치체제의 발달 과정을 살펴보면 왕정에서 귀족정, 금권정, 참주정 그리고 민주정으로 전개된다. 아테네 역시 왕정이 있기는 했었으나 권력은 미약했고 귀족들이 실권을 장악하고 있었다. 기원전 8세기 중엽까지 아테네는 그리스의 다른 국가들과 마찬가지로 왕정을 유지하고 있었다. 그러나 기원전 7세기 초에 왕권을 제한하는 귀족제도가 수립되었다. 왕(basileus)은 세습제에서 선거제로 바뀌어 선출되다가 7세기 초에 그 통치기간마저 10년에서 1년으로 줄어들어, 사실상 왕정은 폐지된 것과 다름없었다. 기원전 638년경에는 집정관(archon)을 비롯한 9명의 최고행정관들이 행정, 사법, 군사 등의 주권을 장악하였다. 이 9명의 최고행정관에는 왕(archon basileus), 군지휘관(pole-marchos), 아르콘(archon), 6명의 사법관(themothetai) 등이 포함되었다. 그 결과 왕정시대부터 존속해온 귀족회(areopagos)가 정치의 중심이 되었다.

아테네 민주정치는 자유로운 시민의 참여에 의한 조화를 이상으로 하였다. 이러한 아테네 민주정은 근대 이후 민주주의 발전에 고전적인 모델이 되었다. 그러나 아테네 민주주의는 제한된 민주주의였다. 앞서 언급했듯이 아테네 시민권을 가진 가정에서 태어난 성인 남자 시민만이 참정권을 가졌고, 여자와 아테네 거주 외국인, 그리고 아테네를 지탱한 것은 노예들의 노동력이었지만 그들에게는 참정권이 인정되지 않았으며 어떠한 정치적 권리도 보장하지 않았다. 그리스 주변의 해양도시와 지금의 터키지역에서는 고대문명과 현재까지도 영향을 주는 철학이 탄생하기에 이른다. 이오니아의 피타고라스학파의 반실험주의적이면서 논증적 사고주의와 아리스토텔레스[8]와 플라톤은

---

8) 아테네의 고대철학자 아리스토텔레스는 철학뿐만 아니라 형이상학의 창시자, 자연과학자 등 다양한 분야에서 다방면의 책을 저술한 것으로 유명하다. 예술 분야에서도 탁견을 피력

노예란 기능인이고 주인은 사고를 해야 한다는 주의였다. 아테네에는 시민보다 훨씬 많은 노예가 존재했으며 아테네 직접민주주의는 소수의 자유인(자본가)의 독점물에 지나지 않았던 점도 인지해야 한다.

그러다가 기원전 7세기에 아테네는 국방과 통치의 효율성을 높이기 위해 높은 곳에 성채를 쌓고 도시 국가를 형성한 것이 지주 중심의 귀족 계급이 왕을 몰아내는 계기가 되었다. 귀족은 협의회(불레)를 만들고 그동안 왕이 행사했던 제사장의 권한과 군사 통솔권을 나눠 가졌다. 9명의 아르콘이 최고 권력을 나누어 행사했고 특히 아르콘 바실레우스는 왕의 이름을 지닌 아르콘으로 왕정에서 귀족정으로 이행하는 과정을 담아내고 있다. 귀족이 권력을 장악할 수 있었던 이유로 경제적 능력을 바탕으로 국가에 군사적, 재정적 봉사를 할 수 있다는 것을 가장 중요하게 꼽는다. 게다가 이들은 직접 생업에 매달리지 않아도 되기 때문에 국정에 관여할 시간적 여유가 있었다. 특히 군사적 기여 부분에서는 당시에 전투는 기병 위주 전술로 치러졌기 때문에 말을 기르며 값비싼 전투 장비를 스스로 갖출 수 있는 경제적 능력이 중요했다. 그러나 식민지 건설이 추진되고 해상 교역도 활발해지면서 포도와 올리브를 생산하는 평민인 농민들도 점차적으로 경제 권력을 갖게 된다. 경제권력의 변화와 맞물려 군사적 측면에서도 중대한 변화가 일어났다. 기원전 7세기가 지나면서 그리스에서는 소수의 기병 중심 전투가 아니라 다수의 장갑보병을 중심으로 한 사각 밀집 대형 팔랑크스가 기본 전술이 되었다. 장갑보병은 투구와 큰 방패 등으로 중무장했지만, 기병에 비해 경제적 부담이 훨씬 가벼웠기 때문에 중농 이상의 농민과 상인, 수공업자 등으로 구성할 수 있었다. 이제 이들의 군사적 역할이 증대되면서 이들의 정치적 영향력 또한 그에

하는데 특히 그가 주장한 수사학의 3요소인 에토스, 파토스, 로고스 논법은 후대의 문학가인 영국의 셰익스피어에 영향을 줘 『줄리어스 시저(Julius Caesar)』와 같은 명저의 기반이 된다. 수사학의 3대 요소란 먼저 설득하는 사람의 인품, 카리스마, 진실성에 호소하는 방법인 '에토스', 그리고 상대방의 심리에 호소하는 방법인 '파토스' 그리고 상대방에게 명확한 증거를 제시하는 방법인 '로고스'이다. 아테네 민주주의에서는 아리스토텔레스의 수사학에서 강조하는 토론과 논증이 핵심이었다.

따라 커져야 했지만 귀족들은 여전히 그들의 정치권력을 놓지 않은 상태였다. 식민지 건설과 이웃나라들이 강성해지면서 특히 페르시아 제국이 커져가면서 아테네의 안전은 평민들과 농민으로 구성된 보병과 바다에서의 해군력에 달려있었던 것이다.

아테네 파르테논신전

출처: 2020년 1월 필자가 촬영.

아테네 민주주의 제도가 정착되는 데에는 무엇보다도 솔론의 개혁이 가장 큰 영향을 미쳤다. 기원전 600년경까지는 부유층 주인에게 속박된 다수의 소농들이 존재했는데 이들을 '헥테모로이'라고 불렀다. 1/6을 나누는 사람들의 의미인데 연간 수확량의 1/6을 그들의 땅주인에게 바쳐야 했던 것이다. 그들이 그것을 바치지 못 한다면 그들과 그 가족들이 노예로 전락될 수 있었다. 솔론은 기원전 594년 더 이상 신체를 담보로 노예로 전락되는 것을 막았으며 차후 아테네인은 외국인 구매노예를 토대로 한 동산 노예제를 확립하게 되었으며 또한 솔론은 토지 소유 면적을 제한함으로써 빈농들에게 유리하도록 했다. 솔론은 같은 해에 민회(시민총회)의 예비 모임인 400인 협의회를 신설했다. 그리고 혈통이 아니라 재산을 기준으로 참정권을 차등 부여하는 이른바 금권정치를 시행했다. 그리고 아테네 사회구조를 제1, 2계층은 고위관직, 3계층은 중간자영농민과 하급관직을 차지하도록 하였다. 제4계층인 테테스 (육체노동 계층)는 관직에 오르지 못하고 다만 민회와 법정에 참여할 권리만 을 얻었다. 그 대신에 4계층은 병역과 직접세를 면제받았다. 이런 계층적·위계적 분류방법은 군사체계와도 연계되어 제1, 2계층은 기병, 제3계층은 장갑보병 등의 군대의 서열로 응용되었다. 재산 규모와 군사적 기여, 그리고 참정권 수준이 서로 밀접하게 연계된 것이다. 솔론의 개혁은 부유층 중심의 과두 체제라는 비판도 있지만 재산의 많고 적음에 관계없이 모든 자유민에게 법이 평등하게 적용되도록 규정했다는 점에서 솔론은 민주주의 제도 발전에 일조했다는 의미가 있다.

그 이후 아테네의 참주로 등장한 페이시스트라토스는 비록 정당한 절차에 의해 권력을 잡지는 않았으나 솔론의 개혁 대부분을 그대로 따랐다. 페이시스트라토스가 기원전 528년에 죽자 참주정은 그의 장남인 히피아스에게로 넘어갔다. 히피아스는 동생 히파르코스의 암살 등의 암투에 당사자로 의심받아 추방당하게 되고 참주정치가 붕괴되자 이를 타도하는데 협력하였던 귀족과 평민 사이에 다시 대립과 분쟁이 발생하였다. 이 분쟁에서 추방된 귀족의 한 사람인 클레이스테네스는 아테네로 귀환하였다. 후에 추방된 히피아스가 페르시아로 도망가 페르시아의 다리우스황제 군대를 이끌고 그 유명한 마라톤 전쟁에서 적국의 앞잡이로 자신의 조국으로 쳐들어온 사건은 그리스의 역사에서 뼈아픈 과거일 수밖에 없다. 참주정치는 사회·경제적 변화와 전술의 변화로 귀족지배가 동요하고, 귀족과 평민의 대립과 분쟁이 격화된 상황을 이용하여 비합법적으로 정권을 장악하여 독재적을 정치를 행한 것을 말하며, 결국 귀족정치로부터 민주정치로 넘어가는 과도기에 나타난 정치현상이었다. 솔론의 개혁과 참주정의 출현 과정에서 아테네의 데모스(Demos: 민중)[9]가 자신의 힘으로 민주제를 이루어낼 만한 역량을 가지게 되었으며 이 민중의 힘

---

9) 데모스(민중)와 지배를 뜻하는 크라토스(Kratos)가 합하여 민주주의(Democracy)가 된다.

을 기반으로 민주제를 위한 개혁에 나선 인물이 바로 클레이스테네스였다.

기원전 508년 아테네에서는 도시의 운영방식과 시민들의 처우에 불만을 품은 성난 군중이 사흘간 아크로폴리스를 포위하는 봉기가 일어난다. 아크로폴리스에는 아테네와 동맹을 맺기 위해 스파르타의 왕이 포위당했다. 헤로도토스는 이 사건을 민주주의가 탄생하는 정치혁명의 도화선으로 지목한다. 변화의 주역이었던 클레이스테네스라는 부유하고 60대 노인이었으며 당시에는 외국에 피신 중이었다. 그러나 그가 막연히 주장했던 '지역공동체 및 민중의 권력과 영향력 확대'라는 것이 아테네와 오늘날의 민주주의 발을 딛는 첫걸음이 되었다. 클레이스테네스는 각 부족을 대표하는 50인을 데모스에서 추첨으로 뽑았다. 데모스의 모든 일을 자치적으로 처리한 데모스의 구성원들이 아테네 의회인 민회에 출석할 수 있는 자격을 보유하게 하였다. 민회의 활동도 더욱 활성화 되었다. 민회의 권한을 확대하여 5백인회에서 상정한 법안에 대한 심의 및 채택 여부 결정권을 부여했고, 전쟁 선포권, 예산 편성권, 그리고 퇴임행정관에 대한 회계 감사권을 부여했다. 민주제 발전을 위한 제도적인 토대가 이루어진 셈이다. 아리스토텔레스에 의하면 클레이스테네스는 본래 민주정을 지원하던 인물이 아니었으나 민주정치에 대한 신념에서라기보다는 자기 세력 기반을 확충하기 위해서 민중과 연합한 것이었다. 그러나 아리스토텔레스가 언급한 아테네 민주주의에는 노예들은 해당이 안된 것이다. 아리스토텔레스는 『Policitica(B.C. 350)』에서 "어떤 사람들은 날 때부터 자유롭고 어떤 사람들은 날 때부터 노예이며, 날 때부터 노예인 사람들에게는 노예제도가 편리하고 정당하다"고 하였다. 아리스토텔레스뿐만이 아니라 그리스로마의 대부분의 사상가와 지도자도 동의한 내용이다.

한편, "클레이스테네스는 민회에 개혁안을 제출한 뒤 이를 관철시킴으로써 앞서 서술했던 민주제 발전을 위한 토대를 구축한다. 과정이야 어찌 되었든 아리스토텔레스는 그의 시대에 대해 '솔론 때보다 더 민주적'이라고 평가했다. 클레이스테네스가 공평한 개혁가였다는 생각은 그가 도편추방제를 도입했다는 것으로 인해 사실 언뜻 보기에 좀 더 그럴듯한 것으로 되었다. 이

진기한 절차를 통해 아테네의 데모스는 그들이 선택할 경우 일 년에 한 번씩 그들이 원하는 시민을 10년 동안 추방할 수 있도록 허용되었다. 먼저 도편추방제도가 필요한 지의 여부를 결정하는 투표가 실시되었다. 그리고 나서 그것이 필요하다고 결정될 경우에는 각자가 자신의 생각에 그가 없다면 정말 잘 지낼 수 있을 것으로 보는 그런 정치가 이름을 도자기 파편 위에 긁어 기입했다. 민주 정치를 위협할 만한 인물을 10년 동안 추방시킬 수 있게 함으로써 민주 정치를 지키는 보완적인 성격을 지닌 것이다. 아테네는 기원전 417년까지 시행된 도편추방을 통해 모두 11명을 추방하였다고 한다. 그리고 추방이 행해질 때는 당사자만을 추방하는 것으로 재산은 몰수되지 않았다. 이처럼 여러 가지 보호 수단과 신중한 절차를 거쳤음에도 도편추방은 점차 정적 제거의 수단으로 변질되었다. 기원전 417년 알키비아데스가 정적인 히페르볼로스를 도편추방을 통해 제거하자 아테네 시민들은 도편추방이 위험한 제도란 것을 인식하게 되었고 더 이상 시행하지 않았다. 아테네는 5세기 초 페르시아전쟁에서의 승리를 바탕으로 그리스 내의 강국으로 부각되었다. 페르시아의 재침에 대비하여 아테네와 에게해 주변 국가들이 동등한 자격으로 델로스 동맹을 맺었는데 델로스 동맹은 아테네의 지위를 더욱 확고히 해주었다. 아테네 민주정의 대명사로 일컬어지는 페리클레스가 등장한 것은 바로 아테네가 이러한 델로스 동맹의 맹주로 있던 황금시기였으며, 그는 아테네를 대표하는 정치가로 활약했다. 역설적이기는 하지만 아테네의 민주정치를 비판한 플라톤이 민주적 정치인의 전형적 인물로 그를 지목한 것만으로도 그의 비중은 입증된다고 하겠다. 페리클레스는 기원전 443년 장군으로 선출된 이후 15년을 연임하는 동안 아테네 민주주의의 가장 중요한 특성을 자유에서 찾았다. 누구의 간섭도 받지 않고 자기 뜻대로 살 수 있는 자유와 이 연장선상에서 국정에 참여할 수 있는 정치적 자유가 바로 그것이었다. 그래서 18세 이상의 남자 시민으로 구성된 민회의 권한이 대폭 강화되었으며, 행정을 담당한 500인회, 그리고 6,000명의 배심원 내지 재판관으로 구성된 재판제도 등을 핵심으로 하는 삼권분립적 민주제도가 확립되었다. 특히 행정의 경우

500인회는 10개의 위원회로 나뉘어 한 위원회가 1년의 1/10을 담당했다. 명목상의 국가원수는 매일 바뀌는 당번 위원회의 의장이었다. 이 시기에 민회는 500인회의 제출 법안에 대한 비준 여부 결정권에 덧붙여 법안 발의권도 갖게 되었다. 외교 정책 전쟁 또는 식량공급 등 중요한 국책은 민회의 결정을 거쳐야 하며, 민회는 자유로운 발언을 통해 입법에도 관여할 수 있게 되었다.

아테네는 에게해의 무역을 제패하면서 얻은 경제적 번영과 델로스 동맹의 도시국가들로부터의 공납금으로 국고가 윤택했기 때문에 페리클레스 시대에는 배심원과 500인회 의원, 기타 공직자에게 보수를 지급할 수가 있었고, 이러한 수당제는 후에 민회의 참석자와 연극관람자에게까지 확대되어 빈곤한 시민도 실질적으로 참정권을 행사할 수 있는 길이 마련되었다. 이러한 수당제의 확대와 더불어 국고 부담을 조금이라도 감소하기 위하여 페리클레스는 부모가 모두 시민권을 가진 자에게만 시민권을 한정하는 시민권 제한법을 마련했다. 국고에 의한 수당제의 확대와 철저한 추첨제, 그리고 1년 임기제는 시민으로서 원한다면 누구나 공직을 맡을 수 있게 하는 것이며, 민회의 권한 강화는 시민 누구나가 직접 국정에 참여할 수 있는 직접민주주의를 의미하는 것이다. 페리클레스는 아테네 민주주의의 핵심을 '법 앞의 평등'을 보장하는 이소노미아라는 제도로 두었다. 아테네 민주주의는 참주의 부활을 방지하고 지배자에게 책임을 물을 수 있는 제도적 장치를 갖추고 있었다. 민회에서 불법적이고 위헌적인 제안을 한 사람을 기소하고 처벌할 수 있는 '그라프 파라몬'이라는 위헌심사제도가 그 예다. 또한 조개껍질 투표를 통해 지나치게 인기가 높고, 재산이 많고, 권력을 많이 가진 인물들을 추방하는 '도편추방제'라는 국민탄핵제도도 있었다."[10]

아테네 민주정의 가장 취약한 점은 부모가 모두 아테네 시민이어야 했다. 아리스토텔레스 마저도 마케로니아 출신으로 시민권이 없었다. 그는 아테네 민주정에서 투표권도 없는 외국인이었다.

---

10) 알랭 드 보통 지음·정영목 옮김(2021), 불안, 은행나무, pp. 68-69 발췌 요약.

고대 로마의 공화주의 질서의 탄생

로마에서는 널리 존경받던 귀족 부인을 자살로 몰아넣은 왕가의 비열한 행태에 분노한 군중이 왕의 귀환을 막고 왕의 군대와 로마시민군의 산물로서 공화국이 탄생하는데 공화제는 군주제의 부조리와 직접적인 민중의 힘과 타협의 산물이었다. 구체적인 사건은 기원전 508년 사비니족 등의 위협을 물리치고 라티움에서의 승리가 로마공화정을 탄생시키는 직접적인 계기가 된다. "로마 시민군의 활약으로 인하여 전쟁에서 승리하게 되어 시민계급(Civitas)의 힘과 귀족(Res)과 군주(Tyranny)의 타협의 산물로서 고대 로마의 공화정이 탄생하게 된 것이다. 그 이후에도 로마는 여러 번의 전쟁을 치르면서 플레비스(Plebs: 시민계급보다도 낮은 사회의 하층계급, 평민, 군대의 보병 등)집단이 중요해짐에도 불구하고 원로원 귀족들이 이들 하층민(플레비스)들을 평상시에는 노예처럼 부렸기 때문에 반감이 커져 전쟁 참여를 거부하며 플레비스들이 반란을 일으킨다. 로마 공화정의 붕괴의 위기였다. 로마의 공화정 체제를 위협하는 전쟁이 발발했음에도 불구하고 로마군으로 참전한 하층민들의 반란이 일어났을 때 원로원은 그 유명한 아그리파 장군을 급파하여 하층민들의 반란을 잠재우도록 한다. 이때 아그리파 장군이 강조한 내용이 '레스푸불리카' 즉, 레스(res)와 푸블리카(pubulika)는 하나의 신체와 같아서 몸과 팔다리임을 강조한다. 이들 플레비스 계층을 대변하는 호민관(tribune)을 두어 민중의 이익에 반할 경우 거부권을 행사할 수 있도록 한 것이다. 공화주의라는 리퍼블릭(Republic)의 원어가 된 셈이다."[11]

사실 평민지도자인 두명의 호민관이 지목한 리키나우스-섹스티우스 법이 기원전 367년에 성립되고 귀족이 독점하던 집정관 직위에 평민도 취임할 수 있게 된 것은 건국 초기부터였다.

원로원 귀족과 평민이 함께 구성하는 민회는 로마 포룸 근처의 코미티움

---

11) 마이클 스콧 지음·홍지영 옮김(2018), 기원 전후 천년사, BC 508-AD 415, 사계절. 제1부 부문의 발췌 요약.

에서 열렸으며 귀족 계급인 파트리키 사이의 불안정한 균형을 이뤘다. 로마
는 강대국이었던 그리스의 아테네의 직접민주주의 방식은 받아들이지 않고
율리우스 카이사르(BC 100-44)의 독재정을 시작으로 로마 최초의 황제인 아
우구스투스(BC 63-AD 14)가 나타날 때까지 약 500여년간 고대 로마의 공화
정은 명맥을 잇는다. 또한, 고대 로마의 공화주의 정신은 르네상스 때에 이탈
리아의 도시공화국으로 부활하며 18-19세기의 서유럽의 다수의 국가들, 그
리고 미국의 정치체제 확립에도 그 영향을 미치게 된다.

시저와 그를 살해한 브루투스 조각상

출처: 2023년 10월 필자가 스페인 마드리드 프라도미술관에서 촬영.

　　로마공화정의 가장 큰 강점은 개방성이었다. 로마시민권을 획득하는 것은
아테네와 달리 혈통에 의한 신분제가 아니었다. 카이사르는 집정관(독재관)에
취임한 기원전 46년에 로마에서 활동하는 의사와 교사에게 로마시민권을 부
여했다. 그 이후 초대 아우구스투스 황제는 외국인이라 해도 군대복무기간
25년을 채우면 로마시민권을 부여했다.

중세국가의 질서

중세국가의 질서

AD 313년 기독교 공인 이후의 질서

AD 313년 콘스탄티누스 황제에 의한 로마의 기독교 공인 이후 로마의 식민지를 비롯한 유럽 각지에서는 빠르게 기독교의 종교적 질서가 사회적 질서로 뿌리내리게 된다. 예수의 사후 기독교는 1세기의 초대 교회에서 시작된 후, 로마 시대에는 예루살렘을 시작으로 안티오키아(터키 소아시아),[1] 이집트 알렉산드리아, 콘스탄티노폴리스(현재의 이스탄불), 로마 등 5개 지역을 중심

---

1) 터키에서 그리스 반도로 넘어가는 안디오키아 인근의 빌립보 지역은 기원전 47년 로마의 시이저가 이 지역(당시는 소아시아 지역)을 점령하고 '왔노라 보았노라, 이겼노라(veni vidi vici)'라고 한 장소이다. 빌립보(Philippi)는 말을 사육하고 돈이 많았던 곳으로 '필로 (philos)'라는 사랑과 '이포스(Ipos)'라는 말의 합성어이다. 성경에 나오는 빌립보 지역(당시에는 마케도니아·소아시아 지역. 지금의 그리스)은 옥타비아누스가 승리해서 아우구스투스 황제가 되었던 곳이며 후에 사도바울이 그리스도교를 포교하면서 발을 디뎠던 빌립보란 곳이다. 빌립보에는 고대 원형극장이 있었으며 바울이 공회당으로 바뀐 이곳에서 설교를 했으며 시저(Gaius Iulius Caesar)의 정복 후에 검투장으로 바뀌었던 곳이기도 하다. 공회당 가는 길에 당시 빌립보에 사는 주민들 주택들과 공회당 사이에 감옥이 있었다. 이곳은 기독교 신약에서 사도행전에 나오는 바울이 갇혔던 곳으로 알려져 있다.

사도바울

출처: 2020년 1월 필자가 촬영.

으로 선교 활동이 전개되었다.

　이들 5대 교회들은 유기적인 공동체를 형성하면서 세계 공의회를 통해 기초 교리와 전례를 공식적으로 완성하여 기독교의 질서 체계를 만든다. AD 313년 기독교를 공인한 로마의 콘스탄티누스 황제가 제국의 수도를 지금의 이스탄불인 콘스탄티노폴리스로 천도한다. 이어 기독교를 국교화(392년)한 테오도시우스 황제가 죽으면서 콘스탄티노폴리스가 중심인 동방 지역은 장남에게, 로마가 중심인 서방은 차남에게 물려주어서 로마제국은 동서로 분열된다. 이에 따라 기독교도 동방교회와 서방교회로 나누어지게 되었다. 서로마제국은 이미 여러 면에서 불안정하였고 국가의 위상도 약화된 상태였으나, 로마 총대주교인 교황의 권위와 권력은 매우 컸다. 476년 서로마제국이 게르만에 멸망하였음에도, 로마 교황의 권위는 더욱 높아졌다. 이때부터, 교황은 전체 기독교 세계의 수장이라고 주장하게 된다. 동로마 황제와 콘스탄티노플 총대주교는 여기에 강력하게 반대하며 나섰다. 동방교회는 교황은 로마를 포함한 서방의 총대주교로서 자신의 교구를 관장하며 다른 교구에 대해서는 간섭하지 못한다고 한 것이다. 교황은 총대주교들 간에 분쟁이 발생할 경우 중재자로서 제일의 발언권을 가지는 명예로운 자리일 뿐이라고 하였다. 즉 서방교회의 수장일 뿐이며, 그 권한은 다른 교구의 총대주교들과 동등하다는 것이다.

동방 정교회와 서방 가톨릭 교회는 서로 대립하기 시작하였다. 성령은 성부로부터만 발현한다는 동방교회와 성령이 성부와 함께 성자로부터도 동시에 발현한다는 서방교회 간의 신학 논쟁으로 양쪽의 싸움은 가열되어 갔다. 7세기경 이슬람이 번성하며 안티오키아, 알렉산드리아, 예루살렘의 기독교 총 대주교좌 지역은 이슬람의 지배하에 들어갔다. 이슬람 점령지에서 기독교는 인정되었지만, 신도들은 이등 시민 대접을 받았다. 기독교 세력은 로마와 콘스탄티노폴리스 총 대주교좌만 남게 되었고, 상대적으로 동로마 황제가 직접 지배하던 콘스탄티노폴리스 교회의 권위가 강화된다. 8세기 동로마 황제는 성상숭배 금지령을 내린다. 당시 이슬람교에서는 성상은 우상을 숭배하는 것이므로 예배에서 성상을 이용하는 것을 금지했었다. 우상 파괴운동은 이슬람교에서 시작되었으나, 우상 배척은 기독교의 십계명에도 있었다. 소아시아를 중심으로 교회에서도 성상 파괴운동이 일어났다. 그러나 서유럽 지역은 성상 파괴 운동에 강력하게 저항하였고, 신도들이 반란을 일으키기도 하였다. 787년 동로마의 황제가 공의회를 소집하여, 성상을 허용한다고 확정하며 성상 파괴는 중지되었으나 앙금은 계속 남았다. 이후 양교회의 관계는 더욱 악화되어 갔다. 마침내 1054년 동로마 황제가 로마교회를 파문하고, 로마교회도 맞대응함으로써 완전하게 갈라지게 된다. 서방은 로마 총대주교를 교황으로 하는 '천주교'로, 동방은 콘스탄티노폴리스 대주교를 세계 총대주교로 하는 '정교회(正教会, The Orthodox Church)'로 분리된 것이다.

그러나 이후에도 양 교회는 계속 교류를 하였다. 그러나 완전한 동-서교회의 분열은 1204년의 제4차 십자군 원정에 기인한다. 예루살렘 성지를 탈환하기 위하여 출전한 십자군은 원정길에 있던 동로마제국을 침범하여, 콘스탄티노폴리스를 함락시켜 약탈과 파괴를 자행하였다. 특히 성당의 제단, 십자

그리스 정교회: 튀르키에 이스탄불에 있는
그리스 정교회 내부사진

출처: 2020년 1월 필자가 촬영.

가와 성상, 성인들의 유해를 탈취하고, 정교회의 성직자들도 함께 살상한 일은 동로마제국 국민에게 깊은 상처를 남겼다. 정교회 신도들은 로마에 대한 반감으로 동–서교회의 합의도 거부하게 된다. 이후 동로마제국이 오스만투르크에 패망하며 이슬람 치하로 넘어가면서, 동서 교회는 영구적으로 분리된 것이다.

동방 정교의 선교는 동로마를 중심으로 슬라브 민족 지역으로 확대되었다. 9세기의 키릴로스와 메토디오스 형제는 선교를 하며 문자가 없던 슬라브족을 위해서 문자를 고안하고 성서를 번역하였다. 러시아의 전교는 10세기에는 키예프 대공국의 블라디미르 1세가 정교회를 국교화하고, 키예프에 첫 교회가 세워지면서 진행되었다. 현재 러시아 국민의 75% 이상이 정교회 신자이다. 정교회는 종교의 역할뿐만 아니라, 문맹을 퇴치하고 때로는 법률의 역할도 했다. 나라의 통합을 촉진하는 계기가 되었고, 한편으로는 기독교 세계와 유대하는 기반을 마련해 주었다. 정교회와 함께 러시아에는 비잔틴 문화도 도입되었고, 이는 문학, 예술, 문화와 국민의 삶에도 큰 영향을 주었다.

비잔틴의 영향은 건축에도 뚜렷해졌으며, 많은 성당과 수도원이 세워졌다. 비잔틴 양식의 프레스코, 모자이크, 부조 성화상이 건물 내부를 장식했다.

바실리카는 고대 로마의 큰 지붕이 있는 공공건물을 가리키는 라틴어였다.[2] 로마의 기독교 공인 이후에는 바실리카는 유서 깊고, 교황이 특별한 전례 의식을 거행하는 큰 성당을 지칭하게 된다. 가톨릭과 정교회는 오래된 교회나 성인, 중요한 역사적 사건, 또는 정교회의 총대주교 등과 관련된 국제적인 예배 중심지 교회를 바실리카라고 한다. 러시아 정교회의 십자가는 보통의 십자가인 라틴십자가와는 다르게 이중 십자가이다. 이 십자가는 예수의 다리를 받치고 있는 부분이 길게 기울어져 있어 '정의의 십자가 저울'이라고도 한다. 아래쪽 십자가의 오른편이 위쪽으로 높은 것이다. 예수가 처형될 당시에 양쪽에는 강도 두 명이 같이 십자가에 매달렸다고 한다. 그중 예수를 섬기며 회개한 쪽인 오른쪽의 사형수는 구원을 받고 천국으로 갔으므로 십자가의 그 쪽이 하늘을 향하고 있다고 한다. 오늘날 정교회는 그리스, 키프로스, 그리고 세르비아, 루마니아 등의 동유럽국가, 구 러시아의 여러 공화국에 주로 분포하고 있다. 가톨릭의 중앙집권적 체제와는 달리, 정교회는 국가별·민족별로 각각의 정교회들은 서로 독립적이고 자주적인 연합관계를 유지하고 있다. 동로마 시대에는 그리스교회가 중심이었으나, 동로마가 멸망한 뒤에는 러시아교회가 중심이 되었다.

십자군 전쟁으로 인한 중세국가들의 질서의 재편

십자군(十字軍, 라틴어로 cruciata, 영어로 crusade) 원정이란 서방 가톨릭국가들이 기독교 성지인 예루살렘을 셀주크 투르크제국으로부터 탈환하기 위하여 원정대를 파견한 것으로 일반적으로 알려져 있다. 그러나 십자군 원정 목적이 과연 예루살렘 탈환에 있었는지에 대해서는 후대의 역사가들의 평가는

---

2) 그리스 바실리코스 "왕실"을 가리킴. 종교적 시설로 이동되지 않았으나 후에 가톨릭 대성당을 의미한다.

다르다. 제4차 원정대 이후 마지막 원정대였던 8차까지 예루살렘의 탈환에 있지 않고 이집트와 튀니지 침공에 있었다는 것이다. 서방 가톨릭국가들은 이슬람 국가들을 붕괴시키고 동시에 전리품을 챙기는 것에 관심이 컸던 것이다. 십자군 전쟁이 가져온 가장 큰 영향은 정치, 경제, 사회의 질서의 기존의 지배자들의 재편을 가속화시킨 것이다. 그동안 서방 가톨릭국가들에게 절대적인 영향을 가졌던 교황의 권위는 눈에 띄게 하락했으며 이들의 대척점에 있었던 이슬람국가들도 국력이 약해진다. 그리고 그 틈을 타서 몽고의 중동과 유럽침공이 손쉽게 이루어져 몽골제국이라는 세계 최대제국의 탄생에도 기여하게 된다. 로마교황청의 권력은 1차 원정대부터 8차에 이르기까지 많은 전쟁비용을 충당하기 위하여 교황청이 서방 가톨릭국가 국민들의 과세권을 직접 가지게 되어 영향력이 커져 보였으나 실제로는 십자군 전쟁이 거듭될수록 교황권의 권위는 실추하기 시작한다.

이스탄불 성소피아성당

이스탄불이 함락된 1453년 이후 성소피아 그리스정교회 성당은 오스만투르크에 의해 이슬람 성전으로 바뀌어 오른쪽, 왼쪽에 방패 모양에 '알라신은 위대하다'라고 걸었지만 한가운데의 성모 마리아 상은 남겨둔다.

출처: 2020년 1월 필자가 촬영.

앞서 언급한 바와 같이 동·서 기독교 교회의 완전한 분열은 1204년의 제4차 십자군 원정에 기인한다. 역사가들의 평가에 의하면 4차 십자군 전쟁은 처음부터 불순한 의도로 시작했다고 한다. 이슬람세력의 위협으로 위기에 빠진 동로마제국의 요청에 힘입어 서방의 가톨릭 국가들이 연합에 의하여 십자군 전쟁이 시작했다고 하지만 1차에서 3차에 걸친 전쟁으로 이미 대다수 가톨릭을 신봉하는 유럽 국가들은 의욕이 이미 상실된 상태였다.[3] 그러나 동방의 문물에 관심이 있고 이때 막 시작된 화폐경제에 의해 경제권력을 탐하는 유럽 각자의 영주들에 의해 4차 십자군 전쟁이 시작된다. 4차 십자군 원정대는 예루살렘 성지를 탈환하기 위하여 막상 출전하였다고는 했지만 중요한 보급로와 물자지원을 했던 동로마제국의 수도인 콘스탄티노플을 오히려 침범하여 약탈과 파괴를 자행한다. 동로마제국의 상징이자 동방 정교회의 상징인 성 소피아성당 및 중요한 성당과 궁전 등을 약탈하여 제단, 십자가와 성상, 성인들의 유해를 탈취하고 저항하는 동방 정교회의 성직자들도 함께 살상한 사건은 동로마제국 국민들에게 깊은 상처를 남긴다. 그 결과 동방 정교회 신도들은 로마가톨릭에 대한 반감으로 동-서 교회의 합의도 거부하게 된다. 이후 동로마제국의 수도인 콘스탄티노플이 1453년 오스만 투르크에 패

---

3) 정교회와 가톨릭 사이에는 몇 가지 차이점이 존재한다. 첫째 교리의 '삼위일체론'이다. 정교회는 성부로부터 성자 예수가 탄생하였으며, 성부로부터 성령이 '발현'한다고 한다. 가톨릭교회는 성부로부터 성자 예수께서 탄생하였고, 성자와 성부로부터 성령이 발현한다는 '이중발현'을 주장한다. 두 번째는 성체와 성혈이다. 정교회는 성직자와 평신도 모두가 성체와 성혈 두 가지를 먹고 마시는데 가톨릭에는 성직자들만 성체와 성혈 두 가지를 먹고 마시고 평신도들은 성체만 먹는다. 정교회는 누룩을 넣은 빵을 사용하고, 가톨릭은 전병 모양의 얇고 흰 빵으로 성체를 한다. 세 번째는 성상(聖像)의 차이이다. 가톨릭교회는 예수와 성모의 조각성상이 있으나, 정교회에는 성상을 깎지 않고 그림과 벽화로만 되어 있다. 네 번째는 성직자의 결혼 문제이다. 가톨릭 성직자는 모두 미혼이나 정교회 성직자는 유부남과 독신남이 공존하고, 수녀들도 과부이거나 남편이 수사가 되어 수녀가 된 분도 있다. 하위 성직 사제는 결혼한 성직자도 맡을 수 있지만, 주교는 결혼하지 않은 성직자들만 맡을 수 있다. 그러나 신부가 된 후에는 결혼을 못하고 유부남 신부는 부인이 죽어도 다시 결혼하지는 못한다. 마지막으로는 교황에 대한 문제이다. 가톨릭에서는 교황은 그리스도의 대리인이고, 성 베드로의 후계자이자 주교 위의 주교인 분이나, 정교회에서는 교황을 많은 주교 중의 한 분으로 생각한다. 따라서 모든 주교는 사도들의 후계자로 서로 동등하다는 것이다. 정교회에는 '사도 위에 사도 없고, 주교 위에 주교 없다'라는 말이 있다.

망하며 이슬람 치하로 넘어가면서, 동·서 교회는 영구적으로 분리된다.

르네상스 발흥과 중세 도시국가들의 질서

고대 그리스와 로마의 정치제도, 철학과 예술, 학문을 회고시키는 르네상스라는 시대적 풍조의 시작은 언제부터일까는 여러 설들이 분분하지만 이탈리아 볼로냐 대학(University of Bologna)이 설립된 1088년부터라는 설이 유력하다. 왜냐면 르네상스라는 시대적인 사조를 학문적으로 체계화시킨 것은 아무래도 대학이라는 공간을 만들어 시작했기 때문에 가능했을 것이다. 이탈리아 중부 지방에 속하며 피렌체와 제노바, 그리고 남부 스페인과 프랑스와 독일에서도 멀지 않은 볼로냐라는 곳은 중세 때에 상업의 교역지로 발달한 도시국가였다. 볼로냐 지역의 상인들이 세웠다는 볼로냐 대학은 기록상으로 서

볼로냐(위)와 피렌체(아래)

위의 사진은 중세 유럽에서 가장 먼저 대학을 만든 볼로냐 시내 사진; 아래의 사진은 중세 유럽의 르네상스를 이끈 피렌체의 두오모성당

출처: 2019년 12월 필자가 촬영.

유럽에서 가장 오래된 중세 유럽의 최초의 대학이 된다. 설립 당시 특별하게 학교의 부지나 학생기숙사가 없었기 때문에 볼로냐 지역 출신의 상인단체, 학생과 학자들은 자유단체인 길드를 조직하여 개별적인 시민으로서는 보장받을 수 없는 권리를 보장받으려 했고 그래서 볼로냐에서 최초로 생긴 학문은 법학이었다. 이후 볼로냐 대학은 중세유럽에서의 대학 설립의 모델이 된다. 1158년 붉은 수염왕 프리드리히 1세 황제는 볼로냐의 학생들에게 자치권을 부여하는데, 이것은 곧 모든 이탈리아 대학교들로 확산되었다. 볼로냐 대학이 설립되던 당시는 로마법과 교회법만을 학문으로 여겼기 때문에 교회나 국가의 각 부서에서 관리로 일하는 사람들, 즉 부주교, 학교장, 성당의 참사회원 및 볼로냐 시청 공무원들이 볼로냐 대학교의 학생들 대부분을 차지했다고 한다. 이후 1200년경에는 의학·철학(자유과) 학부가 생겼고 르네상스 시대를 본격적으로 이끈 이탈리아의 시인 알리기에르 단테(Durante degli Alighieri), 폴란드인이 가장 사랑하는 천문학자 코페르니쿠스(Nicolaus Copernicus) 등을 배출하는 등 볼로냐 대학은 이탈리아뿐만이 아니라 중세유럽의 르네상스를 태동시키고 리드하기에 이른다. 근대에 들어서도 볼로냐 대학은 최초로 18세기에 여자 교수도 채용하는 등 자유주의적 전통을 이어간다.

　이렇게 자란 볼로냐 대학의 학풍은 피렌체, 밀라노로 이어가서 르네상스를 꽃 피우게 된다. 반면에 유럽에서 두 번째로 생긴 파리의 소르본 대학교(Sorbonne University)는 귀족들 중심으로 대학을 세우지만 중세 때는 이렇다 할 성과와 인재를 배출하지는 못한다. 볼로냐 대학이 르네상스 지식인을 배출하게 된 핵심은 첫째는, 학생들의 중심이 된 길더들이 교수를 임용하고 교수가 함부로 결강이나 휴식을 못 취하게 할 정도로 학생자치권이 강했다는 점이다. 둘째는, 당시 상업적으로 부를 축적한 상인 길드(Guild)가 학비를 대주고 기숙사를 세워준 것이다. 즉, 노블레스 오블리주(Noblesse oblige)가 있었기 때문이라고 볼 수 있다. 셋째는, 개방성이다. 이는 앞서 언급한 것처럼 볼로냐 출신뿐만이 아니라 경쟁국인 피렌체의 알리기에르 단테(Durante degli Alighieri), 폴란드인 코페르니쿠스(Nicolaus Copernicus), 독일의 화가 알브레

히트 뒤러(Albrecht Dürer) 등의 인재를 받아들이고 세계최초로 여성에게도 문호를 열었기 때문이다. 이는 그야말로 공립학교의 전형적인 모델이 되었다고 할 수 있다.

"르네상스 말기에 해당되는 1454년 이탈리아 전체는 베네치아와 밀라노 간에 로디(Lodi) 평화조약이 체결됨으로 인해서 로마 전역을 지배하는 교황령, 나폴리왕국, 밀라노공국, 베네치아공화국, 피렌체공화국 5개의 세력분포로 나뉘게 된다. 정치적 질서는 공국 또는 공화국의 정치체제를 갖추고 있었던 밀라노에서는 스포르차 가문이 피렌체에서는 메디치 가문의 전제주의적 지배체제를 갖추고 있었다. 그러나 1497년에 밀라노 공국은 교황의 지원과 베네치아 군대와 합세한 프랑스의 루이 12세 군대에게 점령을 당해 프랑스가 지배하게 된다. 그러나 이게 끝이 아니었다. 신성로마제국의 영토확장, 프랑스와 스페인의 끊임없는 침략 등으로 이탈리아는 갈기갈기 찢긴다. 이러한 조국의 상황을 보고 한탄한 마키아벨리가 이탈리아 독립과 통일을 위하여 『군주론(Il Principe)』을 쓰게 되었다는 것이다."[4]

피렌체공화국의 질서체계

유럽의 르네상스를 이끈 곳으로서 이탈리아의 피렌체를 언급하지 않고서는 설명이 불가능할 것이다. 이탈리아뿐만 아니라 인근의 프랑스, 스페인, 독일, 멀리는 영국에 이르기까지 르네상스의 문화를 전파한 곳이 피렌체였다는 점은 말할 나위도 없다. 피렌체는 베네치아 인구의 1/3로 군사력은 밀라노에 비교가 안 되었다. 피렌체는 이탈리아 반도의 중북부 지역으로서 땅이 척박하고 항구도 없었으나 메디치 가문이 금융자본과 예술가들에 힘입어 르네상스를 꽃피운 곳이었다.

그렇다면 피렌체의 정치, 경제, 사회(종교)의 질서의 지배자들은 어떻게

---

4) 니콜로 마키아벨리 지음·강정인/김경희 옮김(2015), 군주론 제4판, 까치, pp. 6–9에서 발췌 요약했다.

형성되고 통치하였을까. "피렌체공화국은, 사법은 정치범이 아닌 한 팔라초 베키오에서 1, 2분 거리에 있는 지금은 국립미술관이 된 팔라초 디 포데스타, 곧 경찰청에서 다루고 입법은 팔라초 베키오 안에 있는 '80인 위원회'와 '국회'가 담당하고 행정은 대통령을 수반으로 하는 내각이 다스리는 체제로 되어 있었다. 역사적으로는 『군주론(Il Principe)』[5]의 저자로 유명한 니콜로 마키아벨리의 직책인 칸첼레리아(Cancelleria)는 영어로 서기관(Chancellor)이라고 번역되는 내각의 실무를 담당하는 사무국장이었다. 1469년 피렌체에서 태어나 이제 막 29살이 된 젊고 미숙한 청년에다가 용모는 볼품없었고 게다가 대학출신이 아니면서 어느 쪽의 조합(길드)의 소속도 아닌 마키아벨리를 피렌체의 500~600명으로 구성된 국회에서 직접 선출했다는 점은 그 자체로서 매우 이례적이었다. 당시 피렌체공화국뿐만 아니라 베니스, 밀라노 등의 유럽의 도시국가들에서 정치·경제·사회적 질서의 지배자가 되기 위해서는 어느 집단(조합 또는 길드)에 속해야 하고 특히 영향력 있는 조합인 변호사, 공증인, 판사 등의 조합에 속해 있어야만 했다. 특히, 당시 마키아벨리의 제2서기국의 사무국장(Cancelleria)이라는 지위는 제1서기국 사무국장 다음 가는 높은 관료이다. 또한 제1서기국의 사무국장 자리는 1502년까지 피렌체에서 임기가 1년에 지나지 않는 대통령에 비해서 종신형에 가까웠으므로 대단히 높은 직위였었는데 29세의 마키아벨리가 관료 가운데 두 번째 서열로 의회에서 직접 선출되었던 것이다."[6]

피렌체공화국이 갖고 있었던 권력의 원천을 당시 기축통화에 해당하는 플로린에 힘입은 바 크다고 한다. 플로린이라는 국제통화를 메디치 가문이 좌지우지할 정도로 힘이 컸다는 것이다. 이를 통해 피렌체의 천재성이 발현되고 르네상스를 일으켰다는 것에 대해 자신의 고향이지만 피렌체공화국으로부

---

5) 『군주론』은 1513년에 마키아벨리가 원고를 완성했지만 발간은 그의 사후 1532년에 출간된다. 그러나 그 내용에 대한 비난이 거세지자 1559년 교황 파울루스 4세의 의하여 교황청의 금서 목록에 등재된다.
6) 시오노 나나미 지음·오정환 옮김(1996), 나의 친구 마키아벨리, 한길사, p. 158.

터 심한 탄압을 받았던 단테는 플로린을 '저주받을 꽃'이라고까지 표현한 바가 있을 정도로 메디치 가문의 경제적 지배력은 강했다. 메디치라는 의미가 이탈리아 언어로 약재상이라는 의미 때문에 약재상의 후예로 알려져 있으나 확실하지는 않고 분명한 것은 은행업으로 진출하여 부를 축적하여 르네상스 시대의 유럽의 경제력을 지배하고 나아가서는 정치력까지 발휘했다는 것이다. 한편, 메디치 가문의 예술가의 후원은 자신들 가문을 위한 후원이 아닌 피렌체 시민들의 공적 욕망을 채워주고자 하는 후원이었다고 한다. 메디치 가문을 크게 일으킨 대(大) 코시모 데 메디치는 자신의 가문을 위한 예술을 주문하지 않고 예술가에 대한 후원으로 시작한 것이었다. 메디치 가문이 예술가들에 대한 지원을 아끼지 않았던 일례로 미켈란젤로의 사후 그의 침대 밑에 피렌체를 살 정도의 돈이 발견되었다고 한다. 물론 그 돈은 메디치 가문이 지불한 돈이고 조금은 과장된 이야기이지만 메디치 가문의 후원은 르네상스를 꽃 피우는 데에 충분했다고 볼 수 있다.

단테와 우피치미술관

왼쪽 사진은 중세 유럽문학의 최고 작품이라고 하는 '신곡'의 저자인 단테; 오른쪽 사진은 피렌체 우피치미술관, 우피치는 이탈리어로 사무공간이라는 의미

출처: 2019년 12월 필자가 촬영.

참고로 당시 피렌체공화국에서 당시에도 유명한 3명에게 준 월급은 다음과 같다. "미켈란젤로의 월급은 작품 제작 중 9피오리노. 다만 완성했을 때 400피오리노를 추가 지급. 레오나르도 다빈치 월급 22.5피오리노. 다만 밑그림에 사용되는 종이와 아틀리에 비용 등은 공화국에서 담당. 서기국장이었던 마키아벨리는 월급 16피오리노. 출장비는 공화국 담당. 결국 미켈란젤로는 2년 6개월 만에 '다비드상'이라는 작품을 끝내고 평균 22피오리노를 받게 된다. 즉 비슷한 나이의 신진예술가가 내각의 사무국장이라는 높은 관료보다도 급여를 많이 받은 것이었다."[7] 메디치 가문이 왜 이렇게 학자나 예술가들을 후원을 했었냐 하는 문제는 후대에서는 추측을 할 뿐이지만 유력한 설은 그들은 기독교에서 금하는 이자를 받는 행위인 대금업으로 재산을 축적했기 때문에 자신들의 결핍을 메꾸기 위하여 가톨릭 성인들을 추모하고 살아있는 교황 권력을 차지하려고 했다는 것이 설득력 있는 설명이라고 생각된다. 즉, 약제상으로 사업을 시작한 메디치 가문은 돈이 좀 더 많이 되는 은행업을 주 사업으로 했으며 자연스럽게 이자를 받는 것을 금하는 기독교의 윤리를 어겼지만 이를 극복하고자 했던 것이다. 이들이 택한 방법은 예술가들을 통해 작품을 만들도록 후원하고 창작물의 산물인 기독교 미술품들과 성당을 비롯한 건축물들을 공적인 영역인 시민들과 성직자들에게 내어주면서 그들의 종교적 공포감에서 벗어나고자 했다고 한다. 피렌체에서 태어난 단테(1265-1321)는 그의 생애에 마지막까지 약 13년 동안 집필한 대서사시인 『신곡(1308-1321)』에서 성경에서는 강조되지 않았던 연옥이라는 개념을 확장하고 새로이 창조한다. 그의 『신곡』은 현생에서 이자를 받는 행위가 죽어서 지옥에 가는 것이 아니라 연옥에 갈 수 있도록 하여 궁극적으로는 천국에 들어갈 수 있는 면죄부를 준 작품으로 메디치 가문에서는 해석할 수도 있는 것이었다. 즉, 『신곡』은 단테라고 하는 뛰어난 예술가의 창작임과 동시에 메디치 가문의 종교적 탈출구 역할을 한 것이다.[8] 즉, 지옥에 가는 형벌에서 연옥으로 가는 삶

---

7) 시오노 나나미 지음·오정환 옮김(1996), 나의 친구 마키아벨리, 한길사, p. 159.
8) 단테의 『신곡』 전체는 100곡(지옥 34곳, 연옥 33곳, 천국 33곳)으로 서기 1300년 부활절

을 택할 수도 있게 되는 것이다. 이런 메디치가의 부흥은 금융업으로 진출하는 코시모, 그리고 그의 손자인 로렌조 메디치(1449-1492) 때라고 한다. 로렌조 메디치와 미켈란젤로의 14세 때의 만남과 보테가(예술공방)의 주인인 베로키오의 일화가 유명하다. 시골에서 온 왼손잡이 레오나르도 다빈치도 이곳 출신이다. 빈치라는 마을에서 태어난 레오나르도는 세르 피에로라는 공증인의 사생아였기 때문에 그의 이름이 레오나르도 다빈치가 된 것이다. 가톨릭 교회의 교리상 본적에 오르지 못하고 태어난 사생아는 당시에 상당수가 있었다고 한다. 이는 레오나르도 다빈치에게 저주이자 축복이었을 것이다. 사생아라는 신분 때문에 변호사, 공증인, 의사, 약사 조합원이 되는 것은 불가능했으며 장인이 되는 예술공방에 가게 되는 계기가 된 것이 인류에게는 오히려 행운이 되었던 것이다. 13살이 된 레오나르도는 아버지에 의해 아버지의 지인이었던 베로키오의 공방에 맡겨지게 되고 이곳에서 도제식으로 훈련을 받게 된다.

그러나 피렌체공화국의 질서의 지배자들은 당연히 피렌체 시민들 가운데 일부만이다. 상대적으로 부유한 귀족층이 사회의 모든 계층에서 상층의 지배자들이었으며 이들이 만든 정치적 지배질서는 500-600명 정도로 의회를 구성하여 다른 사회적 질서를 지배했다. 마치 고대 아테네의 민주정과 유사하다. 예를 들어 행정을 담당하는 집행부의 관료는 '팔라초 디 포데스타'에서

직전에 35세인 단테가 BC 1세기 시인 베르길리우스의 안내를 받아 지옥과 연옥을 보고 천국을 들여다보게 된다. 지옥편에서 지옥은 밑으로 갈수록 점점 반경이 좁아지는 일종의 깔대기처럼 죄를 '부절제-폭력-기만-배신'으로 크게 분류하는데, 부절제에 해당되는 것은 약한 것부터 '애욕-탐식-탐욕-분노', 폭력은 '타인-자신(자살)-하나님', 배신은 '친족-조국-손님-은인'에 대한 배신자를 일컫는다. 파울로와 프란체스카의 첫 번째 만남에서 지옥의 특징은 결과와 소득 그리고 천사가 없다는 점인데, 욕망이란 밑 빠진 항아리와 같아 물을 채우기보다는 욕망을 절제하는 것이 중요하다는 것이다. 연옥은 수반구에 위치한다. 연옥의 입구는 3개의 계단이 있는데 흰색은 태어날 때의 순수함을 뜻하며, 검은색 계단은 세속의 더러움을 뜻한다. 붉은색 계단은 그리스도를 뜻한다)-일곱층-지상낙원으로 일곱층은 아래부터 '오만-질시-분노-태만-탐욕-식탐-애욕' 그리고 마지막 층을 지나면 베르길리우스는 떠나고, 스타티우스와 낙원으로 들어가게 된다. 그곳에서 베아트리체를 만나 일종의 세례를 겪은 후 구속의 역사를 보여주는 행렬을 보고 교회의 타락을 본다. 천국은 당시 7개의 행성과 항상천, 원동천, 최고천 10층으로 되어 있다.

근무하는데 제1서기국과 제2서기국의 책임자를 의회에서 선출했으며, 사법은 정치범이 아닌 한 '팔라초 베키오'에서 재판이 열리는데 이 역시 의회에서 고위직을 선출한다. 반면에 경제적 질서의 지배자는 메디치 가문에서 장악하고 있었다. 다음의 〈표 1〉은 상기 언급한 내용을 정리하여 당시 이탈리아의 대표적인 도시국가이면서 별도의 공화국 형태로 독립된 피렌체의 질서의 체계를 요약한 것이다. 이와 같은 질서를 장악하는 형태는 베네치아 등도 유사하여 베네치아 시민의 5%에 해당되는 귀족들이 사회의 모든 질서의 지배자들로서 군림했다고 한다.

〈표 1〉 피렌체공화국의 질서의 지배자들

구분	내용
정치	상대적으로 부유한 상인계급의 500~600명
행정	행정부의 수반은 의회에서 선출
사법	사법부의 수반은 의회에서 선출
경제	메디치 가문이 지배
군사	용병 계약(외국 또는 주변의 도시국가)
시민	대부분 상업인 또는 장인

피렌체공화국의 질서의 지배자들 계급과 선출방법이 위의 표와 같이 다양한 구성원들로 되어 있다고 보여지지만 실제로는 메디치 가문이 정치, 경제, 사회(종교), 문화(예술) 전 영역에서 전제주의적인 지배자로서 군림했다고 한다. 메디치 가문이 배출한 교황 4명(레오 10세, 클레멘스 7세, 피우스 4세, 레오 11세) 및 프랑스 왕가의 2명의 왕비(카트린 드 메디시스, 마리 드 메디시스)를 배출한 것을 보면 확연히 알 수 있다. 이와 같은 메디치 가문의 위세는 1434년 피렌체의 권력을 장악한 대(大) 코시모 데 메디치(1389-1464)를 시작으로 피렌체를 넘어 교황권까지 그리고는 프랑스와 합스부르크 왕가에까지 정치, 경제, 사회(종교) 질서의 지배자로 군림했었다는 것을 알 수 있다.

그렇다고 해서 이들 메디치 가문을 비롯한 유력 가문들의 군주제와 동양의 세습제적 군주제와 같지는 않다. 피렌체 등을 포함하는 르네상스 이탈리아의 중-북부 도시국가들에서는 시민들의 세력이 강한 데다가 공화정의 전통이 뿌리 깊었다. 따라서 도시 내의 권력투쟁 속에서 권력을 잡게 된 명문 귀족가문 출신의 군주라도 강력한 세습 전제정권을 세우기가 거의 불가능했다고 한다.[9]

한자동맹 도시국가들의 질서체계

중세 유럽에 있어서 국가를 넘어 도시국가들 간의 동맹으로서 가장 유명한 것은 한자동맹이다. 바이킹선박인 '한자 코그(Hansa Cog)'라는 대항해 시대에 범선으로 사용한 배의 이름을 딴 것이다. 동맹 도시국가들 간의 군사협정 같은 성격의 한자동맹은 경제적으로 공정한 거래질서를 확립하고 번영을 지속가능케 하는 것과 해적들로부터 상품과 도시국가들의 침략을 저지하기 위하여 맺어진 동맹관계였던 것이다. 한자동맹은 1200년 독일의 항구도시 뤼벡에서 발족해 서쪽으로는 런던, 동쪽으로는 단치히(현재의 폴란드 그단스크)와 노브고로드(현재의 러시아 북부 지방)까지 아우르는 역내 자유무역 벨트를 형성했다. 이들 한자동맹의 도시국가들은 군사들을 용병으로 채웠는데 14-15세기의 중세유럽 도시국가들이 취하는 일반적인 형태였다. 도시국가들은 용병을 이끄는 외국인(주로 독일과 스위스 등)용병 대장과 도시국가들 간의 계약으로 이뤄지는데 보통은 1년을 계약으로 하고 문제가 없으면 2년으로 연장되는 계약에 의한 관계였다.

이러한 방식은 비단 한자동맹의 도시국가들뿐만 아니라 당시에 강대국 모두 취했던 방식이었다. 예를 들어, "피렌체공화국에서도 인근의 포를리라는 도시국가의 용병과 계약을 맺고 피사공화국과의 전쟁을 치뤘던 것이다. 이탈리아의 피렌체 이외의 여러 도시 국가들도 이러한 방식으로 용병들을 고용했

---

9) 니콜로 마키아벨리 지음·강정인/김경희 옮김(2015), 군주론 제4판, 까치, p. 15 인용.

으며 영국과 독일, 프랑스, 스위스 등지에서 많은 젊은이들이 돈을 벌러 용병으로 이탈리아 도시국가들로 들어오게 된다."[10] 한자동맹의 도시국가들 역시 경제적 질서권은 도시의 상인들이 장악했고 그들의 국방은 용병과 계약을 해서 맡겼던 것이다. 이들 한자동맹의 도시국가들은 지중해부터 북부의 발트해와 북해를 지배했으며 한자동맹국가들의 허가 없이 또는 통행세를 내지 않고서는 항해를 못했다. 만약 위반 시에는 항해하는 선박들을 공격하고 위협할 정도였다. 한자동맹이 한참 전성기에는 소속 도시들이 90여 개에 달했다고 한다. 그들의 규율은 매우 엄격했으며 노르웨이 항구도시 베르겐한자는 동맹 회원들에게 독신을 강요하기도 했을 정도이다. 한자동맹의 상인들은 당시 유럽인들의 주식인 북해의 청어를 독점하기 위하여 덴마크를 군사력으로 물리치기까지 했을 정도로 강력한 군대도 갖추고 있었다. 한자동맹은 자신들의

[그림 1] 한자동맹의 무역경로

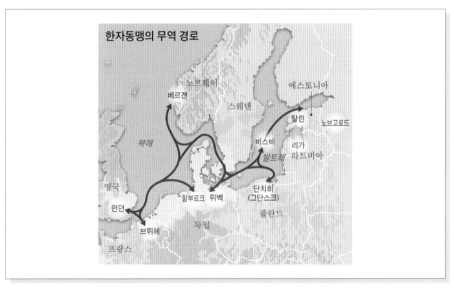

출처: 박춘환(park.choonhwan@joongang.co.kr.), 2017.08.23. 기사에서 발췌.

10) 시오노 나나미 지음·오정환 옮김(1996), 나의 친구 마키아벨리, 한길사, p. 168.

선박을 이용하지 않고 자체적으로 구리를 운반하는 등 행위를 하는 도시들의
배의 화물을 가라앉히거나 배를 뺏는 행위를 서슴지 않았을 정도이다.

　한자동맹은 400여년 동안 지속하며 유럽의 해상무역을 장악하며 번성했
다. 16개국 187개 도시에서 번성했던 한자동맹으로 인한 부의 축적은 서구
문명이 중세에서 근대로 넘어가며 비약적인 발전을 이룩하는 데도 핵심 역할
을 했다.

　"그러나 1425년부터 한자동맹은 쇠퇴하기 시작한다. 알 수 없는 이유로
청어가 덴마크를 떠나 한자동맹의 영향력이 약한 네덜란드 연안의 산란장으

[그림 2] 15C-17C 유럽의 국가들

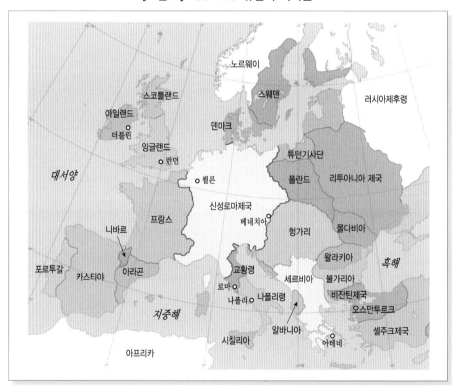

로 이동한 것이다. 이어서 플랑드르의 즈빈강이 토사로 막히면서 한자동맹의 근거지인 브루게가 몰락하고 독립적인 안트베르펜이 부상했다. 러시아에서는 이반 3세 왕이 1494년 노브고로드에서 한자동맹을 축출하기에 이른다. 그리고 1510년 11월 네덜란드 선박 1척이 독일 아우구스부르트 출신의 은행가 제이콥 푸거(Jakob Fugger) 소유의 헝가리산 구리 200톤을 싣고 단치히에서 출항했다. 배가 헬반도 근처를 지날 때 다른 배의 선원들이 배 위로 올라와 화물을 탈취했다. 지구상에서 가장 강력한 상업 조직인 한자동맹의 소행이었다. 이것이 한자동맹이 거의 마지막으로 한 야만적인 행위일 것이다. 그 이후로는 한자동맹은 거대한 자본가인 제이콥 푸거와 당시 가장 강력한 카를 5세와 같은 절대왕정의 국왕과의 연합세력에 의해 와해되기 시작한다."[11]

[그림 3] 국가와 사회 관계(1)

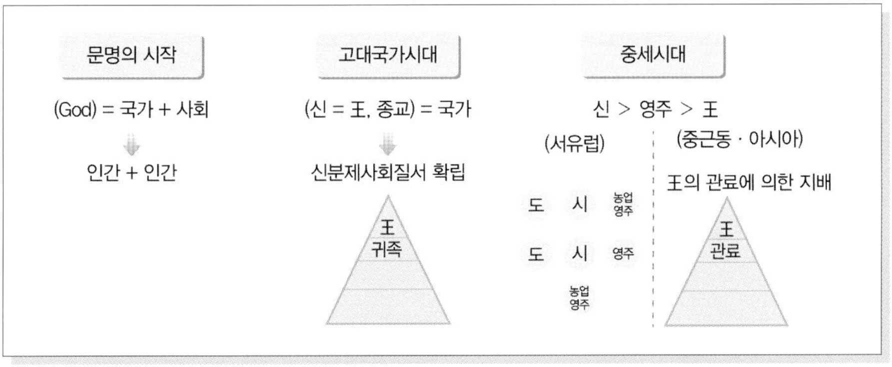

---

11) 그레그 스타인메츠 지음·노승용 옮김(2015) 자본가의 탄생, 부키, pp. 128-129 발췌 요약.

유럽 절대주의 국가의 질서

유럽 절대주의 국가의 질서

대항해와 30년 종교전쟁(1618-1648) 이후의 질서

서구에서 근세 국가들의 시점을 일반적으로는 1453년의 오스만 투르크에 의해 동로마제국의 마지막 수도이자 상징이었던 콘스탄티노플이 점령당하던 시기로 보고 있다. 역사의 변환점이 되는 시기라고 일컬어진다. 그러나 콘스탄티노플이 함락되어서 교황을 중심으로 하는 정교일치의 지배적 질서가 끝나고 근세국가가 시작했다고 보기보다는 국제무역의 변화에 따른 변환점의 시기라고 보는 것이 보다 타당하다. 1492년 콜럼버스 이후의 대항해 시대의 시작은 15세기의 유럽에서의 국가의 탄생과 역할의 재조명이라는 관점에서 중요한 계기가 된다. 신대륙의 발견과 아시아 항로를 개척해서 얻은 부를 통하여 스페인의 카를 5세나 펠리페 2세, 프랑스의 루이 14세 역시 과거의 로마와 제국을 꿈꾸었지만 옛날의 가톨릭이라는 기독교 왕국의 통합성을 다시 만들지는 못한다. 이미 세계는 가톨릭 국가들인 유럽을 넘어 중남미, 아라비아 제국들, 중국, 일본 등 종교도 문화도 민족도 다른 국가들 또는 도시들과 무

포르투갈 리스본 대항해 상징을 표시하는 조형물

출처: 2023년 10월 필자가 촬영.

역을 통해 막대한 부를 축적한 상인과 새로운 지배계급이 탄생한다. 즉, 종교적인 지배와 정치권을 지배했던 사회에서 경제적 질서를 지배하는 전통적인 집단들이 점차로 사라지고 새로운 세력이 커지는 시대가 된 것이다.

　서구의 반대쪽인 아시아와 중동에서는 종교성이 강한 이슬람국가들이 재탄생하였고 중국 등 아시아 국가들에서는 전제주의적 정치권력이 여전히 강한 힘을 발휘하고 있었다. 1453년 콘스탄티노플을 점령한 오스만 투르크 제국은 셀주크 투르크 제국의 종교권력과 정치권력이 경제권력과 사회권력 모두를 지배하는 질서의 방식을 반복하고 있었다. 이 같은 현상은 인도의 무굴 제국, 중국의 명나라 등 모두 전제주의 국가적 질서형태와 유사했다. 물론 중동과 아시아에서의 전제주의적 군주와 마키아벨리의 군주론에서의 군주는 다르다. 중동과 아시아라고 하는 동양에서의 군주국이라고 하면 보통 세습 전제 군주국을 연상하게 된다. 그러나 마키아벨리가 말하는 군주제는 '1인 통치자에 의한 지배체제'를 의미한다.[1]

---

1) 니콜로 마키아벨리 지음·강정인/김경희 옮김(2015), 군주론 제4판, 까치, p. 15.

루터(1483-1546)

루터의 종교개혁 이후 신성로마제국 내에서 전통적인 가톨릭과 신교와의 갈등은 드디어 1618년 베멘의 반란에서 촉발된다. 이 전쟁은 후에 30년 동안 계속되었으며 독일 기독교 신구 양파의 종교 내란에서 출발되었지만 합스브루크왕가와 브루봉왕가의 대립으로 인한 영토적 개념까지 더하여 국제적인 전쟁이 된다. 루터에 의해 1517년에 시작된 종교 개혁에서 거의 백 년 후에 일어난 30년 전쟁 (1618-1648)은 영주들 중심의 전쟁으로서는 마지막이자 최대의 종교전쟁으로 비화된 것이며 동시에 중세의 신분제 질서를 완전히 붕괴시키는 국제전쟁이 되었다. 종교전쟁의 촉발은 독일에서의 신교와 구교들 간의 양파의 대립이 체코의 베멘에서의 사건을 계기로 전 독일에 퍼지고 이어서 서유럽 신교 국가 구교 국가가 각각 개입하여 대규모 국제 분쟁이 되었다. 그러나 프랑스가 구교 지원에서 도중에 신교 지원으로 전환한 것처럼 단순한 종교전쟁에 그치지 않고 유럽의 패권을 둘러싼 국제전쟁으로 확산된다. 이 전쟁의 형태는 화포(총)의 사용에 의한 집단전이라는 현대적인 것이 되어 있었지만, 그 병력은 각국 왕도 영주도 용병에 의존하고 있었으며 국민군은 편성되지 않았다. 30년 전쟁의 과정은 처음에는 구교도와 신교도의 대립 축이었지만, 점차 스페인과 오스트리아 합스부르크 왕가 연합세력과 프랑스의 부르봉 왕가는 당시 유럽을 양분하는 국제전과 같은 양상으로 발전하게 된다.

"30년 전쟁을 4단계로 구분할 수 있는데 제1단계는 1618-1623년으로, 1618년 신성 로마 황제 페르디난트 2세에 의한 가톨릭 강제에 대해 베멘(보헤미아 현재 체코)의 신교도가 베멘 반란을 일으켰던 시기이다. 구교인 가톨릭 교도인 제후들의 '동맹'(리가)과 신교들의 제후들의 '연합'(루터와 칼빈 파가 연합했으므로 유니온이라 한다)과의 내전으로 시작된다. 보헤미아는 신교도 팔츠(Pfalz) 선제후를 국왕으로 선택하고 구교도 측과 전쟁을 한다. 구교도 측에서는 스페인이 신교도 측에는 네덜란드가 즉시로 지원하게 되어 내전에서 지가하여 국제전으로 확산된다. 당시 네덜란드는 스페인으로부터 독립을 하기 위해 전쟁을 치르고 있었던 상태였다. 내전이 시작단계에서는 프랑스는 구교도를 지원하고 있었지만 그것은 어디까지나 간접적인 지원에 지나지 않았었다. 전쟁은 1623년 구교도 측의 승리로 끝난다. 제2시기는 1625~1629년이다. 1625년에 덴마크 왕 크리스티안 4세가 영국과 네덜란드로부터 재정적 지원을 받고 신교를 지지하며 독일의 내전에 개입하게 된다. 독일의 황제군은 구교도 동맹군과 연합하여 덴마크의 크리스티안 4세 군대를 격퇴한다. 프랑스는 제1시기와는 달리 이때에는 신교도 측인 덴마크를 간접지원한다. 제3시기는 1630년~1635년 사이이다. 1630년 스웨덴의 왕인 구스타프 아돌프는 프랑스의 재정 지원을 받고 신교도를 지원한다. 이는 프랑스의 부르봉 왕가가 신성 로마 황제로 등극한 독일의 북상을 견제하기 위해서 독일과 전쟁하는 스웨덴을 지원한 것이다. 즉, 합스부르크가의 신성 로마 황제는 동시에 독일 왕으로 군림하고 신성 로마 황제의 힘이 강해지는 것은 경계했기 때문이다. 따라서 프랑스의 의도는 종교적 동기보다 북유럽의 패권을 목표로 한 행동이었다. 1632년 뤼첸 전투에서 스웨덴군이 승리했지만 스웨덴의 왕인 구스타프 아돌프 그 자신이 전사하면서 전쟁은 끝나게 된다. 이렇게 됨으로서 신교와 구교파들의 합의가 이뤄진다. 제4시기는 1635~1648년 사이이다. 1635년 프랑스의 왕인 루이 13세 리슐리외는 신교도 측의 열세를 만회하기 위해 직접적으로 독일과 전쟁을 치룬다. 이번에는 스웨덴이 지원을 하게 된다. 구교 측에서는 스페인 군대인 플랑드르 군이 직접 개입하게 된다. 그러나 1640년에 스페인 내부인 카탈로니아 지역에서 반란이 일어나고 같은 해 포르투갈이 독립하게 되면서 형세가 스페인에 불리하게 전개된다. 1643년에는 프랑스 북부 로크 루아 전투에서 프랑스 군대와 스페인 군대가 직접 교전을 하지만 승패는 결판이 나지 않고 1644년부터 프랑스와 스페인의 강화 협상이 시작되어 1648년 베스트팔렌 조약으로 각국이 주권 국가 체제를 확립하는 계기가 된다. 그러나 베스트팔렌 조약 이후에도 프랑스와 스페인 양국 간의 전쟁은 끝이 안 나고 양국 간의 강화는 1659년 피레네 조약의 체결에 의해 마침내 끝나게 된다."[2]

따라서 30년 전쟁은 신구교의 종교 전쟁에서 시작했지만 유럽 각국이 개입함으로써 국제적인 전쟁이 되고 그 결과 영주 층은 몰락하고, 독일은 신성로마제국이라는 중세 국가가 해체되며, 프로이센과 오스트리아는 주권 국가가 나타나는 계기가 되었다. 이 같은 영향은 전쟁의 당사자가 아닌 영국에도 영향을 미쳐 튜더왕조, 크롬웰의 공화정, 스튜어트왕조를 거치면서 16세기 말에 시작된 유럽 각지에서의 주권국가들의 확립에 크게 기여한다.

따라서 1648년의 베스트팔렌 조약이 갖는 의의는 주권 국가들 간의 조약이라는 의미에서 유럽 근현대사의 최초의 국제 조약이 된 것이었다. 국가의 역할을 강조한 주권 국가와 절대왕정에 대해 기술한 영국의 사상가인 토마스 홉스의 『리바이어던(1651)』이 출간된 것도 바로 이때였으며 로크와 데카르트, 루소와 같은 사상가들이 각자가 새롭게 탄생한 국가 내에서의 사회적 질서에 대해 언급한 때도 바로 30년 전쟁 이후에 나타난 것이다.

절대왕정 시대의 질서

왕이 전 국토의 소유였던 절대왕정 시대에 작위의 수여는 곧 봉토를 받는다는 의미이다. 영어의 왕국이라는 킹덤(Kingdom)은 왕(King)의 영토(Dom)라는 두 단어의 합성어이다. 일반적으로 절대왕정의 시대는 서유럽의 16세기 말에 나타나서 18–19세기 시민 혁명 이전의 시대를 가리킨다. AD 16세기부터 17세기에 걸쳐 영국의 튜더 왕조, 프랑스의 부르봉 왕조, 스웨덴 바사 왕조, 팔츠 왕조 등이다. 루이 14세를 대표하는 프랑스의 부르봉 왕조가 절대왕조의 전형적인 예이며 심지어는 1615년부터 1789년까지 귀족과 평민의 대표로 구성되는 삼부회 마저 소집되지 않은 시기였다. 이것은 프랑스가 이탈리아나 영국과 달리 왕의 대항세력인 토지를 기반으로 하는 영주들의 권력

---

2) 일본 ウィキペディア(2022년 5월 11일 검색), 30年 戦争.

저하 현상이 백년전쟁과 30년 전쟁 등으로 인해 유난히도 강했기 때문이다. 그 결과 루이 14세의 '짐이 국가다(L' État, c'est moi)'라는 말이 나올 정도이다.

유럽 각국에서 절대왕정의 등장은 영주 층의 몰락과는 반비례해서 강화되었다. 하지만 프랑스의 경우에는 영주들은 봉건적 특권을 유지하면서 왕정을 지지하는 관료나 군인으로 변신한다. 이는 프랑스가 왕을 중심으로 중앙집권적 정치체제를 만들어 가는 반면에 영국은 일찍이 입헌군주제를 확립했기 때문이다. 영국에서는 백년전쟁으로 인해 봉건 영주층이 몰락했지만 이들은 토지를 소유하는 대지주로 변하여 젠트리라는 상류층을 구성하여 정치가로 변신하거나 일부는 산업혁명 시기에 자본가로 변신한다. 새롭게 생긴 젠트리는 공작, 후작, 백작, 자작, 남작이라는 세습제적 귀족이 되어 대부분은 영국의 상원의원이 된다. 상원의원이 안 된 귀족들은 신사라는 뜻의 젠틀맨(gentleman)이라는 단어의 원조가 되어 교양인으로서의 모범적인 형태로 자리잡게 되는 것도 산업혁명이 만들어낸 또 다른 사회적 질서이기도 하다. 영국에서 30년 전쟁 이후 귀족(공작, 후작, 백작, 자작, 남작)으로서 살아 남은 계층들은 영국 의회 정치에서 상원(귀족원)의원으로 세습적 특권을 인정받으면서 왕정과의 항쟁과 타협을 반복하여 1689년에 '권리장전'으로 왕보다는 영국 의회의 정치적 질서 지배권을 획득하기에 이른다.

이에 비하여 프랑스에서는 부르봉 왕정기에 중앙집권화와 영주들의 관료제 전환으로 인해 행정부의 관료 혹은 군복귀족으로 변신하고, 또한 일부는 고등 법원 등 고위 사법주의 관료에 등용되어 법복 귀족으로 변신한다. 왕권의 절대적 지위 강화에 대해 영주 출신의 귀족들이 1649-1653년에 프롱드의 난을 일으켰지만 진압되고 나서 루이 14세의 절대적 권한은 더욱 커져 절대왕정의 전성기를 구가한다.

"한편, 국가 간 경쟁이 되면서 국가가 자신의 임무를 수행하기 위해서는 돈이 필요하다. 그리고 국가의 권위가 커지고 다양해지면서 그 필요성은 더욱 커졌다. 이제는 지난날처럼 국왕 직할 재산만으로는 살아갈 수 없었다. 따라서 유동적인 부에 손을 대지 않을 수 없었고, 일정한 종류의 자본주의와 일정한 정도의 국가의 근대성이 동시에 시장경제 틀 안에서 구성되었다. 이 두 가지 근대성과 시장경제라는 핵심적인 유사성은 모두 계서제(피라미드 사회)의 형성과 관련이 있다는 것이다. 그중 자본주의의 계서제가 조심스러운 성격의 것이라면, 국가의 계서제는 현란한 성격의 것이다. 또 다른 유사성으로는 국가도 자본주의와 마찬가지로 부유해지기 위해서 독점을 이용한다는 점이다. 포르투갈은 후추, 스페인은 은, 프랑스는 소금, 스웨덴은 구리를 그리고 교황청은 명반을 독점했다. 서구에서의 국가가 자신의 역할을 찾아가는 초기인 15-18세기 모든 사회공간을 다 채우려는 능력을 갖추지 못했다. ...(중략)... 유럽의 오랜 전쟁에서 국가의 재건이 이루어지는 것은 15세기 후반에 이르러서의 일이다. 18세기 초까지 영토 국가보다는 우선해서 도시 국가들은 완전히 상인들이 수중에 놓인 도구가 되었다. 느릿느릿 세력을 형성해가던 영토 국가의 경우에는 사정이 훨씬 복잡하다. 전국적인 시장경제와 국민에 대한 정책을 처음 이루어낸 국가인 영국은 1688년 혁명 이후 아주 일찍이 상인의 지배하에 전 산업화 시대의 유럽에서 정치세력과 경제세력이 일치하도록 만드는 일을 시도한다. ...(중략)... 15세기의 베네치아, 17세기의 네덜란드, 18세기 및 19세기의 영국, 오늘날의 미국이 그런 경우이다. 월러스틴은 17세기의 네덜란드 연방 정부는 이와 다르다는 것을 강조한다. ...(중략)... 베네치아뿐만이 아니라 암스테르담에서도 런던에서도, 모두 강한 정부가 들어서 있었다. 정부는 국내적으로 강력한 힘을 발휘해서, 도시의 '시민들'을 길들이고 필요한 경우 재정적인 부담을 무겁게 지우기도 하며 크레딧과 상업상의 자유를 보장해주기도 한다. 또 국외적으로도 강력한 힘을 발휘해서, 때로 주저치 않고 폭력을 휘둘렀기 때문에 아주 일찍부터 이런 도시들에 대해서 식민주의 및 제국주의 세력이었다고 말하는 것이 부당한 것은 아니다. 그러나 이 '중심부의' 정부들이라고 하더라도 이미 이상을 드러내고 있던 조숙한 자본주의에 대해서는 어느정도 종속되지 않을 수 없었던 것도 사실이다. 그러므로 결국 이 양자가 권력을 나누어 가지게 되었다. 이 게임에서 국가는 세계 경제에 완전히 잡아먹히지 않으면서 그 움직임 속으로 침투해갔다. 남들에게 봉사하고 돈에 봉사하면서 국가는 결국 자기 자신에게 봉사하는 것이다."3)

"그러나 우리가 오해하지 말아야 할 점은 17세기의 네덜란드와 같은 근대적인 국가와, 프랑스나 스페인과 같은 위풍당당한 국가 사이에는 큰 거리가 있다는 점이다. 이런 거리는 각 정부가 특정한 경제정책에 대해서 어떤 태도를 취하느냐에서 분명히 드러난다. 당시에는 만병통치약으로 통했던 이 정책에 대해서 우리는 사후적으로 중상주의(mercantilisme)라는 말을 만들어 붙였다. 이 용어에 대해서 역사가들은 다양한 뜻을 부여하고 있다. 그러나 그 여러 의미들 중에서 보다 우세한 것은 타자에 대한 자신의 방어라는 것이다. 중상주의는 무엇보다도 자기 자신을 방어하고자 하는 방식이기 때문이다. 군주나 국가가 중상주의의 원칙을 따른 것은 한편으로 그 시대의 유행에 따른 것이기도 하지만 동시에 자기 나라가 취약하기 때문에 응급조치를 취하거나 그 상태를 바로잡아야 한다는 사실을 인정했기 때문이기도 하다."4)

따라서 절대왕정 시대에서도 실제로는 왕권이 절대적이었던 것은 아니다. 왕권의 절대성은 귀족, 상업적 길드 등 특권을 가진 단체들(사단)이 통치에 협력함으로써 질서를 지배하고 있었지만, 그들은 항상 전제군주에게 순종적이지만은 않았다. 예를 들어, 영국에서 마그나 카르타에 근거한 의회의 과세 승인권을 방패로 재정적 제약에 시달리고 있던 왕정을 견제했으며 프랑스에서는 귀족의 면세 특권 박탈을 루이 16세가 도모했을 때, 그들은 다시 신분제 의회인 삼부회를 개최하고 스스로의 특권 옹호를 위해 왕에 반발했던 것이다. 이것이 귀족과 부유한 길드 등으로 구성된 1789년 프랑스 대혁명으로 이어진 것이다. 당초 '절대 왕정'의 정당화 같은 명문화 된 법이 있었던 것은 아니다. 그러나 나중에 왕권 신수설과 자연법 사상에 근거한 사회계약론 등이 표시되어 절대 왕정을 긍정적화하는 시도가 이루어졌다. 하지만 자연법

---

3) 페르낭 브로델 지음·주경철 옮김(1995), 물질문명과 자본주의 3-1 세계의 시간(상), 까치글방, pp. 61-62 발췌 요약. 브로델이 *Economie et Capitalisme*(1979)에 저술한 것을 주경철 교수가 원문인 프랑스어를 번역한 것이다.
4) 페르낭 브로델 지음·주경철 옮김(1995), 물질문명과 자본주의 3-1 세계의 시간(상), 까치글방, pp. 62-63 발췌 요약.

사상에 근거한 사회 계약론에서 왕권의 절대성에 이의를 제기한 존 로크와 같은 사상가도 나타나 시민 혁명을 옹호하는 논리적 기반이 만들어지게 되기도 한다. 17세기부터 18세기에 걸쳐 동유럽에서도 절대주의 국가를 수립한 절대 왕정의 시대가 도래하는데 당시 서유럽에서 유행했던 계몽주의 사상과 결합하여 계몽군주들이 출현한다. 대표적인 계몽군주인 프로이센 국왕 프리드리히 2세가 말한 "국왕은 국가 제일의 하인"이라는 말은 인권 사상이나 시민권 사상이 발달한 계몽주의와 결합된 계몽 절대주의 상을 단적으로 보여주고 있다.

'절대왕정'의 시대에 국왕은 대토지를 소유한 영주들 가운데의 하나에서 탈피하여 자신의 왕조를 만드는데 성공한다. 특히, 프랑스 같은 경우에는 이러한 절대왕정을 통한 중앙집권 국가를 만들고 보통사람들로 구성되는 국민국가의 형성에 기여했다. 17세기 절대주의 국가 탄생은 당시 기후변화와도 어느 정도 관련성은 있었다고 한다. 17세기 지구 전체에 몰아닥친 한냉화와 30년 전쟁으로 대표되는 잔인한 전란 속에서 인간의 이성에 절대적인 신뢰를 두고 이러한 위기를 극복하려는 사상이 생겨난다. 이러한 상황에서 계몽주의 사상의 융성으로 인한 인권 사상, 시민권 사상이 발달하고, 절대왕정의 논거로 발전한다. 왕권 신수설에 엄격한 비판이 추가되었지만 기본적으로는 전제군주제를 인정하는 것이었다. 그러나 18세기에 번성한 왕권의 통제를 받지 않는 예술가와 학자와 정치가들이 교류하는 살롱, 카페 등 '공공'공간의 탄생은 로크와 루소 등 많은 사회개혁론자들에 의해 왕과 귀족이라는 신분제적 지위가 신으로부터의 부여받은 권능이 아니라는 것을 깨닫게 하여 왕정 타도를 도모하는 혁명 사상이 싹트는 장소로 활약하게 된다. 특히, 로크(John Locke, 1632-1704)는 『시민정부론(Two Treatises of Government, 1689)』 2편에서 이제 막 태동하기 시작한 중산계층인 시민이 정부를 만들고 폐지할 수 있는 권한에 대해 주장하면서 왕권신수설을 부정하고 인간의 평등에 대해 강조한다. 로크의 『시민정부론』은 전편과 후편 두 권으로 편성되는데 "후편에서 자연권, 부권, 국가의 형태, 전제주의 등에 대해서 언급하고 기독교에서의 최초의 인류 조상인 아담이 설사 신으로부터 전제주의적 권한을 부여받았다 하더라도 그의 아들이 그러한 타인을 지배할 권리를 태어날 때부터 가지고 있는 것은 아니다라고 강하게 왕권신수설을 부정한다."[5] 사실 로크의 『시민정부론』의 영어 원제에서 나타나듯이 정부에 관한 두 개의 논문이 원제이다. 그러나 어떠한 연유로 한국과 일본에서는 '시민정부론'으로 이름이 탈바꿈 되었는지는 번역자인 일제 식민지 시절 경성제국대학교의 우가이(鵜飼信成) 교수의 역자 후기를 보면 알 수 있다. "영국과 독일, 프랑스, 미국 등지에서 여러 차례 번역본이 나왔다. 1799년 프랑스에서 『Du Government Civil(nouvelle edition, 1799)』가 출간되는데 1789년 프랑스혁명이 10년이 되던 해이다. 상당히 의도된 역자의 제목선정이었다고 볼 수 있다. 그리고 일본에서 최초의 번역자인 우가이 교수의 역자 후기"[6]에서 프랑스본을 가장 많이 참조했다는 것을 밝히고 있으며 이것이 우리나라에 로크의 '시민정부론'으로 소개되었다고 유추해 볼 수 있다.

한편, 로크와 루소 이후 1776년 미국의 독립선언과 프랑스에서 1789년 시민혁명이 발발하면서 유럽의 절대왕정들은 무너지고 근대 시민사회, 즉 국민국가의 탄생으로 이어지게 된다. 반면에 영국은 조금은 색다른 길을 걷게 된다. 영국에서는 청교도 혁명, 명예 혁명을 거친 후 국왕이 권리 장전을 승인하고 입헌 군주제로 전환함으로써 절대왕정의 시대를 끝낸다. 이에 비해 프랑스에서는 프랑스 혁명에 의해 루이 16세 국왕이 참수되고 정치체제는 공화정으로 전환한다. 그러나 영국과 같은 형태로 국민국가로 곧장 가지는 못하고 나폴레옹 제국의 시대를 거쳐 왕정 복고에 의해 절대주의 왕정을 부활시키려고 기획하지만 이미 그러한 시대는 끝이 나고 국왕의 의도는 1830년 프랑스 7월 혁명에 의해 전복되어 루이 16세는 부르봉 왕조의 마지막이자 절대주의 국가의 마지막 왕으로써 비참한 최후를 맞이하게 된다.

---

5) ロック 著(John Locke, 1690)・鵜飼信成(1968), 東京: 岩波文庫, pp. 7-8.
6) ロック 著(John Locke, 1690)・鵜飼信成(1968), 東京: 岩波文庫, pp. 250-251.

중세 영주들의 관료로의 변신

중세 유럽에서의 영주는 자신의 영지 내의 농민에 대한 부역 권한과 지대를 내세워 과세권한까지 가지고 있었으며 통행세를 취할 수도 있었고 사법권 행사 등 경제 외적인 통제 권한도 갖고 있었다. 그야말로 소왕국이었던 셈이다. 그러나 영주에 토지를 빌어 농사를 짓는 영민들이 지대를 지불하기만 하면 일정한 자유는 인정되므로 고대의 신분제 사회에서의 노예와는 구별된다. 대신에 토지라는 유일무이한 경제적인 수단에 묶여 인격적 자유가 어느 정도 허용되었다고 하나 지대 지불과 노역, 신앙의 자유가 없는 등 노예와 같은 생활을 했으므로 농노라고 불렸다. 11세기에 시작하여 13세기까지 걸친 십자군 전쟁이 끝나고 중세에 들어가면 농업의 기술보급에 따라 농업 생산성이 향상되고 상업이 부흥되면서 화폐경제가 영주의 토지인 장원경제에도 큰 영향을 미치게 된다. 영주들이라고 하는 귀족들과 기사들도 점차로 화폐 경제에 편입되기 시작하는 시기도 바로 이때이다. 따라서 농노들은 기존에는 곡식 등 현물납부에서 화폐로 대납하게 된다. 이런 현상은 중세 유럽에서 광범위하게 번져 영주들의 직영 토지에서도 영민들인 농노들이 소작을 시키게 되고 화폐로 지대를 내게 하는 등으로 변하면서 서서히 농노에서 농민들로 신분이 바뀌는 형태로 변화하기 시작한 시기도 이때이다. 이렇게 되면서 과거 부역권, 사법권, 신앙권까지 갖고 있었던 영주에서 단지 토지 소유주인 지주로 지위가 전락하고 만다. 더군다나 1340-1453년에 영국과 프랑스 사이에서 싸운 소위 '백년전쟁'은 전쟁이 장기화되는 가운데 영주들과 기사계급의 경제적 몰락을 가속화시켰다. 아울러 당시 페스트라고 하는 흑사병의 대유행에 따라서 급속한 인구 감소는 농업 노동력의 가치를 높여 농노의 역할이 커진 반면에 동시에 화폐지출도 증가함에 따라 영주는 농민에 대한 과세를 강화하려고 하는 바람에 유럽 각지에서 농노들의 저항운동이 발생한다. 백년전쟁으로 인한 포로로 잡힌 프랑스 귀족들의 몸값을 지불하기 위하여 과세를 강화하자 농노들이 반란을 한 프랑스의 자크리의 난(1358년), 영국의 잉글랜드 지역에서도 흑사병과 백년전쟁으로 인한 피해를 메꾸기 위하여 농민들에게 과도한 세금을 부과하여 이에 저항한 영국의 와트 타일러의 난(1381년)이 그 사례들이다. 이러한 농노들의 저항 움직임은 영국과 프랑스의 봉건 영주 층의 몰락을 앞당기게 하고 그와는 반대로 역설적이게 국왕에게 권력이 집중되어 절대왕정이 성립하는 데에 기여한다. 이렇게 됨으로써 절대왕정이 중심이 되는 주권국가의 개념이 나타난다.

콜럼버스상

이탈리아 제노바역 앞 광장에 있는 콜럼버스상. 그는 이곳에서 태어났다.

출처: 2019년 12월 필자가 촬영.

1492년 콜럼버스의 신대륙으로의 항로가 개척된 이후 유럽과 신대륙 간의 대항해 시대가 시작되면서 신대륙에서 대량의 은이 들어오게 되고 16세기에 가격 혁명이라 불리는 은 가치의 폭락, 물가 급등이 일어난다. 이렇게 되면서 지주가 농민으로부터 징수하는 지대는 제품이 아니기 때문에 정액이기 때문에 화폐 가치의 변동은 지주화되어가던 영주들의 경제권에 타격을 입히게 된다. 이 같은 움직임은 정액 지대 수입에 의존하는 영주들을 몰락시켜 중세의 봉건 사회의 붕괴를 가속화시켰다. 영주계급과 더불어 중세의 신분제 질서에서 중요한 위치를 점했던 기사들도 영국과 프랑스 간의 백년전쟁, 종교전쟁 등에 의해 화포와 개인장비인 총의 실용화에 의해 점차로 그들의 역할은 없어져 갔다. 물론 상당수의 영주들과 기사들은 새롭게 생긴 주권 국가의 군대의 장군이나 장교로 변신을 했지만 이제는 영주에 귀속되는 것이 아닌 왕에 귀속되는 신분으로 전환된 것이다.

15-16세기 당시를 보면 오직 유럽에서도 대서양에 가까운 서쪽의 국가들에서만 정치, 경제, 사회적으로 질서의 재편을 겪고 있었다. 즉, 이는 "이전의 종교 권력과 정치적 권력을 동시에 갖고 있었던 가톨릭 교황이 아닌 새로운 국민국가가 태동하기 시작한 것이다. 어느 국가도 지배계급과의 공모 없이는 지탱하지 못한다. 서유럽의 국가들의 변모 과정에서도 왕과 귀족들과의 결탁이 없었으면 절대왕정도 없었을 것이다."[7]

물론 왕과 영주들의 관계는 왕권에 종속되지 않는 강한 영주권을 가지고 있었던 중세의 봉건사회의 질서는 신대륙에서의 대량의 은의 유입과 국가 단위의 잦은 전쟁으로 영주들의 지위는 약해지고 왕권이 강화와 상관성이 깊다. 서유럽에서 가장 늦게까지 영주와 농노계급이 남았다고 하는 중부 유럽의 독일 역시 중세 영주 중심의 봉건사회의 해체는 종교개혁과 결부된 농노들의 반란과 30년 종교전쟁(1618-1648)에 의하여 가속화된다. 다만 산업혁명이 늦어진 독일에서는 영주가 지주 귀족인 융커로 형태를 바꾸어 19세기까지 존속한 것은 영국에서 영주에서 지주인 젠트리로 변한 것과 유사하다. 즉, 독일도 역시 시기만 늦었지 영주와 기사계급들은 새롭게 탄생한 국민국가의 정치가, 행정관료, 군인, 사법부의 관료로 변신한다. 〈표 1〉은 14세기와 15세기의 서유럽의 주요국가인 이탈리아와 프랑스, 영국에서 농노와 영주의 신분변화를 요약한 것이다.

---

7) 페르낭 브로델 지음·주경철 옮김(1995), 물질문명과 자본주의 2-2, 교환의 세계(하), 까치 글방, pp. 737-741.

구분	신분 변화	국가
농노	도시국가의 시민(주로 길더 또는 상인으로 변신)	이탈리아
	농노(프랑스대혁명 이후 시민으로 변함)	18C까지의 프랑스
	농민(산업혁명 이후 도시의 노동자)	17C까지의 영국
영주	도시국가의 상업자본가	이탈리아
	행정부, 관료, 군인(상위계급), 사법부의 관료	프랑스
	상원의원으로 변신, 젠트리(지주), 자본가	영국

질서의 새로운 지배계층으로서 관료와 시민의 등장

절대왕정(absolute monarchism)은 군주(왕)가 절대적인 권력을 행사하는 정치 형태를 가리킨다. 절대주의와 전제 군주제라고도 불린다. 역사적으로 중세까지의 제후와 귀족, 교회의 권력이 지방에 난립하고 분권적이었던 상태에서 왕이 막강한 권력을 가지고 중앙 집권화를 도모하고, 중앙 관료와 상비군(근위병)에 의해 국가 통일을 이룬 시대에 특징적이었던 정치 형태를 가리킨다. 일찍이 마르크스주의에서는 봉건사회에서 자본주의 사회로의 과도기에 나타난 것이며 최근에는 사단국가[8] 등 개념을 통해 설명되는 경우가 많다.

영국의 정치철학자인 절대왕정시대의 대표적인 학자인 토마스 홉스는 사회 계약론을 이용하여 청교도 혁명이 끝난 이후 왕정 복고를 지지한 것으로 유명하다. 그러나 홉스를 단순히 절대왕정 질서를 유지하고 옹호했던 사상가로 치부하기에는 억울하다. 그의 저서 『리바이어던(Leviathan, 1651)』에서 인간의 자연권 운동 상태를 '만인의 만인에 의한 투쟁'이라고 보고 혼란과 투쟁을 피하기 위해 자연권을 국가(=리바이어던)에게 줘야 한다고 주장한 점은 사실이나, 이를 보다 명확하게 이해할 필요가 있다. '리바이어던'은 기독교의 구약성서 욥기에 나오는 괴물이다. 이 괴물은 무서울 게 없는 존재로 태어났

---

8) https://www.y-history.net/appendix/wh0904-020_1.html

다. '리바이어던'은 무시무시하고 절대적 힘을 가진 존재, 국가이다. 홉스가 이처럼 강한 국가를 이상적이라고 봤던 이유는 당시의 시대상과 그의 개인적인 상황을 보면 이해가 더 쉽다. "영국 남부의 마을 맘즈버리의 빈민가정에서 태어난 홉스가 태어난 17세기의 영국은 스페인의 무적함대와의 전쟁의 와중이었다. '나는 공포와 쌍둥이다'라는 말을 홉스가 자서전에 남길 정도로 당시의 유럽은 전쟁, 기아의 연속이었다. 그러나 다행히 그의 천재적인 재능으로 인하여 귀족 캐번디시의 비서 겸 가정교사로 일하면서 그의 학문적 재능이 피어났으며 동시에 그의 사상체계를 형성했다는 점도 간과해서는 안될 것이다. 이는 홉스보다는 후대에 태어났지만 아담 스미스 역시 에딘버러의 빈민의 가정에서 태어났으나 귀족의 가정교사로 일하면서 그의 사상체계를 형성한 것과 유사하다고 볼 수 있다. 다시 홉스의 저서 『리바이어던』으로 돌아오면 주된 내용은 인간에 대한 고찰에서 시작한다. 인간의 목적은 자기 보존과 쾌락 추구에 있다. 인간은 자신의 목숨을 지키기 위해서 무슨 짓이든 할 수 있다. 이를 '자연권'이라 한다. 따라서 모두가 두려워할 만한 공통의 권력이 필요하고 이것이 '국가'라는 괴물이다. 사람들은 자신들의 생명과 평화, 재산을 지키기 위해서는 스스로 '자연권'을 어느 정도 포기하고 계약을 맺을 때 '코먼웰스(common wealth)인 국가'를 만들 수 있다는 것이다. 이렇게 사회계약으로 태어난 국가는 최고이자 최강의 권력자인 것이다. 홉스는 비로서 교황이나 왕이 신의 이름을 빌려 절대권력자로 군림하는 것이 아닌 사람과 사람들의 사회계약에 의해 절대적 주권자인 '국가'가 탄생해야 한다고 주장한 것이다. 그야말로 기존의 왕과 교황이 가진 종교권으로서의 국가질서를 사람들간의 계약으로 사회적 질서를 만들어야 한다고 획기적으로 주장한 학자라고 볼 수 있다. 어쩌면 사회질서라는 관점에서는 근대성을 일케운 사회사상가라고 볼 수 있겠다."[9]

---

9) 토머스 홉스 지음 · 최공웅/최진원 옮김(2021), 리바이어던, 동서문화사, 세계사상전집05, pp. 690-699 발췌 요약.

홉스의 인간관과 자연관

자연을 기하학적, 기계론적으로 간주하며 인간의 정신을 우위에 놓은 데 카르트와는 달리 홉스는 이러한 자연에 종속시키는 인간을 상정했다. 홉스는 인간의 사고 및 의지활동의 근저를 스스로 형성하는 것은 감각(sense)밖에 없다는 것이다. 외적 물체의 자극이 신경 등을 매개로 하여 뇌에 전달되고 감각(sense)은 영상(fancy)을 만든다는 것이다. 그리고 소멸되어가는 감각을 말로 표현한 것이 영상은 심상(imagination)이 되어 인간의 마음으로 남는다는 것이다. 인간의 사고 및 의지활동 등 모든 정념은 이러한 심상의 계속과 상기의 산물로 봐야 한다는 것이다. 홉스는 인간이 다른 동물들과 다른 점은 예견능력을 가지며 이러한 능력을 바탕으로 죽음에 이르기까지 권력을 추구하는 존재라는 것이다. 그러므로 인간의 자연상태(state of nature), 즉 공권력이 공백인 인간의 상태를 야만으로 본 것이다. 즉, 인간의 여러 능력은 태어나면서부터 평등하지만 이것은 사람들 간의 행복을 가져다 주지 못한다는 것이다. 능력이 평등하기 때문에 두 사람은 동일한 하나의 목표를 가지고 경쟁을 하게 되고 동시에 향유하지 않으면 상호불신이 쌓이기 때문에 서로 간에 적이 된다는 것이다. 결국 인간의 자연상태는 '만인에 대한 만인의 투쟁' (bellum omnium contra omnes)인 것이다. 이 경우 실제로 전투행위에 들어가지 않더라도 분쟁을 하려는 의지가 표출된다면 그 자체가 전투이며 평화도 없고 정의도 없다는 것이다. 이와 같이 홉스의 인간관은 아리스토텔레스의 인간관과는 정반대로 반사회적(반공동체적) 인간인 것이다. 홉스는 따라서 죽음의 공포와 쾌적한 삶을 추구하는 정념 등을 이성의 계율(precept)로서 자연법(laws of nature)을 강조한 것이다.[10]

토머스 홉스는 『리바이어던(1651)』에서 개인은 사회의 탄생 이전부터 존재했으며, 오직 자신의 유익을 위해 이 사회에 합류한 것이고, 보호를 대가로 타고난 권리를 국가에 내주기로 동의한 것이라고 설명한 것이다. 그의 뒤를

---

10) 토머스 홉스 지음 · 최공웅/최진원 옮김, 앞의 책, pp.78-79 발췌 요약.

이은 로크(1632-1704)는 홉스가 등장했을 때와 비교된다. 홉스가 등장한 시기는 힘없는 왕권과 절대권력자인 교황권과 영주권력이 주도하던 시기였으나 로크가 등장한 시기는 스페인제국의 무적함대를 무너뜨리고 대서양을 제패하기 시작하는 엘리자베스 1세 이후 영국의 왕권과 귀족의 권력이 확장되던 시기였다. 따라서 절대적 주권이었던 교황권에 맞서 이성주의적인 국가론을 주장했던 홉스와는 다른 각도에서 또 다른 국가론을 강조한다. 로크는 군권신수설이 정착되어 가는 영국을 비롯한 유럽의 왕실권력을 비판하면서 인간의 평등과 인민들 스스로가 정부를 만들 수도 없앨 수도 있는 '정부이원론(왕권과 민권에 구성되는 정부)'을 주장한다. 그의 이러한 주장은 전체 19장으로 구성된 그의 저서 『시민정부론』에서 자세하게 기술한다. 이 책은 후에 미국의 독립선언문의 원리적인 핵심사상이 되었을 뿐만 아니라 프랑스의 루소, 그리고는 궁극적으로는 프랑스혁명에도 영향을 미쳤다는 평가이다. 따라서 로크의 자유주의 사상은 왕과 귀족에 의해 절대화되어 가는 질서에 저항해야 하는 시민권력을 주장한 것이라고 봐야 한다.

몽테스키외와 루소의 인간관과 자연관

몽테스키외(1689-1755)는 『법의 정신』의 저자로 유명하다. 그는 절대왕정 시기에 활약한 계몽시대의 프랑스의 정치사상가이다. 그는 권력분립론자로서 유명하나 홉스와는 다른 자연법을 네 가지 관점에서 주장했다. 그는 사람들을 지배하고 있는 온갖 법의 배후에는 또 하나의 법이 있다고 본 것이다. 바로 자연법이다. 첫째는, 자연법은 평화이다. 자연법을 따르는 사람은 홉스의 주장과는 달리 사람들은 만인 투쟁의 상태 속에서 사는 것이 아니라 서로 간의 평화를 지키려 한다는 것이다. 둘째로는, 자연법은 음식을 찾으려는 욕구이다. 세 번째는, 자연법은 공포의 감정이며 이성(異性)에 대한 감정에 따라 서로 접근하려는 자연적인 원망(願望)이다. 네 번째는, 자연법은 사회생활을 영위하려는 원망(願望)이다. 이런 자연법에 따라 사람들이 사회를 이루는 것이라고 몽테스키외는 주장한 것이다. 이러한 몽테스키외의 주장은 절대왕정 시기에 민주주의를 강조하고 전제주의를 배격한 점은 획기적이었으나 지배층의 개혁 정도만을 언급했다는 점에서 한계점을 드러냈다는 비판도 있다. 사회전체의 개혁을 주장한 루소의 주장에는 못 미치지만 그가 주장한 권력분립론은 후세에도 큰 영향을 미치고 있다.

루소는 스위스 제네바에서 태어났지만 인생 대부분을 파리에서 보내고 명성도 그곳에서 얻는다. 루소의 사회계약론은 '국가'의 성질을 논한 홉스와 시작점은 같다고도 볼 수 있으나 그 지향점은 다르다. 루소 역시 홉스와 마찬가지로 프랑스의 절대왕정 국가에서 살았다는 점은 같으나 전쟁의 공포는 덜했다. 대신에 프랑스 전체 인구의 2%밖에 안되는 성직자와 귀족이 나머지 98% 국민을 지배하는 과정에서 많은 문제가 발생하던 때이다. 영국의 사회사상가인 로크는 신은 인간에게 본래 자유를 주었기 때문에 이러한 왕과 귀족, 평민이라는 피라미드적인 사회 지배질서체제에 대한 저항은 당연하다고 봤지만, 루소는 한발 더 나아가 홉스나 로크에 의한 국민적 합의에 탄생한 '권력(정치체계)'마저도 국민에게 복종토록 만드는 사회계약론을 주장한다. 이렇게 탄생한 국가권력은 사회 규칙을 설정하는데 그 규칙이 일부 사람들의 이익 전유물로 되어서는 안되며 공통 이익을 추구해야 한다는 것이다. '권력'은 항상 일반의지를 대표하여야만 하고 이러한 정치체제가 통치하는 사회가 '좋은' 사회라는 것이다. 루소의 이러한 사상은 프랑스 혁명의 도화선이 되었고 새로운 지배질서로의 논리적 주장이 되었다는 점은 주지의 사실이다.

그러나 프랑스 대혁명 이전에 파리에서 활약한 루소의 사상(자유, 평등, 박애)은 새롭게 등장하기 시작한 부르주아를 대변하는 것에 지나지 않았다고 비판을 받기는 하지만 프랑스혁명을 촉발시키는 데 큰 기여를 한다. 루소는 철학적으로는 칸트의 이성과 합리성에 영향을 미쳤으며 프랑스의 정치체제와 경제사회구조를 바꾸는 데 큰 역할을 한다. 루소는 신분으로 구속되는 타인과 환경으로부터 구속받지 않기 위한 인간의 자유의지의 중요성을 강조한 것으로 유명해진다. 사실 인간의 자유의지에 대한 논의는 루소가 이전에 이미

16세기 영국의 정치철학자 홉스(1588-1679)와 로크 역시 강조한 것이다. 그 후에는 18-19세기 벤담(1748-1832) 등의 공리주의자들과 19세기의 밀(1806-1873)에 이르기까지 현대국가의 정치체제에 지대한 영향을 미친 주요철학자들의 논쟁은 신분제적 인간으로부터 해체된 인간의 자유의지에 관한 것이었다고 해도 과언이 아니다. 심지어는 마르크스(1818-1883)마저도 가장 이상적인 정치경제체제가 공산주의라고 주장한 이유를 공산체제가 인간의 자유의지를 가장 발현하기 좋기 때문이라고 강조한 것이다. 아담 스미스의 친구이자 스코틀랜드의 에딘버러[11] 출신인 데이비드 흄은 『인성론(A Treatise in Human Nature)(1739)』에서 질투심을 일으키는 것은 우리와 다른 사람들 사이의 커다란 불균형이 아니라 오히려 근접 상태라는 것이다. 소위 일등병 병사는 상병에게 질투를 하지 장군에게는 전혀 질투심을 느끼지 않는다든가 뛰어난 작가역시 평범한 삼류작가보다는 자신에게 좀 더 근접한 작가들로부터 질투를 더받는다는 등의 잘 알려진 예시들과 같다. 불균형이 심하면 관계가 형성되지않으며 그 결과 우리에게 먼 것과 우리 자신을 비교하지 않게 되거나 그런 비교의 결과로부터 영향을 받지 않게 된다고 말한다.

---

11) 스코틀랜드의 에딘버러 출신인 데이비드 흄(David Hume)과 아담 스미스(Adam Smith)는 어릴 때 아버지가 일찍 돌아가셨다. 흄은 인간은 이성 능력의 지배를 믿지 않았으며 한 번도 그런 적이 없음을 지적한다. 흄에 의하면 이성은 '우리가 무엇을 원하는가?'를 결정하지 않았으며, 그것을 '어떻게 얻는 것인가?'만을 결정한다는 것이다. 한편 『지킬박사와 하이드』의 로버트 루이스 스티븐슨, 『해리포터』의 J. K. 롤링, 『셜록 홈즈』의 코난 도일도 에딘버러 의과대 출신이다. 사르트르의 지적에 의하면 에딘버러의 술집에선 대장장이, 의사, 교수, 법학자가 동등성 있는 커뮤니케이션을 하였다. 제임스 심프슨(James Simpson)은 1729년에 에딘버러 의과대학교에서 마취제 클로로포럼을 만들었다. 그의 친구들이 실험대상자였는데 당시의 에딘버러 의과대학은 세계최첨단 학교로 벤저민 프랭클린도 미국의 많은 젊은이들을 유학보냈다. 1789년에는 에딘버러 대학생의 40%가 의과대생이었다. 스코틀랜드인들은 싸움을 즐겼다고 한다. 흄과 아담 스미스도 토론을 통해 모욕을 주거나 창피를 주는 것이 괜찮다는 문화를 가졌는데 그리고 끝나서 바에서 맥주를 마시며 풀었다. 전자가 없으면 대화가 미지근하고 후자가 없으면 주먹다짐으로 끝나고 이도 저도 없으면 집단적 사고에 의한 실수가 되풀이된다. 즉, 이러한 관용이 가능한 사회이다(에릭 와이너 지음·노승용 옮김(2016), 천재의 발상지를 찾아서, 문학동네, pp. 219-284 발췌 요약).

로크의 인간관과 자연관

중세 유럽의 자연법(Natural Law)의 특징은 다음과 같다. 첫째는, 중세 유럽의 자연법은 보편적이고 모든 사람에게 적용되는 법이라고 여겨졌다. 이 법은 인간의 본성, 이성과 정의에 기반을 두고 있으며, 모든 사람에게 동등하게 적용되어야 한다는 원칙을 강조한다. 둘째는, 중세 유럽의 자연법은 인간의 본성과 이성에 내재된 원리를 강조. 이러한 원리들은 인간이 태어날 때부터 가지고 있는 것으로 여겨졌으며, 타고난 이성과 감정에 의해 인간의 행동이 지배되어야 한다고 믿었다. 로크의 시민정부론, 루소의 사회계약론 등은 이를 바탕으로 나왔다고 볼 수 있다. 셋째는, 인간의 이성적인 이해와 종교적인 믿음을 결합시키는 경향이 있었다. 이성과 정의의 원리를 통해 신의 법과 인간의 법이 조화롭게 결합되어야 한다고 믿었다. 이러한 중세 유럽의 자연법은 지방자치 고유권설에 영향을 주었고, 이후에 지방자치와 개인의 권리를 강조하는 철학적 기반을 형성하는 데에 영향을 미쳤다.

경험주의자로 알려져 있는 존 로크는 『시민정부론(Two Treatises of Government)(1689)』에서 "신은 아담에게 이 땅을 다스릴 개인적 지배권을 준 것이 아니라 인류 전체에게 그 권리를 주어 모든 사람이 누릴 수 있게 했다. 통치자들은 민중의 도구이며 전체의 이익을 추구할 때만 복종을 받을 수 있다."[12] 이러한 정치적 평등과 경제적 기회를 요구하는 목소리는 1776년 미국의 독립선언문에 구체적인 표현으로 들어가게 된다. 프랑스 정치학자이면서 사회철학자인 토크빌은 『미국의 민주주의(1835)』의 '왜 미국인은 번영 속에서도 그렇게 불안을 느끼는가'라는 제목의 챕터에서 미국인들이 갖고 있는 미국사회의 불만과 높은 기대, 선망과 평등의 관계를 기술했다. 토크빌은 "귀족사회와 민주사회에서는 구성원들의 빈곤 개념이 다르다며, 하인이 주인을 대하는 태도에서 특히 분명하게 나타난다. 귀족사회에서 하인은 선뜻 자신의 운명을 받아들이는 경우가 많았다. 따라서 드높은 생각, 강한 자부심과 자존

---

12) ロック著(John Locke, 1690), 鵜飼信成(1968), 市民政府論(Ⅰ) 東京: 岩波文庫, p. 251.

심을 이들은 가질 수도 있었다. 그러나 민주사회에서는 언론과 여론이 하인들도 정상에 올라설 수 있다고 그들 역시 산업가나 판사나 과학자나 대통령이 될 수 있다고 무자비하게 부추겼다. 이런 분위기는 소수가 성공을 쟁취했을지언정 다수는 상승에 실패한다. 때문에 하인은 자신과 주인에 대해 또는 주변에 증오심을 키워간다."13)는 것이다. 하버드대 심리학 교수인 윌리엄 제이스는 "시도가 없으면 실패도 없고, 실패가 없으면 수모도 없다. 따라서 이러한 세계에서는 자존심은 전적으로 자신이 무엇이 되도록 또 무슨 일을 하도록 스스로를 밀어붙이느냐에 달려있다. 이것은 우리가 상상하는 자기 자신의 잠재력에 대한 실재 성취 비율에 의해 결정된다. 아담 스미스는 『국부론(1776)』에서 근대 사회가 이뤄낸 생산성과 원시공동체의 수렵과의 비교를 통해 근대의 노동의 분업이라는 혁신적인 생산방식 때문에 모든 구성원을 살려지위고하를 막론하고 근면성과 절약하기만 하면 과거의 어떤 야만인들보다 많은 생필품을 얻을 수 있다고 주장한다. 그러나 루소는 『인간불평등 기원론(1754)』에서 부의 명제로부터 이 문제를 다룬다. 부는 많은 것을 소유한 것과는 관계없다. 부란 우리가 갈망하는 것을 소유하는 것이다. 부는 절대적인 것이 아니다. 욕망에 따라 상대적이다. 우리가 얻을 수 없는 뭔가를 가지려 할 때마다 우리는 가진 재산에 관계없이 가난해진다. 루소는 부자가 되는 방법은 두 가지가 있다. 더 많은 돈을 주거나 욕망을 억제하는 것이다. 근대 사회는 첫 번째에서는 엄청난 성공을 했지만 두 번째는 여전한 숙제이다. 기대가 커지면 불행이고 기대를 조절할 줄 알아야 한다."14)

그러나, 18-19세기 서유럽에서 개인의 자유의지를 사회적 담론으로 논의된 이전에 인간의 자유의지에 대하여 그 이전의 고대의 철학가들이 무심했던 것은 아니었다. 로마 공화정 말기의 정치가이며 사상가였던 키케로(M. Cicero: BC 106-BC 43)가 강조한 후마니타스(Humanitas)라는 개념 역시 개개인이 가지고 태어나는 '인간다움'이었으며 인간다움을 갖추기 위하여 교양이라는 것

---

13) 알랭 드 보통 지음 · 정영목 옮김(2021), 불안, 은행나무, p. 67.
14) 알랭 드 보통 지음 · 정영목 옮김(2021), 불안, 은행나무, pp. 78-79 발췌 요약.

이 탄생한다. 그리고 인간다움인 교양을 갖추기 위하여 중세 유럽 대학들이 논리학, 수사학, 문법, 수학, 기하학, 음악, 천문학의 7개 부문의 교양학문(liberal arts)이 탄생한 것이다. "중세도시에 몰려드는 자유인(Liberi)에게 가장 적합한 과목은 교양과목은 '문학과목(literaryarts)'으로 불렸을 수 있다. 중세의 문학사 교육과정인 3학과는 문법, 수사학, 논리학이었으며 모두 고대로마의 라틴어 재작물로 이루어져 있었다."[15] 즉, 인간됨을 위한 것이 자유이며 이를 갖추기 위한 교양 수준에서의 르네상스 학문이 시작된 것이다.

중국으로 대표되는 동양에서도, 즉 춘추전국시대(BC 770-BC 221)의 공맹사상으로부터 시작되어 중국의 수나라, 당나라에서 정착된 과거시험 과목 역시 중세 유럽의 7개 학문과 크게 다르지 않았다. 과거제도는 중국의 수나라에서 시작되어 한국, 베트남에서도 공맹사상의 근본인 인간됨을 공부하는 4서(논어, 맹자, 대학, 중용) 3경(시경, 서경, 역경)이 관료의 기본소양으로 강조된 것이다. 4서 3경 역시 서양의 키케로로 강조한 후마니타스의 논리학, 천문, 음악, 역사 등과는 매우 유사하게 구성되어 교양인으로서의 인간됨을 목표로 했던 것이다.

그러나 점차 중세 유럽 대학의 교양과목(liberal arts)들과 과거시험 과목인 4서 3경은 인간다움의 자유를 위한 것보다는 정치적 또는 경제적인 출세의 도구가 되어 권력과 돈을 쥐게 되었으며 타인과 사회를 지배하는 가장 유력한 수단으로 전락한다. 물론, 학문만이 사회적 지배수단이 되어 권력과 돈을 쥐는 것은 아니었다.

서유럽 국가들의 절대왕정 시대의 질서의 지배자들이 어느 계층으로 이어졌느냐에 대해서는 간단히 요약할 수는 없으나 영국과 프랑스는 확실히 다르게 형성한다. 예를 들어, 프랑스에서는 직접선거를 통하여 정치적 지배질서가 형성되지만 영국에서는 절대왕정 시절에 만들어진 귀족계급의 세습제가 1999년이 되어서야 비로소 토니 블레어 내각에 의해 폐지된다. 이 법안을 영

---

15) 대니얼 J. 부어스틴 지음 · 이경희 옮김, 발견자들 3(2022), EBS books, p. 42.

국 의회에서 통과시킨 것은 제2의 명예혁명이라고 일컬어질 정도의 큰 사건이었다. 1689년 귀족으로 구성된 의회가 왕 위에 있다는 '권리장전'을 통하여 절대왕정 국가들에서 이색적인 경로를 갔던 영국의 신분제가 드디어 깨진 것이다. 1999년 동 법안이 통과됨으로써 영국 상원의원 1,205명 중 세습 귀족 759명은 더 이상 국회의원의 역할인 정치적 질서의 지배자들에서 제외된 것이다. 이 법안에 의해 영국의 상원의원은 살아있을 때만 유지되는 종신 귀족들 500명만 남게 된 것이다. 이들이 사망하면 자손에게 세습되는 귀족 신분

〈표 2〉 절대왕정 시대와 18세기 유럽에서의 국가와 사회 관계에 대한 이해

국가와 사회의 관계	17c~18c 주요사상가와 저서	주장한 내용
국가 (王) 복종↑ ↓통치 사회 (투쟁적 개인관계)	홉스(1588 – 1679) 『리바이어던(1651)』	• 개개인들의 합의를 통해 권력자(리바이어던)를 만들고 국민은 그에게 복종한다.
사회 의무 국가 (王) 법에 의한 통치	로크(1632 – 1704) 『시민정부론(1689)』	• 자연상태란 평등상태. 어느 누구도 자기 마음대로 할 수 있는 자유가 아니다.
국가 합의에 의한 사회적 질서	루소(1712 – 1778) 『사회계약론(1762)』	• 일반의지를 갖는 시민들의 합의에 의해 국가와 사회와의 계약관계 • 사회질서는 다른 모든 질서의 기초가 되는 신성한 권리

만 갖는 상원의원직이 없어지게 된 것이다. 그렇다고 상원의원직이 없어진다고 해서 공작, 후작, 백작, 자작, 남작이라는 5계급의 귀족층이 사라지는 것은 아니고 명예직으로 남게 되는 것이다. 사실 이러한 귀족의 신분제 세습제 폐지의 태동은 1958년 엘리자베스 2세 여왕으로 공작, 후작, 백작, 자작, 남작이라는 5계급의 세습 귀족제를 폐지하고 자신의 대에서 끝나는 종신귀족제를 도입하며 나라에 공헌을 세운 남자들에게는 나이트(Knight), 여성에게는 데임(Dame)이라고 작위를 주는 것으로 바꿨다. 〈표 2〉는 절대왕정시대를 거쳐 17-18세기 유럽에서의 국가와 사회 간의 관계에 대한 주요 사상가들의 주장을 요약한 것이다. 특히, 이들 세 사람의 영향은 미국의 독립(1776)과 프랑스의 시민혁명(1789)에 지대한 공헌을 했던 것은 앞서 언급한 바와 같다.

1648년 베스트팔렌 조약 이후 근세국가들의 질서의 재편

르네상스 시대에 활짝 피었으며 주도를 했던 피렌체공화국은 1530년 8월에 독일인 용병이 주력부대인 스페인 카를로스 황제에 의해 멸망한다. 스페인의 국왕인 카를로스는 1530년 신성로마제국의 황제가 되고 이탈리아 전역을 차지했던 시절에도 베네치아 공화국만이 살아남았다. 베네치아공화국은 절대국가 시절에도 때로는 독자적으로 때로는 프랑스 혹은 교황에 붙으면서 고대 로마공화정의 형태를 갖고 살아남은 것이다. 16-17세기 당시 이탈리아의 공화국들은 독립된 외부 구조물과 같이 귀족적이고, 과두적이고 부르주아적이며 자치적인 성격이었다. 공화국은 절대주의 국가와 구조적으로 동일하지만 그 외부에 위치한 독립된 정치체제였다. 밀라노와 피렌체공화국들과 같이 겉으로는 공화정이지만 실재는 절대주의 국가와 같이 전제주의에 지나지 않는 경우도 있었다. 실제로 이탈리아의 제노바는 스페인의 아라곤의 지배에 속해 있었지만 반면에 스위스의 도시공화국들은 매우 자치적이었다.

18세기의 정치체계를 형성하는 데 있어서 서유럽 국가들은 고대의 민주정인 아테네와 공화정인 로마에서 많은 시사점을 얻는다. 특히, 공화정은 16,

17세기 절대주의 시대 및 왕정복고 시기 이후인 프랑스에서 생명을 다시 얻게 된다. 프랑스 혁명파들인 지롱드와 쟈코뱅파들은 고대 로마 공화정의 창시자들인 카밀루스와 브루투스에게 눈을 돌리게 된 것이다. 18세기 계몽주의 사상의 유행과 더불어 프랑스는 이러한 공화주의를 잘 복원시킨 곳이었다고 볼 수 있다. 반면에 18세기 이탈리아는 오랫동안 교황령으로서 교황이 직접 통치했던 지역인 로마에 그다지 호감적이지 않았다. 오히려 교황령 이전의 고대 로마의 공화정을 선호했다. 18세기의 당시의 이탈리아의 정치체제에 대하여 유럽 전체의 축소판이라고 일컬어질 정도였다. 교황의 신권통치도 여전히 살아있었으며 베네치아에서 산마리노까지 이탈리아는 군주국, 공국, 공화국을 갖춘 정치 박물관이었다고 한다.

아마도 그 이유는 다음의 인용에서 나타난 바와 같이 이탈리아가 중세의 르네상스 이후 19세기 말엽까지 이민족들의 침략과 지배에 의해서 생겨난 것이라고 볼 수 있다. "유럽 열강의 각축장이 된 이탈리아는 18세기의 오스트리아 지배, 프랑스 혁명 이후의 나폴레옹 체제 편입, 그 후 빈 회의(1814-1815) 이후의 오스트리아 주도에 의한 구체제로의 복귀, 이탈리아 대부분 영토에 대한 오스트리아의 지배, 주세페 마치니의 민중 봉기 실패, 파리와 빈의 1848년 혁명의 영향하에서 다시 힘을 얻게 된 리소르지멘토(이탈리아 통일운동)의 제1차 독립전쟁의 실패 등으로 476년 서로마제국의 멸망 이후 분열되어 '이탈리아'라는 명칭은 단지 세계 지도 위의 한 지역을 가르키는 명칭에 불과하게 되었다."[16]

1588년 스페인으로부터 독립을 쟁취하기 위한 오랜 전쟁 끝에 네덜란드 7개주 연합공화국이 독립을 선언한다. 그리고 1648년 베스트팔렌 조약에 의거 신성로마제국의 굴레에서 벗어난다. 이후 새로운 강국으로 태어난 신생국가인 네덜란드는 조합주의적 입헌공화정 정치체제를 선택한다. 왕이 있는 입헌제이었기는 하나 전제주의적 왕정이 아니었으며 귀족과 부유한 상인들 간

---

16) 니콜로 마키아벨리 지음 · 강정인/김경희 옮김(2015), 군주론 제4판, 까치, p. 8.

의 정치, 경제적 질서를 과두제적으로 나누는 성격이 강했고 반면에 사회적으로 종교와 표현, 학문에 대한 관용도가 높았다. 19세기의 서유럽국가들 가운데 스페인 등 몇몇을 제외하고는 대부분 국가들은 정치체제 선택은 다수가 공화정의 형태를 취했다. 그리고 경제적 질서는 산업혁명을 거치면서 자본주의에 바탕을 두고 발전했다고 볼 수 있다.

네덜란드 암스테르담 운하에서 바라본 네덜란드 왕궁 전경
출처: 2023년 10월 필자가 촬영.

17세기의 네덜란드 공화국의 발전은 범선을 이용한 항해와 발견으로 시작하였다. 네덜란드는 강력한 무적함대인 스페인의 지배로부터 벗어난 직후 그 어느 나라보다 계몽주의 사조를 받아들여 합리적이고 창의적인 사회를 만들었다. 정부와 민간의 합작으로 만들어진 동인도회사는 세계 각지로 선단들을 파견하고 무역을 통한 부를 축적한 것이다. 암스테르담 시청사를 만든 시인이자 외교관이었던 콘스탄테인 하위헌스(Constantijn Huygens)는 아틀라스 신의 조각상이 별자리로 장식된 하늘을 어깨로 떠받친 채 버티고 서있다. 아틀라스의 조각상 밑에는 정의의 신이 죽음의 신과 형벌의 신 사이에서 한 손에 칼을 잡고 다른 손에 저울을 들고 상인들의 신이라고 할 탐욕의 신과 시기의 신을 두 발로 밟고 서 있다. 네덜란드 공화국은 자국의 경제적 기반을 사유재산 제도에 두었지만 무절제한 이윤의 추구는 국가의 건강을 해칠 수 있는 위험 요인이라는 점을 알고 있었다. 바닥에 그려져 있는 세계지도에는 네덜란드 땅의 이름을 가리키는 라틴어인 벨지움(Belgium)만 쓰여있다. 이는 이 작은 나라의 외교노선은 철저한 평화 정책이었다는 것을 보여준다.

신교도 국가이면서 무역을 적극적으로 추진하고 개방적인 사회로써 탄생한 신생국 네덜란드는 학문에서도 정통에서 벗어난 사조에 대해서도 비교적 관대했다. 이때 동아시아 국가들과도 접촉한 네덜란드 인들이 있었는데 조선의 경우에는 헨드릭 하멜(Hendrick Hamel), 그에 앞서 어니스트 토머스 베델(Ernest Thomas Bethell) 등 동인도회사 직원들이었다. 특히, 『하멜표류기』는 출판되었을 당시 유럽에서도 선풍적인 인기를 얻은 서적이라고 한다. 당시 일본은 에도시대로써 쇄국정책을 취했지만 일본의 가장 서쪽 끝인 나가사키 지역에 데지마라고 네덜란드 상인들만의 출입을 허용했을 정도이다. 이 때부터 '난학(蘭学)'[17]이라 하여 네덜란드 학문을 통칭하는 의미인데 당시 이곳을 통하여 일본에 서유럽의 과학기술, 의학, 예술 등의 많은 학문 등이 일본으로 유입되는 계기가 되었다. 후에는 메이지 유신을 일으키는 조슈지역의 젊은 사무라이들에게 상당한 영향을 미치게 된다.

1648년 베스트팔렌 조약 이후 새로운 정치경제 질서가 절실하게 필요하던 시점에서 이에 관하여 나아가 국가와 시민의 역할에 대해서 논의를 한 유명한 학자가 네덜란드 출신인 범신론자로 알려진 스피노자(Benedictus de Spinoza, 1632-1677)이다. 그는 르네 데카르트(René Descartes, 1596-1650)와도 교분이 있었으며 자본주의가 막 태동하던 직전의 시점에 살았던 철학자인데 그의 저서들을 보면 엄밀히 분류하여 종교학자라기보다는 정치철학자에 가깝다. 스피노자는 마키아벨리의 『군주론』을 비판 내지 계승하면서 자신 나

---

17) 1868년의 메이지 유신을 일으킨 요시다쇼인, 후쿠자와 유키치 등이 모두 '난학(蘭学)' 출신들이다.

름의 정치철학인 군주론을 펴면서 민주주의의 중요성을 그 누구보다도 강조한 철학자이기도 했다. "실제 삶과 도덕적 삶의 차이를 인지함으로써 상상이나 도덕적 가치관을 배제하고 사실에 바탕을 둔 정치론을 쓰고자 한 점에서 스피노자와 마키아벨리의 공유점을 찾을 수 있다. 절대적 군주국가가 지배적이었던 17세기에 민주국가를 국가의 전형으로 제시한 스피노자의 『정치론』은 그의 『신학정치론』과 『에티카』와 더불어 자유민주주의의 전 지구적 보편 혁명을 추동한 저작으로 알려져 있다. 스피노자에게 자유란 단순히 천부적 인권의 형태로 주어진 것이 아니라 민주정이라는 정치공동체를 통해 형성된 것이며, 민주주의 역시 단순한 유토피아적 이념이 아니라 정치적·법적 상태로서 도덕적·실천적 과제인 동시에 정치적 최고선"[18]을 강조한 것이다. 이와 같이 스피노자 역시 마키아벨리와 같이 고대 로마공화정이 이상적인 정치체제라고 생각했으며 로마공화정이 유지된 이유 가운데 하나로써 시민들의 덕성(virtu)과 자유를 강조한 점은 같다.

스피노자 집

네덜란드 헤이그에 있는 바뤼흐 스피노자(Baruch Spinoza)가 사망하기 전까지 살았다고 하는 그의 집.

출처: 2015년 7월 필자가 촬영.

즉, 정치공동체적 시민의 자유는 "국가의 안전과 관계되고 국가의 안전은 훌륭한 법률과 제도에 의해 보장된다는 것이다. 시민의 덕성이 충만하고 정치지도자가 절제와 지혜의 덕을 발휘하여 자신의 책무를 다할 때 로마가 번

---

18) 최민자(2015), 스피노자의 사상과 그 현대적 부활, 모시는 사람들, p. 129.

성했던 것처럼, 스피노자의 체계 속에서도 덕과 법제도는 지복과 완전히 일치하는 것으로 나타난다는 것이다."[19]

산업혁명과 국가의 지배체계

신분제적 사회가 계층제적 사회로 바뀌어 가면서 사회계층(class)도 다양하게 구분된다. 다양한 지표로 인해 범주화되는 계층은 사회 구성원을 분류하는 개념 중 하나로써 과거의 신분제와도 유사하지만 이보다는 좀 더 주관적인 요소가 많다. 미국과 같이 신생국가이면서 신분제 사회를 거치지 않은 국가마저도 사회적 계층이 자본의 소유라는 관점으로 분류해서 다음의 6가지 종류(Upper class, New money, Middle class, Working class, Working poor, Poverty level)로 구분이 가능하다고 한다. 현대사회의 계층 구분은 과거의 혈통 중심의 신분제 사회와는 다르게 자본의 다소가 구분이 된다는 것이다. 현대 사회에서는 계층 간 이동이 가능하나 과거의 신분제적 계급사회에서는 계급 이동이 거의 불가능했다. 과거의 신분제도(Identity system)는 혈통 및 숙명적이며 인종적인 차이 등의 요인으로 사회의 계층(hierarchy)을 만드는데 전제주의 국가에서의 사회를 유지하는 유용한 통치질서이기도 했다. 근대성은 바로 이러한 신분제를 철폐하는 것이었으나 현대사회에서도 여전히 다른 형태의 신분제를 유지하는 봉건주의적 국가들을 종종 발견할 수 있다.

"봉건사회에 대한 최상의 설명은 조르주 귀르비치의 간략한 요약이 있다. 그는 마르크 블로크의 탁월한 저서를 주의깊게 읽은 후 그 자신의 독특한 결론을 끌어냈다. 수세기 동안의 침전작용과 파괴, 발아를 거쳐 형성된 '봉건'사회는 적어도 다섯 개의 '사회들' 내지 다섯 개의 상이한 계서제들의 공존으로 파악할 수 있다고 했다. 이 당시에는 이미 분해되었지만 봉건사회의 기반이 되는 가장 오래된 것으로 영주제 사회가 있다. 그 기원은 역사의 새벽 이전의 한밤중에 숨어 있다. 이 계서제는 서로 가까이에 있는 영주와 농민을 긴

---

19) 최민자(2015), 스피노자의 사상과 그 현대적 부활, 모시는 사람들, pp. 11-12.

밀한 통합성 속에 묶어놓았다. 그보다는 덜 오래되었지만 그래도 그 뿌리가 로마제국에까지 닿아 있고 그 정신적 뿌리는 그 이상으로 머나먼 시기에까지 닿아 있는데 로마 가톨릭 교회가 건설한 신정정치적인 사회가 있다. 이것은 대단히 강력하고 강고한 성격의 것이었다. 왜냐하면 신자들을 단지 한번 정복하는 것만이 아니라 그 후에도 계속 교회에 충성하도록 만들어야 했으며, 그것은 곧 끊임없이 반복해서 신자들을 장악해야 하는 것이기 때문이다. 초기 유럽의 잉여 중 많은 부분은 이 엄청나고 거대한 사업으로 돌아갔다. 성당, 교회, 수도원, 교회의 지대 등은 자본의 투자이기도 했다. 세 번째로 들 수 있는 것은 비교적 새롭게 나타난 영토 국가이다. 영토 국가는 카롤링거 왕조와 함께 나타난다. 네 번째 것으로는 좁은 의미의 봉건제를 들 수 있다. 이것은 국가의 실패로 만들어진 공백 속에서 상층으로 은연중에 자리 잡은 상층구조로서 계서제적인 체계 속에서 영주들을 통합하고 조종하려고 했다. 그러나 우선 교회가 이 체제의 그물망 속에 완전히 잡혀 들어가지 않는다. 다섯 번째의 체제인 도시국가는 당시에는 가장 중요했다. 초기 도시들은 10-11세기 이래 국가와는 별도로, 또 사회와도 별도로 그리고 문명, 나아가서 경제와도 별도로 발전했다. 도시는 농촌과의 분업을 통해 점차 그 영향력이 커갔으며 교역의 중심지가 되고 화폐 경제의 중심지로서 발전해 도시국가 형태로까지 발전한다. 도시의 화폐 경제는 비잔틴 제국과 이슬람권으로부터 출발하여 점차로 지중해권 전역, 그리고 지중해와 연결된 여러 강줄기를 통해 서유럽의 전역으로 퍼져갔다. 그러나 사실 이 사회들은 함께 살아갔고 서로 섞였으며 하나의 응집성을 의미했다. 도시국가는 자신을 둘러싼 영주제적인 영지로부터 인력을 충원했다. 그것은 단지 농민만을 포섭한다는 것이 아니라 영주, 더 정확하게 말하면 영주 집단들을 포섭한다는 것도 의미한다. 도시와 주변 지역에서 태어난 영주들은 도시에 정주하면서 확고한 관계를 형성한 단단한 파벌을 이루었다. 교회 조직의 심장부인 교황청은 13세기부터 전 기독교권에 대한 세금을 걷기 위해서 시에나의 은행가들에게 의존했다. 에드워드 1세 이후 영국 왕실은 루카의 대부업자들에게, 나중에는 피렌체의 대부업자들에게 돈을 빌렸다. 영주들은 일찍이 곡물과 가축을 판매했으며 따라서 그것을 구매하는 상인들이 존재해야만 했다. 근대국가와 국민경제가 탄생할 때 도시국가와 도시경제는 중요한 모델이 되었다. 교회는 물론이고 사회의 모든 결사체와 가족을 위시한 모든 사회집단은 자기 자신의 계서제를 가지고 있다고 해도 과언이 아니다."[20]

플라톤, 아리스토텔레스의 시대에서 정치학은 국가론으로 시작하여 민주주의의 사상이나 사회변동과 결합하여 발전하여 왔지만 일부의 계급에서만 주된 관심하였다. 그러나 오늘날의 국가론의 주된 대상은 서구 근대화가 시작되어 국민이 주권자가 되는 국민국가(nation state)가 그 대상이 된다. 물론, 앞서 살펴보았 듯이 단숨에 근대 유럽이 국민국가로 이행된 것은 아니다. 국가 권력을 놓고 정치권력, 경제권력, 시민권력 간의 치열한 다툼 내지 내전도 불사할 정도로 이들 세력들은 국가의 지배적 질서를 통제하기 위하여 싸워왔고 그 결과 국민국가가 탄생한 것이다. 국가에 대한 생각 자체가 일종의 사회의 여러 세력집단들 간의 패권 다툼일 수밖에 없었지만 국민국가가 탄생하기 전까지는 정치 권력이 가장 주된 권력이었다. 서구사회에서 법치와 인민들의 주권, 최대 다수의 최대 행복을 지키는 국가 등에 대한 철학적 논제는 일찍부터 제기되었지만 실체화되는 것은 17세기 이후에 들어와서이다. 그렇다고 해서 당시의 사상가들이나 서구의 국가들이 국가의 개념과 역할에 대해 일치된 견해를 갖고 있지는 않았다. 17세기 영국에서 아담 스미스가 그리는 상업 사회에서 국가는 경제 질서를 유지하는 최소한의 역할로써 충분했지만, 반면 18세기의 후진국 독일은 프랑스 혁명의 충격에서 헤겔은 국가를 "윤리적 이념을 실천하는 실체"라는 개념으로서 정의한 바 있다. 19세기에 들어오면 마르크스가 국가의 개념과 역할을 "사회의 인위적이고 강력한 환상적 공동체"로서의 단정하며 유물론적 관점을 제기한다.

오늘날 우리의 국가의 지배질서는 과연 다수가 지배하는 국민이 지배하는

---

20) 페르낭 브로델 지음 · 주경철 옮김(2001), 물질문명과 자본주의 2-2, 교환의 세계(하), 까치 글방, pp. 659-662.

사회로 변했을까? 우리는 적어도 밀즈의 『파워 엘리트(The Power Elite)』라는 책에서 1960년대이지만 미국 전체의 중요한 의사결정이 놀라울 정도의 소수 집단에 의존하고 있다는 주장을 볼 수 있다. 여기에서도 국민 전체 중의 엘리트는 몇몇 지배 가문으로 구성되어 있으며 이 왕조는 해가 가도 거의 변하지 않는다는 것이 밀즈의 주장이다. 소수가 지배하는 것은 과거 르네상스 이탈리아도 현재도 예외는 아니라는 것이다. 1531년 1월 21일에 시에나의 작가인 클라우디오 톨로메이가 가브리엘레 체자노에게 보낸 편지의 내용의 일부를 소개하면 다음과 같다. "아무리 큰 공화국이라고 해도 그리고 인민이 지배하는 국가라고 해도, 명령을 내리는 지위에 있는 사람이 50명 넘는 일은 거의 없습니다. 아테네, 로마, 베네치아, 루카 이런 곳들이 공화국이라는 이름으로 통치를 한다고 해도 국가를 통치하는 사람들의 수는 많지 않습니다."[21]

계서제를 인간사회의 본능적 지배체계로 본 브로델은 다음과 같이 지적하고 있다. "그러므로 결국 어느 시대의 어느 사회에서든지, 세계의 어느 지역에서든지, 특권층은 소수에 불과하다는 교묘한 법칙이 존재하는 것이 아닐까. 이것은 정말로 까다로운 법칙이다. 우리는 그 이유를 알 수 없기 때문이다. 그렇지만 그것은 끊임없이 우리가 당면하게 되는 거만한 현실이다. 거기에 대해서 항의해 보아야 소용이 없을 것이다. 모든 증인들이 일치해서 그렇다고 이야기하고 있으니 말이다. 페스트가 크게 유행했던 1575년 이전에 베네치아의 귀족(nobili)은 남자, 여자, 아이 모두 합해도 기껏해야 1만 명이었지만 이 숫자는 베네치아의 역사상 가장 큰 수였다. 이것은 달리 말하면 전체 인구 20만 명 중 5%의 비율이다. 그러나 이 소수 중에서도 빼야 할 사람들이 있다. 공식적으로 일종의 구걸 상황에 빠진 몰락한 귀족들이 그런 사람들인데 이들은 가난한 산 바르나바(San Barnaba) 구역에서 살았기 때문에 바르나보티(Barnabotti)라는 냉소적인 별명을 얻게 되었다. 그렇다고 이런 사람들을 뺀 나머지 사람들이 모두 부유한 대상인들도 아니다. 1630년 페스트 이후

---

21) 페르낭 브로델 지음 · 주경철 옮김, 물질문명과 자본주의 2-2, 교환의 세계(하), 까치글방, pp. 662-668.

에 부유한 대상인들의 수는 더욱 줄어서 국가의 최고위 공직에 봉사할 수 있는 사람은 14~15명에 불과하게 되었다. 전형적으로 자본주의적인 도시인 제노바에서도 1684년의 한 진술에 의하면 이 공화국을 수중에 장악하고 있는 귀족들은 약 8만 명의 전체 인구 중에서 기껏해야 700여명에 불과했다고 한다. 그나마 베네치아나 제노바의 상층부의 이러한 비율은 가장 높은 축에 속한다고 한다. 예를 들어, 뉘른베르크에선 14세기부터 한정된 귀족의 수중에 권력이 집중되었는데(이들은 43개 귀족 가문으로써 법률로 규정되어 있었다) 이것은 도시 내의 인구 2만 명과 도시 인접 지역의 인구 2만 명을 합친 전체 인구 중에서 150~200명에 불과했다고 한다. 이 가문들에서는 참사회에 파견할 대표를 임명하는 배타적인 권리를 가지고 있었으며 그 참사회에서는 7명의 장로들을 선발했다. 실제로는 이 참사회의 7명의 장로들이 모든 결정을 내리고 통치, 행정, 사법을 관장하며 어느 누구에 대해서도 책임을 지지 않았다. 이 장로를 배출하는 부유한 가문들은 기원이 13세기에까지 거슬러 올라가는, 역사가 유구한 집안들이었다. 뉘른베르크의 연대기에 똑같은 이름이 끊임없이 나오는 것도 이런 특권층의 지배가 오래 지속되었다는 것으로 설명할 수 있다. 이 도시는 14-15세기에 독일에서 반복해서 일어났던 곤경을 기적적으로 아무런 피해 없이 넘겼다. 1525년에 장로들은 단호히 종교개혁 쪽으로 방향을 선회했다. 그러자 이에 따라 모든 것이 결판이 나버리게 되었다. 런던에서는 엘리자베스 여왕통치기의 말년인 1603년에 모든 사업이 200여명의 대상인들의 지배하에 들어갔다고 한다."22)

20세기에 들어와서 소수의 지배체계에서 다수의 지배체계로 확장시킨 것이 현대민주주의 체제라고 볼 수 있다. 재산이 기준이 아닌 국민들에게 선거권이 주어지는 보통선거권이 국가 저변에 확산되자 러시아에서 레닌은 마르크스를 단순화하고 국가를 '계급 지배의 도구'라고 결론냈지만, 독일의 베버는 국가를 일정한 영역 내에서 정당한 독점을 실효적으로 요구하는 집단과

---

22) 페르낭 브로델 지음·주경철 옮김, 물질문명과 자본주의 2-2, 교환의 세계(하), 까치글방, pp. 662-668.

일반 국민에 대한 정통성 모두를 인정하는 자세를 취한다. 프랑스의 뒤르켐 역시 국가의 역할을 '사회적 분업의 발전에 따른 기능적 분화의 통합의 역할'에 주목했다. 즉, 사회를 구조기능주의적 관점으로 보기 시작하였으며 베버의 이런 시각은 후에 미국의 사회학자 파슨즈에게 영향을 미친다. 파시즘과 대결한 이탈리아에서의 맑스시스트인 그람시는 국가란 정치사회와 시민 사회의 결합이며 헤게모니 쟁탈과정이라는 성격으로 규정한 바 있다. 이러한 국가관들의 차이는 일반적으로 자유주의, 마르크스 공산주의, 사회주의 등으로 나뉜다. 국가에 대한 태도가 사회 이론의 성격 부여에 큰 의미가 현실 정치의 본연의 자세도 규정했다. 19C−20C 당시 유럽의 현대국가들은 두 가지 문제에 봉착하고 있었다. 하나는 근대에 지배적인 경제체제인 자본주의와 국가의 관계이며, 또 다른 하나는 국가와 국민과 민족과의 관계이다. 아담 스미스의 경제적 자유주의의 야경 국가관에서 보면 국가는 경제 활동을 자율적 시장의 '보이지 않는 손'에 맡기고 도량형 제정과 치안 유지·대외 국방 등 최소한의 역할로 한정한 '작은 정부'가 바람직하다고 주장한다. 반면에 마르크스의 설명은 그것이 절대주의에 대항하는 부르주아의 이데올로기에 지나지 않고, 현실 세계의 국가는 그 시대에 지배적인 계급 세력의 이해를 반영하면서 마치 국민적 이익을 대변하고 있는 듯이 가장하고 있다는 것이다. 마르크스의 견해에 따르면 기존 질서에 대한 저항이 있다면 국가는 물리적 폭력의 독점으로 억압해왔다는 것이다. 실제로 자본주의 경제 질서와 근대 국민 국가의 역사적 관계를 되돌아보면, '야경 국가'와 '작은 정부'의 이념을 관철할 수 있었던 것은 극히 일부의 선발 국가들의 예외적인 시대에 불과했다. 그것도 해외 식민지에서의 폭력적인 착취·수탈과 국내의 광대한 국경의 존재를 전제로 하고 있었다.

근대국가에서의 질서

근대국가에서의 질서

19세기 시민혁명과 국가 질서의 재편

근대성이란 근대의 특질을 표현하는 용어이다. 사전적 의미의 근대성이란 봉건적이거나 전제적인 면을 벗어난 성질이나 특징을 의미한다. 근대라는 용어가 결코 좁지 않은 시기를 총람하는 것이므로, 근대성이라는 용어는 전후 문맥에 따라 그 의미를 파악해야 한다. 근대는 역사 시기를 삼등분하는 조건에 대입해, '탈근대'의 개념으로 보기도 한다. 역사 시대의 삼등분이란, 역사를 고대, 중세, 그리고 근대로 나누는 것을 말한다. 이러한 근대는 1870년부터 1910년 사이의 한 시기에 시작된 시기라고 보기도 하고, 오늘날에는 1910년에서 1960년 사이의 시기라고 보기도 한다. 1802년이나 혹은 그 이후로 보는 견해도 있다.[1]

18세기의 정치사상의 형성은 고대 아테네의 민주주의와 로마의 공화주의에 많은 영향을 받는다. 당시 유럽의 여러 국가들이 공화주의적 정치 형태를

---

[1] 프랑코 벤튜리 지음 · 김민철 옮김(2018), 계몽사상의 유토피아와 개혁, 글항아리, pp. 3-5.

선호한 이유는 다음의 마키아벨리의 견해를 기반으로 했을 것이라고 추측해 볼 수 있다. "마키아벨리는 정치 영역을 윤리 및 종교 영역과 구분하고 나아가 정치적 행위를 종교적 규율 및 전통적인 윤리적 가치로부터 분리시킴으로써 현실주의 정치사상을 대변하며, 공화주의적 자유의 관념과 중앙집권화된 근대국가의 정당성을 적극적으로 옹호하였다. '로마사 논고'에 나타난 그의 정치사상을 관통하는 핵심 개념은 '자유'또는 '자율'이며, 그러한 이상의 현실적 모델이 고대 로마 공화정임을 강조하고 로마의 영광을 재현할 수 있는 비전을 제시하려 한 것이다."[2]

18-19세기 전후의 이탈리아의 대표적인 5개의 도시공화국들은 절대주의 국가인 프랑스의 샤를 5세부터 나폴레옹에 이르기까지 침략을 받았지만 절대주의의 왕정이나 시민중심의 민주주의체제나 어느 한쪽으로 치우치지 않고 묘하게 자신들의 공화주의적 정치체계를 유지했기 때문에 이탈리아로 통일될 때 공화주의 체제로 선택한 것이 자연스러웠을 것이다. 이들 이탈리아의 도시공화국들은 정치적 갈등에서 벗어나 상업 및 금융의 세계로 향했으며 재정적인 이유로 군비 확장을 반대하고 군주국 출범에는 저항하는 행태를 보이게 된다. 반면에 프랑스, 스페인, 프로이센 제국같이 왕권이 월등한 군주국들은 영주가 다스리던 다수의 지방 및 도시 자치령, 특권을 누리던 옛 도시들의 해체를 통해서가 아니라 복종을 이끌어 내는 방식으로 정치적 질서를 유지한

코르시카의 나폴레옹 동상

프랑스의 코르시카(코르스, Corsica 또는 Corse)는 프랑스 본토에서 비교적 가까우면서도 프랑스 유일의 자치섬이라는 특수성을 인정받고 있다. 나폴레옹의 고향으로도 유명한 코르시카는 이탈리아의 서쪽이면서 프랑스의 남동쪽에 위치한 섬지역이다.

출처: 2018년 필자가 촬영.

---

2) 최민자(2015), 스피노자의 사상과 그 현대적 부활, 모시는 사람들, p. 128.

다. 서유럽에서 공화정과 군주제의 절충은 근대국가의 형성을 이루게 되며 이에 대하여 독일의 헌법학자이자 정치학자인 칼 슈미트(Carl Schmitt)는 중성 국가라고 지칭한다.

"서구사회 역시 근대 사회 이전까지는 재능보다는 혈연에 따라 자원이 분배되었던 세습제 사회였다. 영국의 토마스 페인(Thomas Pain)의 저서 『인간의 권리(1791)』에서 문학과 과학에 세습제를 적용하면 이 두 분야가 얼마나 우스꽝스러울까 생각하면 혼자 웃음을 짓곤 한다. 그러면서 이런 생각을 정부에도 적용시켜본다. 세습적인 통치자는 세습적인 작가만큼이나 모순적이다. 호메루스나 유클리드에게 자식이 있었는지는 모르겠다. 하지만 설사 있었다 해도, 그들이 완성시키지 못한 작품을 아들이 완성하는 일은 결코 없었을 것이라고 장담할 수 있다. 나폴레옹도 개방적 인재등용이라는 제도(carrieres ouvertes aux talents)를 시행했다. 그는 세인트헬레나 섬에서 죽기 전 '나는 장군들 대부분을 진흙에서 건졌다. 나는 재능을 발견하면 보답을 했다.'라며 이때부터 프랑스에서는 특권이 사라지기 시작했으며 훈위도 사회계급과 상관 없이 받았다. 교육기회도 개혁되었다. 실제로 나폴레옹의 고위관료 출신들은 비천했다. 그의 사후에도 이런 전통은 무너지지 않고 유럽의 번영을 가져온 다."[3]라고 언급했듯이 서유럽에서도 세습제적인 신분제가 타파되기 시작한것 은 18-19세기 산업혁명 이후부터라고 할 수 있다.

토크빌(Tocqueville, 1805~1859)

파리 출생. 노르망디의 귀족 출신으로 1827년 베르사유재판소 배석판사에 취임하였으며 1831년 교도소 조사를 위하여 미국으로 건너갔다. 귀국 후 ≪미국의 민주주의 De la démocratie en Amérique≫(2권, 1835~1840)를 저술하였다.

---

3) 알랭 드 보통 지음 · 정영목 옮김(2021), 불안, 은행나무, pp. 101-102 발췌 인용.

그러나 사회적 신분에 바탕을 둔 계급(Class)이 없어졌다고 해서 계서제와 같은 특성이 사라진 것은 아니다. 산업혁명을 기점으로 자본에 기본을 둔 새로운 자산을 형성한 그룹들이 상류층이라는 계층으로 바뀌었을 뿐 계서제의 특징은 유지되고 있다고 볼 수 있다. 물론, 이렇게 신분제적 계급사회가 계층제적 사회로 모든 국가가 한번에 이동한 것은 아니다. 아직도 인도의 카스트제도와 중동국가들의 전제주의적 국가들은 여전히 신분제적 사회체제를 유지하고 있기 때문이다.

근대 민주주의의 질서체계

민주주의 핵심 내용은 로크(John Locke)의 정의에 따르면 민선의 의회가 입법권을 행사하는 것이고, 루소(J. J. Rousseau)의 정의에 따르면 주권이 군주가 아닌 전체 인민에게 있어야 한다는 것이다. 영국의 정치철학자 밀(John Stuart Mill)은 『자유론』 5장에서 토크빌이 두 번에 걸쳐 출판한 『미국의 민주주의(American Democracy, 1835-1840)』라는 책을 인용하고 있다. 밀은 또한 토크빌의 미국의 민주주의에 대한 긍정적인 측면과 부정적인 측면을 분석한 점에 깊이 공감하면서 『런던 앤 웨스트민스터 리뷰(London and Westminster Review)』라는 당시 유명한 잡지에 장문의 서평을 쓴 바 있다. "긍정적인 면으로서 밀의 『자유론』 5장에서 민주주의 장점들의 첫 번째 이유는, 민주주의가 다수자에게 선을 초래하고, 두 번째 이유는, 인민이 민주주의에 기꺼이 복종하고 애착을 가지며, 세 번째 이유는, 민주주의가 인민을 위해 기능할 뿐만 아니라 인민에 의해 비로소 가능하기 때문에 대중의 지성이 필요하며 그러한 대중의 지성을 더욱더 향상시킨다는 점에서 다른 어떤 국가보다 우수하다는 점을 들고 있다. 반면에 민주주의의 부정적인 측면으로서 첫 번째는, 민주주의에 의해 결정된 정책이 경솔하고 근시안적이며, 두 번째는, 민주주의가 초래한 다수자의 이익은 반드시 전체의 이익이 아니라, 다수자에 의한 통치는 소수자에게 권력을 남용하는 경향이 있다는 점이라고 했다."4) 밀은 자신의 또 다른 자서전에서도 자신의 민주주의에 대한 이해가 토크빌의 『미국의 민주주의』를 읽고 난 뒤에 근본적으로 바뀌었다고 고백한 바 있다. "이는 바로 토크빌이 지적한 민주주의의 타락인 전체주의화에 대한 경고였다. 토크빌은 그 전체주의 중앙집권화의 진전에 의해 생기는데, 이를 막으려면 국가와 개인을 매개하는 중간 제도가 결정적으로 중요하다고 했다. 토크빌은 근대민주주의에 본질적으로 참주정(tyranny)－비록 다수에 의한 참주정이라 해도－의 위험성이 내재해 있다고 보았으며 미국의 정치적 결사체들은 이를 견제하는 필수불가결의 요소라고 보았고 특히 비정치적 결사체들의 힘이 미국시스템의 가장 강점이라고 주장한다. 이는 밀이 민주주의 위험성은 다수파에 의해 권력이 장악될 때라고 강조하고 이를 견제하는 것이야 말로 자유주의가 지켜야 할 가치라고 한 점과 맥락을 같이 한다."5) 실제로 토크빌과 밀은 동시대 사람들로서 지식과 의견을 공유했으며 밀이 영국인이지만 생애의 대부분을 프랑스에서 보냈다는 점을 고려하면 양자 간에 상당한 지적 교류가 있었음을 추측해 볼 수 있다. "원래 정치적 자유란 17세기 홉스와 로크가 문제 삼은 자유로서 독재 지배자의 전체주의 정치에 대한 정치적 방위로서의 자유를 의미했다. 그러나 18세기 들어 영국을 비롯한 서유럽에서 소위 부르주아 중심의 시민사회가 성립되고, 그들의 투표에 의해 민주국가가 수립되면서, 민주국가는 인민의 총의를 대표하고 인민이 그 주권자라는 이유에서, 그 인민의 총의에 제한을 가하는 정치적 자유가 더는 필요 없다고 생각되었다. 루소의 『사회계약론』이나 벤담의 주장이 바로 그 대표적인 것들이었다. 그러나 밀은 인민에 의한 인민의 통치라는 사상이 현실 정치에서는 반드시 구체적으로 완벽하게 구현되어 있지 않다고 생각했다. 왜냐하면 권력을 집행하는 인민은 반드시 권력을 집행당하는 인민과 일치하지 않고, 현실에서 인민의 의지란 인민의 최대 다수가 갖는 의지이거나, 인민 중에서 가장 활동적인 소수 인민의 의지에 불과하기 때문이었다. 특히 다수파에 속하는 개인이 소수파에 속

---

4) 니얼 퍼거슨 지음 · 구세희/김정희 옮김(2018), 시발라이제에션, 21세기북스, pp. 306-307.
5) 니얼 퍼거슨 지음 · 구세희/김정희 옮김(2018), 시발라이제에션, 21세기북스, p. 216.

하는 인민을 억압하고자 하는 경우도 있기 때문이었다. 이 점이 밀이 강조한 새로운 정치적 자유의 주장이었다."6) 밀은 그런 정치적 자유를 주장함에 그치지 않고, 사회 일반에서 다수자가 행사하는 전횡에 대해 지켜야 할 자유를 주장하면서 이를 시민적·사회적 자유라고 부른다. 왜냐하면 사회적 횡포(여론)는 정치적 억압 이상으로 무서운 것이기 때문이다. 특히 그것에서 벗어날 수단이 거의 없고, 게다가 생활 구석구석까지 파고들기 때문이다. 이러한 밀의 생각은 그의 체험에서 비롯되었다고도 할 수 있다. 밀이 말하는 시민적·사회적 자유란 사회로부터, 즉 사회적 여론으로부터 지켜야 할 시민의 자유를 포함하는 광범한 것이라고 할 수 있다. 그런 점에서 밀이 말하는 시민적·사회적 자유란 헌법을 비롯한 법학에서 흔히 말하는 시민적·사회적 자유와는 다르고 정치적 자유까지 포함하는 더욱 광범한 것이다. 토크빌이 언급한 미국 민주주의 역시 "공공의무를 수행하는 시민의 필요성과 공공제도의 바람직성은 사적인 자발적 결사체에 시민이 광범위하게 참여하는 사회적 자본을 구체화하는 시민참여의 네트워크에 의해 부분적으로 결정된다고 본 것이다." 참여 민주주의는 미국의 정치철학에서부터 깊은 뿌리를 내리고 있다. 1816년 당시 미국의 대통령이었던 제퍼슨(Thomas Jefferson)은 "요청이 있으면 모든 시민이 직접 참여하고 행동할 수 있을 정도의 카운티(county)를 여러 개의 작은 구역으로 나누고, 자기가 사는 곳에서 제일 가까이에 있고 가장 관심이 많은 직책을 맡아, 정부의 적극적인 일원으로 만들면 나라와 질서에 강한 애착심이 생겨날 것이다."라고 주장하며 풀뿌리 민주주의를 촉진하기 위해 헌법을 개정하자고 제안했다. 그로부터 10여년 후 프랑스의 정치철학자 토크빌(Alexis de Tocqueville)은 "한 사람을 그 사람만의 울타리에서 끄집어내 국가의 운명에 관심을 두게 하기는 어렵다. 국가의 운명이 자신의 처지에 어떤 영향을 미칠 수 있는지 확실히 이해하지 못하기 때문이다. 그러나 그 사람이 소유한 땅끝을 가로지르는 도로 건설 계획이 제안되면, 그는 작은

---

6) 니얼 퍼거슨 지음·구세희/김정희 옮김(2018), 시빌라이제에션, 21세기북스, p. 306.

공공의 업무와 자신의 가장 큰 개인적 이익 사이에 연관이 있다는 것을 단번에 알아차릴 것이다. 그리고 누가 보여주지 않아도 스스로 일반 이익과 개인 이익을 하나로 묶는 밀접한 연결관계를 발견할 것이다라고 언급하면서 국가의 운영에서 개인을 참여하도록 하는 것이 얼마나 어려운지, 그리고 개인을 참여하기 위해서는 어떻게 해야 하는지 강조한다."[7] 토크빌은 그의 저서 『미국의 민주주의』 2권의 5장과 6장에서 미국의 새로운 민주주의가 성공하게 된 열쇠로서 연방시스템의 탈 중앙적 성격과 미국인들의 삶에 결사체가 차지하는 중요성을 들고 있다. "토크빌은 1660년 공화국의 실험을 포기한 영국에서 식민지에 온 종교적 난민들은 사회적 서열의 계서제가 폭압적으로 주민들을 계급으로 갈라놓고 있는 반면 미국에 식민지를 건설한 이들은 '모든 부분에서 동질적인 공동체라고 하는 새로운 장관을 보여주었다'라는 것을 강조한다."[8] 밀이 그의 『자유론(Liberty)』의 2장인 사상과 토론의 부분에서 공동작업에 참여하는 시민은 "참여 민주주의 아래에서 시민은 자기 이익이 아니라 여러 사람의 이익을 중요시하도록 요구받고, 서로의 주장이 충돌할 경우에는 자신의 개별적 특수성과는 다른 규칙을 따르도록 요구받으며, 공중의 한 사람으로 자신을 느끼게 되고, 공중의 이익이 되는 것은 무엇이든 자신에게도 이익이 된다고 느끼게 된다"고 언급하고 있다.[9]

밀(Mill, 1806~1873)

19세기 개혁 시대에 시사평론가로 이름이 높았다. 논리학자이자 윤리학 이론가로서 지속적인 관심의 대상이 되고 있다. 밀은 극도로 단순한 생활방식을 고집한 인물이었다. 그의 저작이 당대의 영국 사상에 끼친 영향을 과대평가해서는 안 되지만, 당시의 중요 문제를 다룬 그의 자유분방한 탐구정신을 높이 평가하는 데는 논란의 여지가 없다.

---

7) 니얼 퍼거슨 지음 · 구세희/김정희 옮김(2018), 시빌라이제에션, 21세기북스, p. 215.
8) 니얼 퍼거슨 지음 · 구세희/김정희 옮김(2018), 시빌라이제에션, 21세기북스, p. 215.
9) 임승빈(2019), "자치, 그리고 공동체주의 논거와 실천모색", '자치행정학보', 제33권 제3호 (2019 가을), pp. 24-33을 발췌 요약.

<표 1> 밀의 『자유론(On Liberty)』에서 자유에 대한 이해

밀은 자유(liberty)를 3차원으로 구분	밀의 『자유론』에서 설명
내면적 자유＝표현의 자유	2장
살아갈 자유(행동할 자유)＝본연적인 자유로 할애	3장: 개별성으로, 실제적인 본론 4장: 사회성 안에서 개인의 자유를 논의 5장
결사의 자유	밀은 특별히 언습하지 않음. 당시 영국에서는 이미 결사의 자유가 당연시되어 있었기 때문

사회주의와 공산주의에서의 질서체계

사회주의(socialism)라는 용어가 가장 먼저 등장한 것은 1827년 영국의 출판물이라고 하며 그 이후 1832년에 프랑스의 출판물에서도 등장하기 시작했다고 한다. 영국의 오엔, 프랑스의 생시몽, 프리에 등에 의해 주장된 것을 이들 출판사들이 발간하면서부터 시작된 것이다. 일반적으로는 다음에 등장하는 마르크스와 구별하여 유토피아 사회주의자들이라고 명명한다. 이들은 실업과 빈곤이 없는 사회라는 것은 생산수단을 공공이 소유하여야 하며 사회 구성원 모두가 노동에 종사하는 협동사회의 조직과 보급에 의하여 실현될 수 있다는 현실적으로는 실현 불가능한 주장을 하기 때문에 유토피아적 사회주의자들이라고 한다.

반면에 지금 우리가 주로 거론하는 사회주의와 공산주의를 이해하려면 창시자에 가까운 마르크스(Karl Heinrich Marx, 1818-1883)의 사상체계를 먼저 이해하는 것이 중요하다. 19C 당시 유럽에서의 철학은 문제제기만 했지만 마르크스는 해결책이 없는 철학은 의미없다고 했다. 그의 논리는 헤겔의 변증법에 의존했는데 변증법적 논리구조는 연역적 추론과 귀납적 경험론에 바탕을 두고 있다.

[그림 1] 연역적 추론 논리 방법론

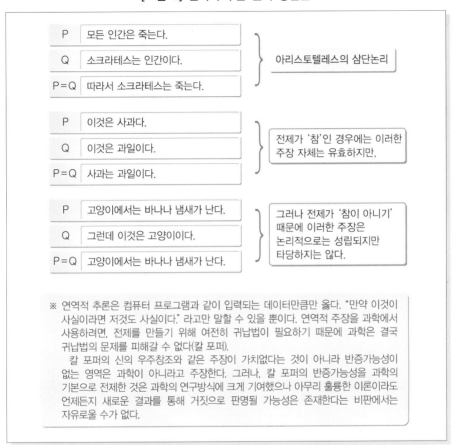

출처: 윌 버킹엄 외 지음·이명희/박유진/이시은 옮김(2011), 철학의 책, 지식갤러리, p. 62, pp. 264-265 참조하여 필자가 작성.

그는 앞서의 유토피아적 사회주의와는 달리 과학적 사회주의를 주창한다. 특히 마르크스의 사상적 근원인 자신의 박사학위논문('데모크리토스와 에피쿠로스 자연철학의 차이')에서 과학적 사회주의의 발단이 보이기 시작했다고 한다. 그는 학위논문에서 변증법적 논리와 사회적 질서에 대한 견해를 피력한다. 마르크스는 "데모크리토스(BC 460-370)는 최소의 입자인 원자의 운동을 지

[그림 2] 귀납적 경험 논리 방법론

Q1 그렇다면 당신은 신이 모든 것을 안다고 생각하십니까?

A1 네. 그들은 신이기 때문입니다.

Q2 서로 의견이 일치하지 않는 신들이 있습니까?

A2 네, 물론입니다. 그 신들은 늘 싸웁니다.

Q3 그렇다면 신들은 무엇이 진리이고 옳은 지에 대해서는 일치하지 않을 수 있습니까?

A3 분명 그렇다고 생각합니다.

Q4 그렇다면 때로는 신도 틀릴 수 있습니까?

A4 그렇다고 생각합니다.

⇒ 따라서 신들이 모든 것을 다 알고 있는 것은 아닙니다.

소크라테스의 "대화법"을 통한 변증법적 논리
⇒ 경험을 둔 전제들이 먼저 사실임이 밝혀진 다음, 결론에서 보편적 진리에 도달

프랜시스 베이컨
과학지식은 그 자체에 기인한다. → 그것은 꾸준히 점증적으로 진보하며 새로운 법칙을 내놓고 새로운 발명에 의지한다. → 그 지식 덕분에 사람들은 그것이 없었더라면 할 수 없었을 일을 할 수 있게 된다. → 아는 것이 힘이다.

데이비드 흄
귀납추론

칼 포퍼

※ 이와 같은 귀납적 경험론은 과학에서 실제 실험을 중시하게끔 이끌어 냈지만 모든 과학 진보의 원동력인 창의적 도약의 중요성을 간과했다는 비판도 있음.

출처: 윌 버킹엄 외 지음·이명희/박유진/이시은 옮김(2011), 철학의 책, 지식갤러리, p. 48, p. 111, p. 263 참조하여 필자가 작성.

배하는 절대적 위상의 존재를 신이라고 봤다. 그러나 에피쿠로스(BC 341-270)의 신은 운동을 관장하지도 않지만 인간에게 처벌과 보상을 하는 존재도 아니다. 신에게는 고통도 기쁨도 없다. 신의 보상과 처벌이라는 신의 원리는 하나의 이데올로기이며 인간사회에서 권력을 옹호하고 수립하려는 인간의 전략적 소산물이다. 불경한 사람은 신을 믿지 않는 사람이 아니라 신의 이름을

도용해 일반 대중의 견해들을 장악하는 사람들이다. 신의 보상과 원리를 악용하는 사람들이 바로 불경한 사람이다. 에피쿠로스의 철학은 인식론과 자연학, 윤리학으로 이뤄져 있는데 인식론은 경험론으로서 데모크리토스와 아리스토텔레스의 선험적 경험론을 부정하며 역시 필연성도 부정하고 변동과 변이 외부 영향력의 우연성을 강조한다. 자연학에서도 데모크리토스와 아리스토텔레스의 수직론에 대하여 사선 운동을 지지하며 복잡성과 다양성, 인과성을 강조한다. 윤리학에서는 결정론적 사고방식인 플라톤(BC 427-347), 데모크리토스, 아리스토텔레스(BC 384-322)와 달리 비결정론적 운명관을 갖고 있으며 자족함이 선이고 자족의 결과가 자유이며 자유에 기반한 윤리가 곧 쾌락이다라는 것이 그의 주장이다. 마르크스는 바로 에피쿠로스의 철학을 받아들여 헤겔과는 다른 자신의 변증법을 완성한다. 실제로 신이 요청된 이유는 형이상학이나 예언술 때문이 아니라 죽음에 대한 공포, 죽고 싶지 않은 희망이 신을 찾는 이유인 것이다. 그러나 사후를 신이 관장하지 않는다면 신이 필요 없고 행복하다는 것이다. 행복하기 위해 신에 의존할 필요가 없다는 것이 에피쿠로스의 행복론이다. 에피쿠로스의 행복은 일시적이 아닌 삶의 지속적인 자유로움에 있다. 이런 지속적 자유의 향유를 통한 행복은 헤도네(hedone)로 표현된다. 헤도네는 공허한 선험주의를 떠나 구체성의 행복한 삶을 중시한다. 헤도네는 정적인 불변의 세계가 아니라 변화하는 원자의 운동성을 파악하는 자유로운 시선으로부터 생겨난다. 에피쿠로스는 이런 시선을 '성찰'이라고 한다. 헤도네는 고통을 피하고 쾌락을 지향한다고 얻어지는 것이 아니라 이를 구분하는 성찰, 프로네시스라고 하며 다시 말해 이 프로네시스를 통해 헤도네에 이른다고 했다. 이것은 그냥 얻어지는 선천성이 아니라 끊임없이 훈련과 자기 감정을 조절하여야만 달성된다는 것이다."10)

　　이러한 마르크스의 사회주의를 실재가 검증이 안되는 신을 부정하는 과학적 사회주의라고 하고 유토피아적 사회주의와 구별한다. 과학적 사회주의는

---

10) 한국철학사상연구회/정암학당 편(2017), 자유(최종덕), 아주 오래된 질문들, 동녘, pp. 139-162의 내용을 발췌 요약.

칼 마르크스 외에 엥겔스 등도 함께 주창하는데 사회주의를 자본주의 발전의 단계에서 필연적으로 갈 수밖에 없는 사회의 발전 법칙으로 규정을 했다는 점이다. 즉, 자본주의에 있어서 사회발전은 급격하게 팽창하게 되고 이 과정에서 자본가의 생산수단의 전유물화에 따른 잉여자본의 과잉 팽창, 노동자에 대한 착취가 일상화되어 사회적 취약층의 빈곤과 실업, 주기적 경제공황이 반복이 된다는 것이다. 따라서 이것을 해결하기 위해서는 생산수단의 사회화, 계획적 경제계획 등을 통하여 극복할 수 있다는 것이 과학적 사회주의의 요체이다. 즉, 사회적 질서의 상층부를 차지하는 자본가가 아니라 노동자 계급과 대중적인 운동조직이 연대하여 정치적인 조직을 통하여 사회적 질서를 재편하자는 것이다. 특히, 마르크스의 정치경제적인 질서관과 사회의 질서관은 국가와의 관계 설정하는 데에 있어서 매우 독특하다. 그가 공산주의 창시자라고 일컫는 가장 큰 이유는 사회주의는 공산주의로 가기 위한 과도기적 형태이고 궁극적으로 무정부상태인, 그렇다고 국가를 완전히 부정하는 것은 아니다. 자본주의적 정치경제의 지배구조를 없애고 관리만을 하는 국가, 즉 모든 공동체가 자치적으로 하게 하도록 하고 국가의 역할은 이들 공동체들이 규율과 원칙이 잘 지키고 있는 지를 감시·관리하는 것으로 한정한 것이다.

다음의 [그림 3]은 홉스와 아담 스미스 이후 마르크스와 현대의 밀튼 프리드만에 이르기까지의 주요 사상가들 간의 관계를 도식화해 본 것이다. 그러나 마르크스의 사상적 체계의 뒤를 이은 레닌은 마르크스가 주장하는 바와 같은 무정부주의적 유토피아인 공산주의 국가는 실현 불가능하며 사회운동을 통한 과학적 사회주의 국가 건설을 기치로 내걸고 1917년 러시아 볼세비키 혁명을 일으켜 제정러시아를 무너뜨린다. 그리고 그 이후 1922년에는 인근 중앙아시아 및 동부유럽과 함께 소비에트연맹(USSR)을 만들면서 과학적 사회주의 국가라는 것을 표명하게 된다. 초기에는 과학적 사회주의 국가들이 계획경제 등의 실시로 인하여 1929년에서 시작된 서구 자본주의 국가들의 경제대공황을 피하는 등 나름 성과도 높았으나 미소 신냉전 질서를 만들어 전쟁의 위협을 가중시키고 동시에 80년대 경제적 파탄 등에 의한 외부충격과 내부의 사회주의 경제의 한계에 부딪혀 결국은 1989년 동독의 붕괴를 시작으로 종주국인 소련(USSR)마저 붕괴하며 과학적 사회주의 실험은 한 세기가 가기 전에 끝나게 된다.

[그림 3] 주요 경제 사상가들 간의 관계도

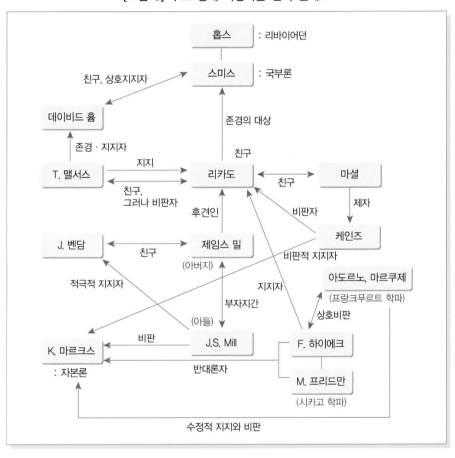

국가 관료제 형성과 질서의 재편

유럽국가들에서의 국가와 사회 간의 질서의 재편은 산업혁명과 함께 등장하는 국가 관료제(bureaucracy)의 발전과 매우 밀접하다. 16–17세기 절대왕정시대의 서구 유럽국가들과 동북아 삼국(한·중·일)으로 중심한 아시아 국가들에서 왕과 그들의 귀족 또는 신하(왕이 임명한다는 의미)들은 국가의 모든 체계(정치·경제·사회)에서 질서의 지배적 입장이었다. 그러나 서구에서는 19세기의 산업혁명에 따른 자본가의 등장과 상인들의 영향력 강화 등에 시민혁명은 신분제적 사회가 무너지고 세금을 납부하는 계층과 그렇지 못한 계층으로 구분된다. 아시아 국가들인 동북아 삼국(한·중·일) 역시 정도의 차이는 있을지언정 점차적으로 자본주의 국가의 형태를 갖추게 되면서 기존의 국가의 역할이 변화되기 시작한다.

시민들로부터 거둬들이는 세금의 액수가 점차로 커지면서 국가재정이라는 개념이 탄생하게 되고 국가의 역할이 커지게 된 것이다. 자연스럽게 이를 공정하게 집행해야 하는 국가의 책무성(도덕적·회계적) 역시 지게 되어 의회가 존재하지만 의회는 당초부터 귀족그룹과 자본가그룹에 의하여 만들어졌기 때문에 전문성은 취약했다. 따라서 자연스럽게 유럽에서는 '경찰국가'의 개념이 나타나기 시작했으며 국가의 정책을 전문적으로 집행하는 행정집단인 관료들의 영향력이 커지는 계기가 된다. 이러한 정치·경제환경 변화 속에서 영향력이 커지기 시작한 관료제에 대하여 논리적으로 그리고 정치철학적으로 접근한 학자가 베버(Max Weber, 1864–1920)이다. 베버가 언급한 관료제의 특성인 전문화, 계통화(階統化)된 직무 체계, 명확한 권한 위임 문서에 의한 사무처리 규칙, 직무 배분, 상명하달 등의 원칙을 특징으로 하는 조직·관리 체계라고 정의된다면 관료제는 계층구조 또는 피라미드식 위계계층 시스템으로 잘 표현된다. 베버에 의해 정리된 관료제의 특징은 관료제는 전근대에 보이는 가부장적 지배에 따른 가산형 관료제와는 달리 조직을 구성하는 인간의 관계는 능률을 중시하는 비인격적인 관계에 의해 성립된다는 것이다. 즉, 혈연관계 혹은 정서적 관계 등이 아니라 합리적인 규칙에 따라 체계적으로 배분된 역할에 따라 인간관계가 형성되어 있다는 것이다. 베버가 지적하는 근대 관료제의 특성으로서 1) 권한의 원칙, 2) 계층의 원칙, 3) 전문성의 원칙, 4) 문서주의 등이 그 특징들이다. 베버는 근대 관료제가 가지는 합리적 기능을 강조하고, 특히 관료제의 폐해에 대해 논하고 있지 않고, 관료제는 뛰어난 기계와 같은 기술적 우수성이 있다고 주장했다고 알려져 있으나 실제로 그가 관료제화되는 현상을 옹호한 것은 아니다. 베버는 그의 생애 마지막 저서인 『경제와 사회(Wirtschaft und Gesellschaft)』에서 "관료제적 장치 이것 또한 개별 케이스에 적합한 처리를 막는 시스템적인 관료제 폐해를 낳을 가능성이 있고, 또한 사실 낳고 있다."[11])고 지적하고 있다. 다른 논문에서도 베버는 관료제에 대해 다음과 같은 세 가지 문제점을 제기하고 있다. 첫째는, 관료제화에 따른 개인 주의적 활동의 자유를 보장받기 어렵다. 둘째는, 전문 지식을 가진 관료의 권력이 증대한다. 그에 대한 제제와 효과적인 통제가 어렵다. 셋째는, 관료제의 한계로서 조직에 대한 개인의 인격적 자유는 무시되기 쉬어 조직론적 관점에서 항상 문제가 된다는 것이다. 이와 같은 관료제의 역기능에 대해서는 베버 이후 머튼, 라스키 등이 대표적으로 연구한 바 있다. 베버의 『경제와 사회(Wirtschaft und Gesellschaft)』를 자세히 보면 그의 관료제에 대한 관점을 알 수 있다. 베버의 입장에서 사회가 관료제화 된다는 것은 시장자본주의 기업 간의 경쟁, 국가 간의 경쟁, 그리고 법치하에서의 평등한 보호에 대한 중산계급(부르주아)의 요망이라는 3가지 요인이 작동해서 생겨났다고 주장한다. 이 가운데서도 베버가 특히 중시한 것은 경쟁적 시장에 의해 관료제가 형성되었다는 것이다."[12]) 이 부분은 그의 저서 『경제와 사회』의 4판 개정판에서 추가적으로 강조를 하는데 베버는 "근대적 의미에서의 유럽자본주의 출현에 최대의 계기를 만든 것은 국력확장을 위해 민족국가들 간의

---

11) 막스 베버 지음·박성환 옮김(1997), 경제와 사회·1, 문학과 지성사. 박성환교수의 베버의 『경제와 사회·1』 완역본을 발췌 요약했음.
12) マックス・ヴェーバー・阿閉吉男, 脇圭平 訳(1987), 官僚制, 恒星社厚生閣, pp. 19-32.

부단한 평화적이고 군사적인 투쟁의 결과이다. 각각의 국가들은 국가 간의 이전의 자유가 있는 자본을 획득하기 위하여 경쟁하지 않으면 안 되었던 것이다. 이러한 필요에 직면한 민족국가와 자본이 결합해 나가면서 국민적인 시민계급(근대적 의미의 부르주아)이 출현한 것이다."[13]라고 강조한다. 베버는 같은 저서의 제1장인 합리적 국가의 성립이라는 부분에서 중국의 관료에 대해서도 언급을 했는데 "중국의 구제도에서 관료라는 것은 씨족, 길드 또는 독일에서는 준프트(Zunft: 독일의 수공업자들의 동맹)를 가리키는 것으로 13세기부터 형성되어 상업자본주의 발달에 기여를 하기는 했으나 이들 조직이 갖는 폐쇄성, 독점정, 강제성 등은 자본주의의 자유시장 형성에는 오히려 방해 요인으로 작용했다고 비판한다. 중국의 경우는 관료가 독일의 준프트와 같이 확고한 세력으로 집단권력이 되어 나라의 상층부의 극히 일부분만 차지하는 만다린(官吏)이 되었다고 갈파한다. 그리고 베버는 이러한 만다린을 독서인(読書人)이라 칭하면서 이들은 고전적인 지식과 교양을 몸에 지닌 문필가 였다라는 것이다. 그들은 국가로부터 녹봉을 받기는 하지만 행정에 필요한 어떠한 교육도 받지도 않았으며 고대 그리스 이후 로마에 이르기까지 서양에서는 중요시했던 법률학도 배우지 않았다는 것이다. 단지, 훌륭한 문필가였으며 시를 지을 수 있고 고대의 중국 문학에 통달한 인재들로 채워졌다는 것이다. 이러한 만다린(독서인: 관리를 독서인으로 봄)들이 직접 행정에 관여하는 경우는 적었으며 이들이 지방관리로 부임하면 그곳의 아전이나 하급관원들에게 행정 권한을 행사시켰던 것이다. 왕이 존재하는 중앙정부에서는 이들 만다린(독서인)들이 그들이 부임하는 행정권역에 세력형성을 막기 위해서 자주 이 지방 저 지방으로 전근을 시켰으며 자신의 고향에는 부임하지 못하도록 하였다.

　조선의 경우에도 명나라의 영향을 받아 경국대전에 따라 '상피제도'라고 하여 중앙의 관료가 출신 지방의 관직을 수행하지 못하도록 하였다. 따라서 "부임하는 곳의 방언과 풍물에 어두울 수밖에 없었으므로 지방관아의 관원에

---

13) マックス・ヴェーバー・石尾芳久訳(1992), 国家社会学 改訂版, 東京: 法律文化社, p. 1.

의지할 수밖에 없었다는 것이다. 이는 서양의 관료제 형성과 그 길이 너무 달랐으며 국가의 모든 질서를 유지하는 것은 황제와 상층부에 있는 관료의 미덕, 즉 그들의 고전적인 교양을 갖춘 교양인으로서 완전성이라는 주술적 관념이 지배했다는 것이다. 또한 그 밖에도 사람들과 사람들, 혹은 사람들과 기업들 간의 계약을 공증하는 공증인과 재판에 있어 판사와 변호사라는 전문가적인 직업군들이 서양에서는 이미 고대그리스의 재판소, 로마제국에서의 로마법정에서도 나타나기 시작했으며 이러한 직업군들의 등장과 경쟁적 자본주의 그리고 관료제 형성에 긴요하게 작용했는데 중국에서는 그렇지 못했다는 것이다."[14]

이에 비해 서구국가들의 관료제는 합리적 지배형태의 하나로서 자리매김을 한다는 것이었는데 이와 같은 베버의 서구 관료제에 대한 시각을 이해하기 위해서는 그의 자본주의에 대한 관점을 이해할 필요가 있다. 베버는 자본주의 기원에 대하여 세속주의 내에서의 금욕정신(프로테스탄티즘)이 직업에의 헌신으로 이어졌으며 이것이 자본주의 정신을 잉태했고 그 결과 자본주의(당시 베버가 본 자본주의는 1910년대 후반과 1920년대 초)로 발전했다는 것이다. 그때까지는 인간의 영리본능주의가 영리 활동을 가져왔으며 상업주의로 발전한 것이 자본주의로 정착되었다는 것이 마르크스의 견해, 소위 경제결정주의가 전통적으로 자리를 잡혔던 때였으나 베버의 이와 같은 주장은 매우 도전적인 질문이었다.

베버는 "서구국가들에서 합리화가 진행된 원인에 대하여서도 서구의 종교(가톨릭과 기독교)에는 다음의 2가지가 다른 것이 있다는 것이다. 첫째는, 중국과는 달리 초월적인 구제(사회는 구제, 개인은 구원) 목적에의 긴장감이 있었다는 것이다. 둘째로는, 인도와 달리 구제목적을 위한 합목적적인 생활의 조직화가 '세속주의 내에서의 금욕'이라는 형태로 있었다는 것이다. 베버의 주장에 따르면 전통의 폐쇄성을 돌파하는 합리화를 추진하기 위해서는 경제 및

---

14) マックス・ヴェーバー・石尾芳久訳(1992), 国家社会学 改訂版, 東京: 法律文化社, pp. 2-3.

도시의 발전이라는 세속적인 힘만으로는 불충분하고 반세속적인 생각들이 이들 내부에서의 혁신이라는 형태로 나왔기 때문에 자본주의가 형성"15)되었다는 것이다. 즉, 베버는 역사를 움직이는 것은 마르크스(K. Marx, 1818-1883)의 견해인 영리적 이해와 헤겔(G. F. Hegel, 1770-1831)적 절대적 이념(관념)이라는 2분법적 사고에서 벗어나 영리적 관점에서의 역사의 발전과 반세속주의적인 내발적 혁신이 어우러져 합리적 지배인 자본주의가 형성되었으며 이를 통해 관료제가 만들어졌다는 주장을 하는 것이다.

이와 같은 베버의 견해는 그가 만년에 저술한 미완의 서적인 앞서 소개한 『경제와 사회』의 지배의 유형에서 보다 상세히 서술하고 있다.16) "베버는 19세기 후반에 있어서 지도적 풍조였던 진보사관과 진보신앙에 대한 비판을 한다는 관점에서 출발한다. 베버는 합리화라는 것이 가치의 증대라는 의미로서 강조하는 진보라는 실질적인 '가치합리화'를 의미하는 것이 아니라 '목적합리성'의 진전이라는 의미에서의 기술적 합리성에 지나지 않는다는 것이다. 현대(1910년대 당시의 서구)에서는 '목적합리화'가 '가치합리화'로 나타나고 있다고 생각하는 것이다. 베버가 생각하기에는 당시 유럽의 자본주의화 내지 산업화가 '목적합리성'이 점점 더 사회에 강하게 침투하고 있다고 생각한 것이다. 여기서 '목적합리성'이란 사전에 성과를 목적으로 정하고 이것을 향하여 여러 조건을 고려하여 예측되는 계산을 하는 합리성을 말한다. 반면에 '가치합리성'은 결과를 생각하지 않고 윤리적, 미적 또는 종교적 가치에 의하여 행동하는 것을 말한다. 베버가 생각하기에는 유럽의 근대란 '목적합리성'이 '가치합리성'으로 치환되는 역사이며 이때 필연적으로 관료제의 증대를 가져왔다고 보는 것이다. 베버가 생각하기에는 분명히 현대 자본주의는 과거에는 프로테스탄티즘의 금욕적 윤리로부터 생성되었는지 모르겠으나 현대에 들어와

---

15) マックス・ヴェーバー・新明正道 監修(1981), 現代社会学のエッセンス 8, 東京: ペリカン社, pp. 80-81.

16) 막스 베버 지음・박성환 옮김(1997), 경제와 사회・1, 문학과 지성사. 박성환교수의 베버의 『경제와 사회・1』 완역본을 발췌 요약했음.

서 자본주의는 그와 같은 신앙적 기초를 필요로 하지 않고 오히려 배신하는 듯 한 반대 방향으로 가고 있다는 것이다. 베버는 자본주의를 포함한 근대사회의 보편적 형식을 관료제(bureaucracy)라고 명명하면서 이 관료제 안에서의 인간은 자기책임을 지지 않는 단순한 톱니바퀴의 하나에 지나지 않는다고 주장한 것이다. 베버는 '문제는 남아있는 인간성을 정신의 기계화라는 관료제적 생활사상의 독점적 사상의 독점적 지배로부터 지키기 위해 무엇을 통해 대항을 할 수 있을 것인가?'가 그의 자문자답이었다."

베버의 관료제론에서 특히 주목해야 할 점이 있다. 그것은 관료제를 계급 사회 내지 자본주의 특유의 현상으로만 간주하지 않았다는 점이다. 예를 들어, "마르크스가 사회주의가 된다면 관료제는 쉽게 인민의 자기 통치에 있어서 상관되어 있고, 또한 공산주의 사회에서는 국가도 따라서 관료제도 사멸하는 것이라고 주장하는 것과는 다르다. 베버는 반대로 사회주의가 된다면 자본주의에서 보이는 것 같은 국가 관료제에 비해 사적 관료제가 어느 정도 억제되어 국가관료제가 독재적으로 위력을 발휘하는 것이라고 하는 비관적인 전망을 제시했다는 점이다."[17] 따라서 베버는 어떤 때는 카리스마적 리더와 민주적 리더의 결합, 어떤 때는 미국에 남아있는 퀘이커 교도들과 같은 원시 기독교적 교파들(sects)에게, 또 어떤 때는 러시아 공산 혁명 후의 실험에 기대를 했었다고 한다. "그러나 당시 가장 매력적으로 보였던 사회주의 마저도 관료제는 독점적 지배세력으로서 커지고 대항세력으로 자리잡는다는 것이다. 베버의 관점에서 보면 오히려 사회주의화는 관료제의 강화로 이어진다는 것이다. 보편적 합리화의 과정은 부정할 수도 없고 부정해서도 안되는 것으로 이해하여야 한다는 것이 베버의 관료제화 되어가는 현대사회를 보는 관점이라고 볼 수 있다."[18]

---

17) 渡辺深(2007), 組織社會學, 東京: ミネルバァ書房, pp. 127-133에서 발췌 요약.
18) マックス・ヴェーバー・新明正道 監修(1981), 現代社會學のエッセンス 8, 東京: ペリカン社, p. 82.

1392년 세계는 눈을 뜨고 조선은 눈을 감다

14C의 유럽은 1321년 단테의 『신곡』이 발표되는 등 이탈리아를 중심으로 르네상스가 절정을 향해서 가는 시기였으며 100여년 후에는 거친 대서양을 건너 신대륙의 항로를 개척하는 시기였다. 바로 세상을 향하여 눈을 뜨는 시기였다. 이미 이탈리아의 상인 마르코 폴로에 의해 중국이라는 존재와 일본이라는 존재는 유럽국가들에 알려져 무역과 화폐경제가 정착되어 가고 있었던 시기였다.

그러나 중국을 제외한 모든 나라들과 문호를 개방하지 않기로 한 조선의 1392년 개국은 눈을 감고 시작했던 왕조였다고 볼 수 있다. 1392년 개국한 조선의 지배적 통치구조는 중국의 명나라 법체계를 모방한 경국대전 법체계에 따랐다. 이러한 통치구조는 1897년 대한제국으로 국호가 변경될 때까지 500여년간 지속되는데 전국을 지역의 중요도에 따라 부, 목, 대도호부, 도호부, 군, 현으로 평면적으로 구분한 뒤에 수령을 지방행정 책임자로 중앙에서 파견하여 업무를 처리하도록 하였다. 바로 중국의 수·당시대부터 내려온 3성 6부의 중앙관제와 군현제의 지방체제를 골격으로 하고 있었던 것이다. 중앙과 지방의 관계는 서구의 국가들에서 보이는 피라미드적 관료제 형태라기보다는 중간관리자가 없는 최고 통치권자인 국왕과 지방 군현제의 수령들과 곧바로 연결되는 중앙집권제 형태였다. 여기에 국왕을 대신하여 지방행정을 감독하는 관찰사를 조선 전도를 8개의 권역으로 나누어 파견하였다. 관찰사는 지방 행정이 잘 수행되고 있는가를 수시로 점검하고, 필요시 적절한 행정 지원이나 처벌 등의 역할을 수행하였으나 평상시 행정업무는 지방의 수령이 담당했다. 이들 지방 수령들은 중앙의 관리를 파견하여 보내는데 이들은 과거를 통해서 선발된 인재들이 가는 것이 통상적이었다.

조선의 정치적 질서는 과거시험으로 들어온 관료, 신분에 의한 왕족과 양반 등이 사회의 정점을 이루고 그 밑에 기술과 기능을 가진 중인들과 농민, 상인 그리고 최하층의 노비로 구성되는 피라미드구조였다. 과거제도는 문과,

무과, 잡과로 구분하여 시행하였으며 문과와 무과는 향시(지방별로 시행) - 한성시(한양에서 시행) - 관시(최종) 3단계로 시행하였고 잡시는 필요에 따라 시행되었다. 조선의 신분제에서 최정점인 양반이라는 계층은 전쟁에서 승리한 부족적 혈통이나 또는 특정한 종교집단 출신이 아니었다는 점은 서구의 국가들 또는 당시 중세 일본의 신분제 형성과는 다르다. 조선을 건국한 세력인 사족(士族)이 유교를 바탕으로 한 유학을 공부한 집단이기는 하나 이들을 모두 문반과 무반으로 나뉘는 양반이라 지칭하지는 않았다. 조선 초기 문반과 무반은 중앙관직의 역할을 나누는 과정에서 형성되기 시작했으므로 조상이 중앙 관직에 등용된 양반이라고 하더라도 후손이 양반으로 세습되는 것은 아니었다. 그러나 조선 후기에 들어가면 조선 사회를 지배하는 양반사회가 크게 변모한다. "조선의 개국 이후 최초로 1530년에 편찬된 실시된 지리지인 '신증동국여지승람'에 따르면 고려조정에서 관료로 재직한 619명과 새로운 왕조인 조선에 재직한 중앙관료 503명 가운데 조선 8도의 출신별로 보면 다음과 같다. 총 1,122명 가운데 경상도 401명, 전라도 194명, 경기도 182명, 충청도 127명, 황해도 99명, 강원도 72명, 평안도 40명, 함경도 7명 순이었다. 당시 인구는 경상도 173,759명, 평안도 105,444명, 충청도 100,790명, 전라도 94,248명, 황해도 71,897명, 함경도 66,978명, 경기도 50,352명, 강원도 29,009명이었다."[19] 고려 400여년간 개경을 수도로 평양을 서경으로 중시하였고 조선조가 함경도에서 발흥한 것을 고려하면 실로 놀라운 숫자이다. 왜냐하면 당시 출신 지역 인구에 비해서 중앙관직에 많이 등용된 지역은 경기도와 전라도였으며 절대적으로 적은 숫자는 평안과 함경지역이라는 것을 알 수 있다. 그 이유는 고려와 조선조에 이르기까지 평안과 함경지역이 호(胡), 즉 오랑캐와 가까워 이들을 믿지 못한다는 의식이 강하게 작용해 조선시대 내내 관서차별이라는 문화적 요소까지 만들었으며 19C 조선말기의 수십 회에 이르는 관서지역에서의 민란의 빌미를 제공했다고도 볼 수 있다. 더군다

---

19) 김선주 지음·김범 옮김(2020), 조선의 변방과 반란: 1812년 홍경래난, 푸른역사, pp. 49-50. 〈표 1〉 고려조선 왕조의 저명한 인물에서 참조하였다.

나 관서지방에서의 민란의 주동자는 남부지방에서의 민란 주동자들이 평민이거나 노비 출신들과는 달리 고을의 현직 관원출신이거나 과거에 급제한 자들이 대부분 차지했었다는 점 역시 관직에 있어 차별을 받았다는 점은 분명하다. 이 부분에 대한 연구에 따르면 "정약용(1762-1836)이 지적한 대로 대대로 유명한 가문인 청족(淸族)출신의 급제자들은 승문원(承文院)에 임명되고 북부출신은 성균관에, 양반의 서얼들은 교서관(敎書館)에 배속됐다는 것이다. 무과급제자들에게도 역시 지역차별과 출신가문 차별이 있었다. 청족출신만이 선전관청(宣伝官庁)에 배치되어 더 높은 직을 바라볼 수 있었다는 것이다. 가문이 명성이 떨어지거나 출신지역이 북부지역이라면 부장청(武将庁), 수문장청(守門将庁)에 배속됐다. 이와 같이 문반과 무반 급제자들에 대한 지역과 출신가문을 통한 분관제도는 조선전기에는 나타나지는 않았으나 조선중기 이후에 심하게 나타난다. 좋은 자리인 청족들이 독점하는 요직을 거쳐야만 당상관(정1품-정3품)으로 나아갈 수 있기 때문에 지역차별은 관서인을 비롯한 북부인들에게는 출세에 치명적이었으나 도성이 있는 한양, 경기출신과 남부(경상, 전라, 충청)출신들에게는 역으로 좋은 기회이기도 했다."[20] 조선조 전체의 생원과 진사 급제자를 50년 단위로 조사 분석한 최진옥의 연구에 따르면 "한양이 14,338명, 경상도 5,399명, 충청도 5,154명, 전라도 3,994명, 경기도 3,768명, 평안도 1,831명, 강원도 1,580명, 황해도 1,512명, 함경도 799명[21] 등의 순이다."[22] 이 같은 결과를 보더라도 인구비례와는 달리 한양, 경기, 전라, 충청도 출신들이 유난히도 많다. 이는 과거 급제자들의 등용문이 되는 "17-18세기 서원과 사우의 숫자를 보면 경상도 257곳, 전라도 142곳, 충청도 101곳, 평안도 56곳, 경기도 53곳, 강원도 43곳, 황해도 39곳, 함경도 33곳"[23]으로서 인구 비례에 비해 전라도와 충청도, 그리고 경상도가 압도적으

---

20) 김선주(2020), pp. 75-77 발췌 요약.
21) 김선주(2020), p. 73, 〈표 3〉 일부 재인용.
22) 최진옥(1998), 조선시대 생원진사 연구, 집문당, p. 204.
23) 김선주(2020), p. 95, 〈표 4〉 일부 재인용.

로 많았다는 점과 관련이 깊다. 또한 3남 지방의 향반들이 한양과 경기도로 거주지를 이전하여 경반(京班)이 되어 조선사회를 지배했던 것이라고 해석할 수도 있다. 그 이유는 향반(郷班)은 청족이 될 수 없었으며 대대로 권세를 이어가려면 자신들의 기반을 도성이 있는 한양에 거처를 마련했어야 했다는 점은 권문세도가인 안동 김씨 사례에서 잘 보여준다. 이들은 씨족의 출발은 경상도의 안동이지만 인동 김씨라고 불리며 권문가로써 조선후기 사회를 지배했던 곳은 한양 북부 인왕동(지금의 청운동과 옥인동)에 살았던 던 것이다.

따라서 조선 사회는 신분제를 바탕으로 한 양반이 지배했던 것이 사실이나 지역과 출신가문이 중시되어 이들이 중앙관직을 독식하고 여타지역 출신, 특히 북부지역인 평안과 함경지역 출신자들을 차별하였던 것이다. 권문세가들은 당상관에 오르는 청직이라고 칭하는 주요 관직을 거치고 심지어는 왕이 직접 국사에 관여하지 못하도록 하였다. 조선후기는 특히 청직을 독점하는 상위계급과 중하위 계급을 명확히 구분하여 신분제와 혼합이 되어 양반사회 내에서도 경반(京班)이 있던 경기와 한양, 남부 3남 지방 출신의 양반계층들이 나머지 지역출신을 지배했다고 볼 수 있다. 이러한 폐해는 고스란히 조선 말기의 40여회 이상에 달하는 민란의 발생의 동기가 되었으며 양반사회의 분열과 양반과 백성들의 분열은 조선의 몰락을 가져오는 촉발제가 되었음은 분명하다. 그리고 1894년의 몰락한 양반인 최제우가 창건한 동학교도에 의한 동학혁명은 조선사회의 지배구조를 결정적으로 무너뜨린 최대의 사건이었으며 그나마도 미약하게 버티었던 조선사회의 질서는 진공상태에 빠져 내부에서 1910년 일본에 주권이 뺏길 때까지 지배자들은 우왕좌왕한다.

조선의 중앙과 지방의 질서체계

"조선 중·후기에 들어가면 왕과 권신의 인척 관계로 1800년대 중기까지의 안동 김씨들의 세도가(勢道家) 시기에 들어가면 극심해지는 매관매직으로 인하여 자격 없는 자들이 지방의 수령이 되는 기록들도 많으나 기본적으로는 지방 수령은 과거시험에 합격한 관료가 관내의 행정, 사법, 군사, 경찰 기능을 책임지고 수행하는 임무를 가졌다. 법적으로는 수령 1인이 관할 지방의 행정을 총괄 처리할 수 있었다. 물론 경국대전을 근간으로 하면서 새롭게 만들어진 국왕의 교지, 조칙 등을 반영하고, 새롭게 만들어진 행정 관례도 존중해야 했다. 하지만 임기가 정해져 있지 않은 수령 1인이 지역의 행정을 완벽하게 잘 수행해 내기가 쉽지 않았다. 그래서 수령에게는 지역의 향리, 유지, 재지 사족 등의 도움이 절대적으로 필요했다. 지방의 실무 행정은 현지에 살면서, 지방 사정을 잘 알고 있는 호장과 육방 향리, 색리들에 의해 이루어졌다. 향리들은 향리청(작청)으로 조직화하여 행정을 장악하였다. 수령은 향리들을 잘 통솔하면서 지방행정을 수행해야 했다. 지방에는 중앙 파견의 수령과 실무 행정 담당자인 향리들 이외에 중앙에서 관료 경험이 있는 유향관, 지역 내 사족(士族), 유지들이 있었다. 이들은 지방행정의 대상 집단이면서 동시에 지방행정에 적극적으로 참여하여 자신들의 이익을 대변하고자 하는 사람들이었다. 이들은 조직화하여 유향소(향청)를 만들어 수령과 향리청에 대해 영향력을 발휘하였다. 수령, 향리청, 유향소(향청)의 삼각관계가 형성되어 있었다."24)

도산서원
출처: 2018년 10월 필자가 촬영.

---

24) 임승빈(2023), 지방자치론 제16판, 법문사. 제3장 한국의 지방자치 역사에서 일부 발췌 요약.

그러나 조선 후기에 접어들면 중앙과 지방의 이러한 계서제(피라미드적) 지배질서가 흔들리기 시작한다. 다산 정약용이 『목민심서(牧民心書)』에서 목민관의 수행업무 가운데 중요한 업무로써 환곡의 배급 및 관리인데 지방목민관들이 아전(衙前)들의 손에 맡겨 생기는 폐해를 낱낱이 적고 있다. 예를 들어, "아전들은 자신들 스스로가 값싸게 환곡을 사들여 시골집에 숨겨두었다가 몰래 파는 행위가 관행처럼 되어있다는 점을 지적하면서 목민관 스스로가 환곡을 관리할 것을 권고하고 있다. 양식이 떨어진 양반들이 재해를 당했다고 나라에 거짓말을 하거나 도랑을 파거나 제방을 쌓는다고 거짓말하여 사사로이 창고의 곡식을 구걸하고 세월이 지나도 환급하지 않는 사례를 별환(別還)이라 하고 이와 같은 사례가 매우 많으므로 목민관은 이를 허락해서는 안 된다고도 했다. 뿐만이 아니라 큰 기근이 들거나 나라에 큰 경사가 있어서 이전의 환곡(還穀)을 탕감해 주는 경우 수령이 사사로운 정으로 양반들의 빌린 것을 탕감해 주는 행위가 많으며 특히 경기도와 충청도에 이러한 폐단이 많다고 지적하고 있다."[25]

조선 후기 소위 3정의 문란이 극에 달하면서 관서지역이나 북방지역에서 민란이 발생한 적은 있었으나 1894년 동학도들에 의한 삼남(三南)지방(충청, 호남, 경상) 농민반란은 조선왕조 처음의 사건이었다. 동학도에서 시작된 삼남지방에서의 농민들의 봉기는 청일전쟁을 불러일으켰으며 조선이라는 국가체제를 위협하고 제도개혁을 강하게 요구하게 된다. 청일전쟁에서 승리한 일본에 의하여 단행된 갑오개혁은 과거제도 폐지 등 조선의 사회적 질서체계가 대혼란에 빠지는 대사건이었다.

물론, 당시 조선의 모든 질서를 지배했던 안동 김씨 등 권세가들에 대한 반발에서 대원군 개혁이 시작되었다고 볼 수 있으나 대원군에 의해 단행된 1864년(고종 2년)의 서원철폐, 조선 건국 최초로 관서 차별을 받던 지방인 평안도 감영에서의 과거시험 실시, 지방의 토호(土豪)들에 의하여 장악된 향리

---

25) 정약용 지음·다산연구회 편역(2005), 목민심서, 창비.

청(작청)의 무단지배를 배제하고 정부가 직접 향촌 사회를 통제한 것 등은 근대적 개혁이라기보다는 구체제 회복으로 보는 것이 타당하다. 즉, "조선 정부는 군현(郡県) 자율에 맡겨 처리했던 기존의 군현지배 방식에서 탈피하여 낮은 수준이지만 군현지배기구를 국가 관료 체제에 편입시켜 지방지배의 일원화를 실현하려 했던 것이다."[26]라는 것을 보면 오히려 왕권의 강화를 꾀한 개혁이었다. 고종시기에 이와 같이 지방제도 개혁을 단행하게 된 동기는 일찍이 정약용이 지적한 바와 같이 국가세금과 함께 군현으로 분리된 지방세금이 농민의 세금부담 능력을 고갈시켜 향촌 사회의 심각한 문제로 부각되었기 때문이다. 이는 유형원의 지방제도 개혁론에서 시작되어 정약용, 이진상 등이 군현제 개혁론을 주장한 것과 그 궤를 같이 한다.[27] 그리고 1862년 대규모의 삼남지역의 민란이 봉기된 이후 1863년 고종의 등극, 대원군의 1864년, 1866년의 향촌사회 개혁이 이루어지게 되어 당시 조선의 지방행정체계 개편에 대한 근본적인 논의는 19세기 중엽에 시작되었다고 볼 수 있다.

"이후 1906년 1월 일제 통감부는 갑오·광무개혁기에 단행되었던 지방행정체계는 유지하면서 주민자치의 근대적 제도였던 대향회(大郷会)-도향회(都郷会)-향회(郷会)를 폐지한다. 일제는 1906년 12월에 통감부의 '군주사명심규칙'과 '군주사세칙'을 통하여 향회 및 향회에서 선출하는 좌수 및 향장 제도를 폐지한다. 이로써 기존에는 군(郡)의 주사(主事)는 좌수(座首) 및 향장(郷長) 등 고을의 수장들에 대한 견제하는 역할이 있었으나 통감부의 규칙과 세칙 제정에 의해 군수(郡守)의 명령만 따를 것과 군의 주사(主事)를 일본인으로 채웠다는 점에서 주민의 의견을 반영하기보다는 통감부의 중앙집권적 통치제도를 만들고자 했던 것이다."[28]

---

26) 김태웅(2012), p. 107.
27) 정약용, '경세유표' 4. 천관 수제, 군현분등, 김태웅(2012), p. 86 〈표 9〉 정약용의 군현분등 구상에서 재인용.
28) 임승빈(2023), 지방자치론 제16판, 법문사. 제3장 한국의 지방자치 역사에서 일부 발췌 요약.

구한말의 질서체계

조선 후기인 구한말에서 일제강점기로 넘어가는 상황을 한국의 정치철학자인 최정운 교수는 홉스적 자연상태[29]와 같다고 정의한다. 최정운 교수는 그의 또 다른 저서에서 1980년 5.18 광주민주화운동 당시의 광주지역을 '개인'이 의식 자체에서 사라지고, 사유재산 개념도 사라지고, 생명도 광주 시민 전체를 하나의 생명으로 되는, 즉 개인은 생명의 단위가 아닌 것으로 느껴지는 그런 상태를 '절대공동체'라고 하며 자연상태와 구별한다.[30] 홉스적 자연상태란 20세기의 첫 몇십년 동안에 조선의 사회와 공동체가 완전히 붕괴되고 분해되어 각자 개인들로 흩어져버린 상태를 가리키는 것이다. 그는 어떻게 자연상태로 조선사회가 빠졌을까 하는 의문점에 대해서 다음과 같이 대답하고 있다. "아마 조선의 붕괴는 오랜 기간에 걸쳐서 진행된 것으로 양란(임진왜란과 병자호란)이래 거의 3백년에 걸친 과정이었는지 모른다. 그리고 이 시대, 19세기 후반부터 이른바 '개화기'의 각종 사건들은 조선이 붕괴해가던 마지막 단계에서 나타난 일들이었을 것이다. 이 과정에서 중요한 요인은 정부, 즉 국가권력의 붕괴였을 것이다. 국가권력이 무능해진 것은 말할 것도 없고 국가 기관들의 조직이 붕괴되고 국가권력이 사유화되는 현상은 모든 계층에게 최악의 고통이었을 것이다. '삼정(三政)의 문란'은 이미 19세기 전반에 인식된 일이었고, '탐관오리', '가렴주구'의 전설은 이미 정착되었고 매관매직은 이때부터 끝까지 멈추지 않았다."[31] 그리고 19세기 말 조선의 이런 상황과 해체 과정은 고스란히 경제적인 피폐와 백성들의 빈곤화와 앞뒷면을 이루고 있다고 지적하며 바로 이러한 상태를 홉스적 자연상태라고 한 것이다.

하버마스의 '공론장'이라는 분석틀을 가지고 조선의 근대화를 분석한 송호근 교수의 지적은 일부는 적절하지만 전적으로 동의할 수는 없다. 그는 인민의 역사와 지배층의 역사를 대비하면서 인민의 역사는 동학으로 지배층의 역

---

29) 최정운(2013), 한국인의 탄생, 미지북스, p. 104.
30) 최정운(1999), 오월의 사회과학, 풀빛.
31) 최정운(2013), 한국인의 탄생, 미지북스, p. 108 인용.

사는 중국에의 조공체제와 서양과의 개화라는 내부모순에 휘둘리면서 각각 다른 '공론장'을 형성하면서 근대문명을 맞이했다는 것이다. 송호근은 갑오 정권에서 대한제국에 이르는 근대 이행기에 공론장의 관점에서 주목할 만한 세 가지 변화가 발생했다고 주장한다. "첫째, 조정 담론장의 영향력 쇠퇴와 양반 공론장을 계승한 '지식인 공론장'의 형성, 둘째, 동학이 기여했던 종교적 평민 공론장이 '세속적 평민 공론장'으로 부활한 것, 셋째, 지식인 공론장과 평민 공론장의 상호 연대와 공명(共鳴)이 그것이다."32)라고 하고 각각을 설명한다. 즉, 하버마스가 중시했던 정보와 상품의 유통이 부르조아 공론장을 확장시키는 핵심 기제가 되고 하버마스가 중시했던 부르조아 중심의 살롱과 클럽, 사교 모임에 해당된다고 조선 말기에 이러한 현상이 나타났다는 것이다." 그러나 당시 조선의 지식인들이 18-19세기의 유럽의 지식인들과 같이 스위스 태생의 루소, 영국 태생의 밀(J. S. Mill)이 모두 프랑스에서 활동했을 때 출신 지역과 성별을 크게 구애치 않은 것과는 달리 조선의 지식인들은 외국 출신의 지식인들도 존재하지 않았을 뿐만 아니라 당시 일본에 비해서도 서구의 지식에 배타적이었다. 유일하게 있었다면 중국과 일본을 통해서 들어온 일부 양반과 중인층의 간접적인 편협된 지적 경험만을 했을 뿐이라고 볼 수 있다. 더군다나 하버마스가 언급한 서구의 '공론장'이 시민사회 형성을 위한 국가와 사회의 관계에 대한 내용이 주된 관심사였다면 조선은 국체 유지를 하기 위한 논쟁이 아닌 을미사변 이후 의병활동에서도 지배계층과 피지배계층의 상호 비방에 내란도 서슴지 않았던 상황을 하버마스의 '공론장'형성으로 이해하기는 힘들다고 본다. 특히, 하버마스가 강조한 서구의 살롱은 커피숍이 아니라 귀족들이 소유한 미술전람회였다라는 점을 고려한다면 19세기 말 조선사회에서는 공론의 장을 만드는 공전은 없었다고 본다. 물론 송호근이 시민사회 형성에 대해서 이해하지 않은 것은 아니고 정확히 시민사회 형성과 시민의 개념을 명확히 제시하고 있다. "자율성의 문제였다. 조선이 자율성을

---

32) 송호근(2013), 시민의 탄생, 민음사, p. 15.

확보한 독립 국가였다면 개인과 사회는 시민사회(civil society)의 단초를 형성했을 것이다. 시민사회는 사회적 분화가 빠르게 이뤄져 계층과 집단 간 이해갈등이 다발적으로 일어나는 그런 사회다. 시민사회는 경제적 분화와 정치적 분화가 서로 대응하여 제도로 정착될 때에 비로서 형성되었다고 말할 수 있고, 경제적 분화와 정치적 분화의 제 과정에서 어떤 뚜렷한 개별적 위치와 권한을 점하는 개인을 시민이라고 정의할 수 있다."[33] 또한, 송호근은 시민사회의 네 가지 요인으로서 종교개혁, 계약적 질서, 개별적 인권, 정치 참정권을 들고 있는데 시민은 입법자(law maker)이어야 하고 근본적인 밑바탕은 공공정신과 도덕을 내면화 하는 자율성이라는 것이다. 이러한 견해는 칸트의 순수이성적 관점에서의 자유와 루소의 일반의지, 그리고 밀의 '자유론(On Liberty)'에서 강조하는 자유에 대한 개념 모두가 혼합되어 있는 개념 정의라고 본다.

이후 불행히도 대한제국은 1910년 8월에 일본 제국주의에 강제적으로 합병된다. "1909년 당시 대한제국 관료들 가운데 67.6%가 일제 강점기 식민지통치 관료로 충원되어 일제의 식민정책의 대민집행관의 기능과 일본의 식민통치에 대민집행관의 기능과 일본의 식민통치에 정당성을 부여해 주는 기능, 그리고 조선인에 대한 회유기능을 수행하던 일제 강점기의 조선인 관료는, 해방 후에도 관료세력의 상당수가 온전케 되어 오히려 전통적인 지배계층의 온전성이 강화되는 방향으로 나아가게 되었다."[34] 즉, 구한말 나라를 일제에 팔아넘기는 데에 일조한 세력들이 해방 이후에도 온전하게 한국사회의 질서의 지배자들의 일부로 군림하게 된 것이다. 조선왕조의 후예 가운데 어느 한 명 독립운동을 주도하거나 아니 최소한 혼자서라도 독립을 외친 자들이 없었다라는 점은 지배층의 당시 시대적 인식을 알 수 있는 대목이다. 친일집단인 일진회의 자금줄은 조선상공회의소의 전신인 보부상단체였다. 당시 이들이

---

33) 송호근(2013), 시민의 탄생, 민음사, p. 20.
34) 박은경(1995), 일제시대 조선총독부 조선인 관료에 관한 연구, 한국정치학회보 28(2), p. 133.

주장한 바도 일본과 합방하면 신식제도에 의하여 시장은 효율화되어 민중은 더 잘살게 되고 세금도 감세된다고 합방의 타당성을 주장했다. 그러나 그 이후 조선 민중들이 당했던 식민지 수탈은 더 이상 강조하지 않아도 될 것 같다. 외세에 의한 강압적인 개국과 근대화의 결과가 조선과 일본이 결과적으로 왜 이렇게 달랐을까. 그것은 아마도 메이지 유신을 일으켰던 일본의 지식인과 지배계층은 일본의 근대화의 목적을 일본국민과 일본이라는 나라를 지키기 위해 노력한 반면에 조선의 관료와 지배층, 지식인들은 질서체계에서 지배자의 위치를 지키기 위한 근대화를 추진했기 때문일 것이라고 본다.

근세 중국의 질서체계

중국의 지배집단 형성은 과거에 의해 선발된 관료집단에서 비롯되는 것은 한국의 역사와 같다. 수나라 이전 육조시대에는 세습 귀족 집안에 의해 관료가 되는 귀족정치가 이루어지고 있었다. 그때까지 사용되고 있던 구품중정제(九品中正制)는 귀족 세력의 자제를 다시 관료로 등용하는 것을 제도화하고 유능한 인재를 등용하는 것을 막았던 것이다. 수의 문제(文帝)는 구품중정제를 폐지시키고, 지방 장관에 인재를 추천시킨 후, 과거제를 실시하게 된다. 추천보다 시험의 결과에 중점을 두고, 관료의 채용이 결정되게 되었다. 우수한 인재를 모아 자신의 권력을 확립하기 위해 실력에 따라 관료를 등용하는 과거가 시작되었다.

수나라는 비록 두 대에 멸망하지만, 과거제도는 그 후 당나라에 계승되어 청나라로 멸망하는 시기까지 이어진다. 집안이나 신분에 관계없이 누구나 응시할 수 있는 공정한 시험에서 재능있는 개인을 관리에 등용시키는 제도는 당시로서는 매우 혁신적이었다. 그러나 북송시대에 이르러 과거에 의해 등장한 관료들이 새로운 지배 계급인 '사대부'를 형성하고 이들 사대부들은 과거에 합격해 관료가 됨으로써 지위·명예·권력을 획득하고 이를 바탕으로 큰 부를 얻었다. 응시 자격에 제한이 없는 과거가 있었지만, 과거에 합격하기 위해서는 어려서부터 노동에 종사하지 않고 학업에 전념할 수 있는 환경과 방대한 서적 구입비와 교사에게 지불하는 수업료 등의 비용이 필요하기 때문에 실제로 응시자들 대부분이 관료의 아들 또는 부유 계급에 한정된 사대부의 재생산기구로서의 역할을 한 것은 고려와 조선의 한국과도 매우 유사하다. 그러나 종래의 육조 시대의 귀족이 지배하는 경우는 권력이 수십 또는 수백 년간 지속이 가능한 것에 비해 사대부 가문은 길어도 4대에서 5대 정도에 불과하고, 후계자가 될 아들이 과거에 합격을 못 하면 언제라도 권문세가(權門勢家)에서 몰락하기도 한다. 따라서 과거에 합격해 관료가 되는 것은 본인뿐만 아니라 그 종족과 파벌에 있어서도 매우 중요한 의미를 갖는다.

관본위라는 권력 중심의 중화 왕조 사회에서 한 사람이 관료가 되어 정치 권력의 한 축이 되는 것은 본인뿐만 아니라 그 사람의 종족에 엄청난 명예와 이익을 가져온다. 따라서 종족은 '의전(義田)'이라는 공동 재산을 만들어 사교 육터인 '의숙(義塾)'을 열어 종족에서 한 사람이라도 많은 과거 합격자를 내는 데 열심이었다. 종족 중 하나가 관료가 되고 결국 정치 권력의 일부를 쥐고 유력 관료가 된 사람은 종족에 다양한 편의를 도모하고 종족을 위해 일하는 것을 기대하고 본인도 그 기대에 부응하여 관료를 그만두고도 고향에 내려온 후에도 현지의 유력자로 왕이 있는 중앙의 관료와 지방의 관속들에게 영향력을 행사한다. 관료일 때의 다양한 권한을 통하여 본인과 종족이 재산을 불리게 되므로 과거가 폐지될 때까지 약 1300년간 엄격한 감시에도 불구하고 다양한 궁리를 써 부정합격을 시도하는 것은 중국이나 한국도 똑 같은 양상이 끊이지 않았다. 이러한 시험 편중주의에 의한 폐해는 시대가 갈수록 커져 과거에 급제한 관료들은 시문의 교양만을 군자의 조건으로 삼고 현실 사회 문제를 속인들이 하는 것으로 경제적인 실무와 인민의 생활에 무능·무관심한 것을 미덕으로 여겼다. 청나라 말의 왕안석(王安石)의 개혁도 바로 과거제도 개혁이었지만 좌절하고 말 정도로 지배집단의 공고화는 무너뜨릴 수가 없었다. 그러나 구미 열강의 침략에 의해 과거제도가 없어지는 것은 한국보다도 늦은 1904년(광서 30년)에서이다.

동북아 3국의 전통적 질서체계를 무너뜨린 1840년 아편전쟁

기존의 질서체계를 위협할 정도로 외부의 커다란 충격이 닥쳤을 때 기존의 지배적 집단과 개혁을 요구하는 신흥세력들이 어떠한 정치사상과 어떠한 방향성을 설정하는지는 그 나라의 운명을 결정짓게 된다. 이와 같은 의미에서 1840년의 아편전쟁은 동북아 3국인 청나라, 조선, 일본의 에도막부 모두에게 큰 충격을 주고 각자의 질서체계의 재편을 가속화시킨 커다란 사건이었다. 1949년에 설립한 중국의 모택동 공산당 정부가 아편전쟁부터 자신들의 나라를 세운 그때까지를 중국의 잃어버린 100년이라고 규정하고 있을 정도이다. 아편전쟁에서 청나라의 패배는 조선의 전제주의 질서체계, 일본의 270여 개의 지역의 번주들과 에도 바후쿠(江戸幕府: 1603-1867)의 쇼군 간의 권력의 분점 관계, 전제주의적인 중국 청나라 왕조 모두 기존의 질서를 해체하는 단계로 진행하는 계기가 된다. 조선은 1876년 운양호 사건 이후 일본의 지속적인 조선에 대한 침략에 대응하지 못하고 1910년에는 결국에는 나라를 뺏기는 수모까지 당한다. 중국은 1840년 아편전쟁부터 계속해서 국력이 기울어 1912년에 청나라가 패망하기에 이른다. 물론, 조선과 청나라가 개혁을 단행하지 않은 것은 아니었다. 조선에서는 대원군, 1860년 북경조약을 체결할 당시의 대표자인 청의 공친왕(혁흔)과 이홍장, 에도 막부의 마지막 쇼군인 도쿠가와 요시노부의 개혁 추진내용을 보면 조선과 청은 유사했으나 일본은 달랐다. 물론 3국 모두 부국강병 정책을 추진한 것은 같았다. 위에서부터 아래로의 개혁은 같았으나 조선은 1860년도 이후에 나타난 홍경래의 난, 삼도(전라·경상·충청)에서의 민란 후에는 1894년 동학란까지 이어지는 혼란기에 지배층들은 민중과 백성의 편에 서기보다는 자신들의 기득권 질서체계를 유지하는데 여념이 없었다. 게다가 조선의 지배층들은 자신들의 기득권을 지키기에 부족하면 외세를 끌어들이는 데에 서슴지 않았다. 이와 같은 점은 정도의 차이는 있었으나 청나라도 마찬가지였으며 결국은 두 나라 모두 1910년 한일병탄, 그리고 1912년 청나라의 멸망으로 이어지게 된다. 반면에 1840년 아편전쟁에서의 중국 청나라의 패배를 목격하고 1854년 미국 페리제독이 이끈 함대에 의해 강제 개항에 대하여 무저항을 했던 치욕을 씻기 위해 안세이게 혁, 분규개혁, 게이오개혁이 1868년 메이지 유신 이전에 있었으며 중앙인 바쿠후정권 그리고 지방호족 정권인 사츠마, 쵸슈, 사도의 다이묘들은 각각 개혁 작업을 하는데 철저하게 서양식 군제와 행정체계를 받아들인다. 즉, 일본은 아시아의 거국인 청나라가 서양제국에 번번이 전쟁에서 지는 것을 보면서 조선의 대원군과 같이 쇄국이라는 저항하는 전략을 선택하는 것이 아니라 강제적 개방보다는 자발적 개방을 선택하게 되는 것이다. 일본 역시 근대화 과정에서 존왕양이를 내건 사이고 다카모리와 같은 새로운 질서에 편입되지 못할 것을 염려한 하급 무사 계급의 반란도 있었으나 실패하게 되고 폐번치현이라는 천황제를 중심으로 하는 중앙-지방의 수직적 관료체계를 형성하게 된다.

아편전쟁 이후 청나라는 1842년 남경조약, 1854년 미·일통상의 불평등 조약, 1871년 체결되고 1873년에 비준된 청일수호조규 등에 의하여 조선을 둘러싼 주변국들은 급격한 변화를 맞이하게 된다. 근대국가들의 국제법 질서인 조약관계가 동아시아 국가들에서 맺어지게 되는 시기였다. 조선은 그 이후 1876년 2월 26일 강화도조약, 1882년 청나라와 조선의 조청상민수륙무역장정, 1883년 조일통상장정 등의 국제조약을 맺게 된다. 사실 조선은 대륙침공의 길이라고 보는 일본과 종래의 종주권을 행사하려는 청나라의 각축장이었는데 시발점이 강화도조약이었으며 일본이 미국 페리제독에 당한 함포외교와 똑같은 모습으로 조선을 침략한 행위였다.

1874년에는 일본이 청나라와의 수교조약을 어기고 오키나와인이 타이완에서 부당한 대우를 받았던 것을 빌미로 타이완에 침략한 것과 같고 청나라는 일본의 팽창주의를 경계하던 시점이었다. 이때 운양호 사건 이후 청나라의 조선의 외교담당자는 이홍장(1823-1901)이었으며 그는 이를 잘 인식하고 있었다. 이때 조선의 이유원이 외교전담자였는데 그가 1875년 '을해연행'이라는 서신을 통하여 이홍장에게 조선의 외교정보를 주었다는 점은 당시 청나라에서 조선의 관계를 보여주고 있다.

일본은 1854년 미·일, 1858년 미·영 등 5개국과의 불평등조약에 의해 위기감이 팽배해졌다. 이를 외부의 적을 만들어 타개하기 위하여 사이고 다카모리 등 바쿠후의 무사들과 하급관리 등은 조선을 정벌하자는 '정한론(征韓論)'을 부르짖는다. 1868년의 메이지 신정부의 왕정복구를 전하는 문서에서 황상 등의 용어를 사용하는 것에 대해 조선의 동래부사인 정현덕이 무례하다 하여 수납을 거절하는데 이를 빌미로 일본 조야에서는 '정한론'이 거세게 일어난다. 1869년 12월 사다하쿠보를 조선에 잠입시켜 실상을 파악하게 하는데 그는 불손한 조선을 정벌하지 않으면 천황의 권위가 없다고 상소를 한다. 당시 외무대신인 사와노부 요시마저도 조선은 고대 일본의 응신청황 이래 우리의 조공국이었으며 러시아의 침공에 대비를 위해서도 '정한'이 필요하다고 한다. 또한 당시 조선에 잠입해있던 모리야마 시게루는 일본의 50만 사족에게 거병케 하여 메이지 유신 과정에서 소외된 그들의 불만을 잠재우고 메이지 유신의 위업을 만방에 뻗치게 하기 위해서는 조선을 정벌하여야 한다고 주장한다.

청나라 말기의 혼란

19세기 중국은 앞서 살펴본 바와 같이 두 차례에 걸친 아편전쟁과 크고 작은 대외전쟁으로 만신창이가 된 상태에서 내부적으로 동란이 발생하여 청나라의 몰락을 부채질하게 된다. 이 가운데 최대의 동란(動乱)은 우리나라의 동학혁명과도 비교되는 객가(客家) 농부 아들로 태어난 홍수취안(洪秀全: 1814-1864)이 광저우에서 일으킨 태평천국혁명(太平天国革命) 또는 태평천국란이다. "태평천국 혁명은 1850년부터 1864년까지 지속되었으며 중국 18개 성들 가운데 16개의 성에 영향을 주었으며 약 600여 개의 도시를 함락시켰다. 그 외에도 염군(捻軍)의 반란은 1851년부터 1868년까지 이어졌으며 8개의 성으로 파급되었다. '염'은 산둥, 허난, 장쑤, 안후이 등지의 비밀결사의 명칭으로서 그 구성원들은 주로 유민, 부랑자 및 강탈과 약탈을 생업으로 하는 비적의 무리였으며 수십명이나 수백명이 하나의 '염'을 결성했는데 문자상의 의미는 '무리'이다. 이들은 태평천국의 군대와 때로는 협동으로 때로는 독자적으로 활동을 하였다. 그밖에도 윈난성(雲南省)의 회교도 반란은 1855년부터 1873년까지 지속되었으며 서북의 회교도인 동간인(東干人) 반란은 1862년부터 1978년까지 지속되었다."[35] 19세기 중엽 이전의 약 2,000여년 동안 중국의 사회구조와 생산방식은 거의 별다른 변화없이 대체로 농업사회였다. "농업사회에서 사회의 질서가 유지되는가 혹은 혼란에 빠지는가의 문제는 대부분 토지분배의 적합여부에 따라 결정되었다. 대란이 발생할 때마다 수많은 사람들이 살해되어 충분한 토지가 요행히 살아남은 사람들에게 경작하도록 제공되었지만 한동안의 평화시기를 경과하면 인구증가로 인해서 1인당 평균 경작지 면적이 줄어드는 현상이 초래되는 것은 불가피했다. ...(중략)... 이 관념을 청나라에 적용하면 강희제, 옹정제, 건륭제의 3대 150년에 걸친 평화와 번영이 이미 인구의 급격한 증가를 촉진시켰지만 경작지는 이에 상응하는 증가를 하지 못했음을 알게 된다. 1741년의 1억 4,300만명에서 1850년에는 4억 3,000만명으로 약 200% 증가하지만 경작지는 1661년의 5억 4,900만 묘에서 1833년에는 7억 3,700만 묘로 겨우 35% 증가에 그친다. ...(중략)... 개인 토지소유량의 지속적인 감축은 농민의 부담이 나날이 가중되었음을 의미하는데, 작은 논밭의 산출량으로 더 이상 생계를 유지할 수 없을 경우 농민은 농토를 팔아버리고 지주의 소작인이 된다. 결과적으로는 토지가 지속적으로 부자들의 수중으로 부단히 집중되는 현상이 나타났다."[36] 이러한 사회경제 질서의 재편을 눈여겨보지도 위험한 징조라고 보지도 않은 무능하거나 부패한 중앙관료와 지방관속들은 농민들의 반란을 막지도 못했으며 심지어는 촉발시키기까지도 한 것이다.

---

35) 이매뉴얼 C. Y. 쉬 지음·조윤수/서정희 옮김(2013), 근-현대 중국사: 제국의 영광과 해체(상권), 까치글방, p. 275.
36) 이매뉴얼 C. Y. 쉬 지음·조윤수/서정희 옮김(2013), 근-현대 중국사: 제국의 영광과 해체(상권), 까치글방, pp. 276-277.

1898년 청나라 말기의 개혁

1895년 4월 마관조약의 체결은 그동안 30년간 해왔던 양무운동의 실패, 육・해군의 패전 등 조선에서 패한 청나라가 일본에 항복한 굴욕적인 조약이었다. 1895년 강유위, 양계초 등은 광서황제에게 상소를 올리는데 "화의를 거절한다", "수도를 옮긴다", "변법을 실시한다" 등을 요구한다. 1898년 6월 11일 광서황제는 "명정 국시조"를 반포하며 무술개혁을 단행하게 된다. 주요한 조치는 농공상국, 도로광산총국 등을 설치하는 등 종래의 청나라 관제를 폐지하며 근대식 관제개혁을 실시하였다. 백성에게 언론을 열었으며 과학과 유학을 장려했고 신군제를 실시하도록 하였다. 그러나 강유위, 양계초 등은 너무 형세를 낙관하여 보수주의적인 후당세력에게 실권을 뺏겨 반격당했으며 때마침 1898년 9월에 북경에 온 일본의 이토 히로부미의 무술개혁을 지지한다는 발언으로 인하여 중국인들의 반일감정을 불러일으켜 백일유신개혁으로 끝나버리고 광서황제는 영대에 연금되고 강유위와 양계초는 일본으로 망명하게 되며 담사동, 육균자는 피살당하는 등 백일유신개혁은 실패하고 만다.[37] 1900년 후당세력이 장악하나 8월에 일본군을 주력으로 하는 8국 연합군이 북경에 쳐들어오자 후당세력은 도망가고 서태후마저도 서안으로 도망간다. 1901년 4월 청나라는 경친왕을 내세워 신정개혁을 단행한다. 그 내용은 첫째는, 관제를 개혁한다. '변법을 실시하려면 반드시 관제를 개혁하여야 한다'고 하면서 행정기관을 축소하고 새로운 행정수요에 맞게 기관을 신설했으며 각종 기관을 근대식으로 바꾸는 작업을 실시했다. 둘째는, 신식 군대를 편성하고 훈련시켰다. 1906년 병부를 육군부로 고쳤다. 셋째는, 공상업을 발전시키고 관료와 상인이 공상기업소를 만드는 것을 장려하였다. 넷째는, 1905년 9월에 과거제도를 폐지하고 12월에 근대적인 학교를 설립하였다. 각 성(省)에 유학생을 선발하도록 했으며 유학지는 일본을 첫째로 하였다. 1905년 12월에 5명의 대신을 일본시찰단으로 보내 이토, 오오구마 등을 만나게 했으며 법제

---

37) 国分良成(2003), 現代中国の政治と官僚制, 慶応義塾大学出版会, p. 17.

도, 학교, 의료체계 등을 배우고 오게 하였다. 1908년 8월 청나라는 9년 후에는 소위 예비입헌국가를 하겠다는 것을 공표하는데 이는 1881년 메이지천황이 자유민권운동의 압력에 의하여 '국회를 설치할 때 관한 칙령에 관하여'를 모방했다고 해도 과언이 아니다.[38] 그러나 일본은 이를 실시할 수 있는 정부의 통제력이 있었으나 청나라는 망해가는 상황에서 실효성이 없는 입헌군주제 천명이어서 구호에 지나지 않게 되었다. 실제로 1911년 5-6월 사이 농민들의 철도의 국유화 그리고 외국에 팔아먹은 것에 항의하는 반란의 시작으로 1912년 신해혁명으로까지 이어져 청나라는 무너지게 된다. "중국 관료제에 대한 해석은 분분하지만 일관된 의견은 중국의 근대화를 저해하고 전제국가로 머물게 만든 원인으로 베버 이외에도 많은 전문가들이 중국의 전통적 관료제를 지목하고 있다는 점에서는 일치한다. 마르크스의 『자본론』을 중국어로 번역한 마르크스 경제학자인 왕아남(王亞南)은 중화인민공화국 건국 직전인 1948년에 『中国官僚政治研究』라는 저서를 출간하는데 이 가운데 그는 중국의 전통적인 관료정치의 특징을 다음의 3가지인 연속성, 포용성, 관철성으로 요약했다. 첫째 연속성이란, 관료정치가 전통문화에 필적할 정도로 역사적으로 유구하다는 점이다. 둘째, 포용성이란 관료가 윤리, 종교, 예술, 법률, 재산관계 등 중국의 사회문화 현상과 밀접한 협조적 관계였다는 것이다. 셋째 관철성이란 관료정치가 중국인의 사상 및 인생관까지 깊게 영향을 미쳤다는 것이다."[39] "역사학자인 발라즈(Étienne Balazs)가 저술한 『중국의 항구적 관료사회(1971)』에서도 중국 관료제의 구조적 특징을 다음과 같이 4가지로 요약하고 있다. 첫째는, 중국은 역사적으로 광범위한 농민을 기초로 한 사회였으며 게다가 자율성이 취약한 상인계층은 경시되어 왔기 때문에 권력은 일관되게 일부 관료층에 장악되었다는 점이다. 둘째는, 중국 관료는 인간을 처리하는 전문가이며 더군다나 중국의 일반사회는 상호 감시하는 공포정치가 시행되었던 것이다. 즉, 중국사회는 전체주의적 체질을 갖고 있으면서 극히

---

38) 国分良成(2003), 現代中国の政治と官僚制, 慶応義塾大学出版会, p. 36.
39) 国分良成(2003), 現代中国の政治と官僚制, 慶応義塾大学出版会, p. 16.

보수적이며 변화를 싫어하는 성격을 갖고 있었던 것이다. 셋째는, 중국의 관료는 책임회피와 책임전가의 자세가 전통적으로 강했다. 넷째는, 중국의 관료는 백성을 지배하기 위해 국가이데올로기로서 유교를 활용했다. 바로 유교의 연장자 우선인 장유유서 정신으로서 아랫사람은 그들에게 복종과 존경을 강요받는 형태로 일종의 계층질서를 유지했다. 이것이 바로 관료제에 의한 지배질서와 부합된 것이었다."[40] 따라서 중국이나 19세기 말의 조선이나 농촌경제사회와 과거제로 등용되는 관료정치 체제의 한계성을 극복하지 못한 채로 국가가 멸망하는 같은 길을 가게 되었다고 볼 수 있다.

중국에서의 근대성이라는 의미는 중체서용(中体西用)이라는 용어로 대변된다. 근대성을 언급할때 역사적 시기 구분으로 볼 것이냐 혹은 정치문화를 포함한 사회제도의 서구적 발전형이라는 관점에서 볼 것이냐에 따라서 많은 논란 중이며 그 기준도 모호한 것이 사실이다. 18-19세기 유럽에서는 자신들을 제외한 많은 국가들 소위 AAA지역(Asia-Africa-America)이라고 말하며 근대(modernity)와 전근대로 나누는 문화적 상대주의가 팽배했다. 그러나 이러한 시각은 유럽에서 아시아를 보는 관점뿐만이 아니라 아시아의 맹주였던 중국마저도 근대성이라는 의미를 중체서용이라는 용어가 상징하듯이 은연중에 근대성을 서구화라고 인정했던 것이다. 근대성이 '단순한 모사에 의해서 뒷받침된 질서를 거부하는 정신적 태도'이거나, 또는 '자기 자신을 자발적으로 갱신하여 활성화시키는 시대정신'이라는 것이다.[41] 아도르노와 하버마스의 정의에 따를 경우 주목을 끄는 인물이 양계초(1873-1928)이다. 양계초는 1902년 신민총보의 발간에서 5.4운동에 이르기까지 중국사상계 최고의 권위자이며 가장 존경받는 우상이었다. 양계초의 국민국가 사상을 담은 저널들은 청년지식인에게는 전통적 사유의 탈피와 근대적 사유의 진입을 가능하게 해준 혁명적 문건이 되었다. 당시 대부분의 지식인들이 인식했던 것은 중국인에게는 천하의식은 있어도 국가의식은 없었고 가족의식은 있어도 국가의식이

---

40) 国分良成(2003), 現代中国の政治と官僚制, 慶応義塾大学出版会, p. 17.
41) T. W. 아도르노 지음·최문규 옮김(1996), 한줌의 도덕, 솔, pp. 306-307.

없음을 개탄했다.[42] 양계초의 변법론에서 강조하고자 했던 점은 국가간 경쟁에서 살아남고 강자가 되기 위해서는 국민의 지식증강을 위한 제도정비와 변화의 필요성을 강조했다. 그러나 그의 주장은 받아들여지지 않고 수구보수파에 의해 축출되어 14년 동안의 일본에서 망명생활을 보내게 된다. 이때 양계초는 일본이 서양의 새로운 사상과 문화, 기술을 수용함과 동시에 일본식으로 변화시키는 것을 보고 감동받으며 변화하지 못하고 있는 자신의 조국인 늙어버린 대제국 중국의 몰락을 한탄한다.

1868년 메이지 유신 이전의 일본의 질서체계

일본에서도 헤이안 시대에 과거의 개념이 도입되어 과시(科試)라는 시험이 있었기는 하나 10세기 이후 관직의 세습제도화는 19세기 중엽의 에도시대(1603-1868)까지 계속된다. 이후 등장한 메이지 정부(1868년)에서는 구미 열강의 산업혁명의 모델을 따르기 위하여 사회경제 질서를 재편하기에 이른다. 그러나 실제적으로는 일본의 사회경제는 농업경제를 탈피하고 상업자본주의화되어 가는 기본적인 조건이 갖추어 있었다는 것이 중론이다. 공업 생산기술은 가내 수공업과 공장제 수공업이 시작되었으며 1830년대가 되면 철을 대량 생산하기 위한 반사로가 각지에서 건조되었다. 에도 말기에는 전국의 270여개로 분권화된 번(藩)들의 재정 위기에 따라 여러 번들에서는 상품개발, 작물, 특산품의 생산 판매 장려, 의약품특허, 번들의 지역화폐인 번찰(藩札)의 발행, 철광로 건설 등을 통해 경제를 부흥시키려 했다. 일본의 농민봉기는 잇키(一揆)라고 하며 우치코와시(打壞)라고도 한다. 1866년 무츠노쿠니(陸奧国) 신타츠(信達)지방의 잇키에서는 관리와 결탁한 특권상인들에 대한 민란이 크게 일어났지만 그 파급력은 인근 지방에 제한적이었다. 그 이전 에도(江戸) 시대(1603-1867)에도 농민반란인 시마하라(島原) 잇키가 교과서에도

---

42) 김창규(2018), 중국의 근대와 근대성, 경인문화사, pp. 4-5, p. 8을 부분 발췌해서 요약했음을 밝힌다.

실릴정도로 그 규모가 컸지만 이는 서양의 기독교도 포교금지에 대한 저항이 있지 조선이나 청나라에서 발생한 것과 같은 동학혁명과 태평천국의 난 정도로 이어지지는 않았다. 이분야의 전문가인 야스마루의 말에 따르면 "잇키는 막번권력 그 자체를 부정했던 새로운 권력 구상이 있는 것이 아니다. 그러나 봉건적 부담은 세금에만 한정되고, 그것도 1개년이나 3개년의 전액면제를 요구하고 있으므로, 실제상은 봉건지배의 커다란 후퇴를 요구하고 있다. 그렇지만 그들은 봉건적 사회체제 이외의 체제를 구상하는 어떠한 사상가적 전통도 갖고 있지 않기 때문에 봉건제 사회체제를 자명한 질서원리로서 받아들인 상태에서 이와 같이 주장하고 있는 것이다."[43]라고 했다. 야스마루의 저서를 인용하자면 1853년 다이잇키 농민민란 지도자였던 미우라 메이스케(1820-1864)의 옥중기에서 "논밭을 팔거나 돈을 꾸어 주거나 하는 것을 두려워해서는 안 된다. 왜냐하면 전답이 없더라도 날마다 일하면 연명할 수 있을 것이다. 몸에 익힌 기술만 있으면 얼마든지 돈을 벌 수 있기 때문이다. 이와 같은 견지에서 그는 적어진 전답에서도 많은 이익을 올릴 수 있는 상품작물에 대해서 설명하고, 주판과 손재주를 익히면 다른 곳으로 옮겨도 생활할 수 있다."[44]고 언급된다. 이 같은 옥중기를 일본의 농민민란의 주모자가 말했다는 것을 보면 당시 조선말이나 청나라말에서 농민이 세상의 근본이다(農者天下之大本)라는 기치를 내걸고 민란을 일으킨 것과 사뭇다르다. 즉, 일본만 하더라도 19세기 중엽에는 이미 상업경제가 뿌리를 내리고 있던 반면에 조선과 청나라는 아직 농업경제 국가에서 못 벗어난 상태였다고 볼 수 있으며 이러한 차이가 동양 3국의 근대국가 형성과 그 시간적 차이를 보여주고 있다.

1868년 메이지 정부는 '부국 강병'과 '식산흥업' 정책에 따라 경공업을 중심으로 산업화·근대화를 이루어 주식 시장에서 직접 금융에 의한 자금 조달

---

43) 야스마루 요시오 지음·이희복 옮김(2021), 일본의 근대화와 민중사상, 논형, 安丸良夫 (1974), '日本의 近代化 民衆思想'青木書店, p. 117에서 재인용.
44) 야스마루 요시오 지음·이희복 옮김(2021), 일본의 근대화와 민중사상, 논형, 安丸良夫 (1974), '日本의 近代化 民衆思想', 青木書店, p. 118에서 재인용.

을 할 현대적인 의미의 시장경제를 발달시켰다. 주요 수출품은 견사, 성냥, 전구 등의 경공업 제품이며, 특히 견사는 제2차 세계대전 종결까지 주요한 외화 획득 산업이었다. 제품의 유통은 250여개 이상에 되는 다이묘(大名) 매 2년마다 각기 에도(지금의 도쿄)에 있는 도쿠가와 막부에 교대로 근무를 해야 만 하는 참근교대(參勤交代)제도[45]에 의해 도로망이 정비되었으며 18세기 초에는 세계 최초의 쌀 선물 시장이 오사카에 등장할 정도로 상품경제가 발달하기 시작했다. 메이지 정부는 도쿠가와 막부의 지방의 토호세력으로 대표되는 다이묘의 영지인 번(蕃)들을 없애고 중앙 정부가 직접 관리를 파견하는 일종의 광역지방자치단체인 부현제도를 신설한다. 폐번치현(1871년)이라고 불리는 이 제도를 통해 중앙집권화를 꾀하면서 내무성 주도의 식산흥업 정책을 추진한다. 1890년대에는 일본의 총 수출에서 섬유산업이 차지한 비중은 50% 이상, 제조공업 생산액은 비중은 40% 이상이었다.

식산흥업 정책이 진전되는 가운데 특정 개인 사업가가 특권적 지위를 부여받아 정상(政商)이라고 하는 싹이 트기 시작하여 나중에는 재벌로 크게 된다. 식산흥업은 유럽에서의 기술이전으로 산업을 육성하는 데 중점을 두고 있었는데 기술이전의 방법으로는 외국인 기술자를 일본에 초청하여 기술이전을 촉진하는 이른바 외국인 초빙 방식을 주로 취했다. 일본의 공업화는 1880년대 중반부터 20세기 초반에 걸쳐 시작된다. 방적업은 1882년 '오사카 방적 회사'의 창업을 시작으로 대형 수입 기계를 도입한 현대식 방적 공장이 신설되어 비약적으로 생산량이 증가하고 1890년에 국내 생산량이 수입량을 처음으로 앞지른다. 중공업 발전은 경공업보다 뒤처져 있었지만 1901년에 관영

---

45) 에도시대 전국 250여개 이상이 되는 다이묘들은 에도(지금의 도쿄)에 2년마다 와서 약 1년 간 체재를 하여야만 하는 제도였다. 이 제도에 의하여 자신의 영지를 떠나 에도에 머무르는 이 제도의 목적은 에도의 쇼군(將軍)에 복속의 예를 한다는 의미가 중요했으나 왕복 여비 및 체재비를 각 다이묘들에게 부담시켰기 때문에 재정적인 타격을 줬을 뿐만 아니라 영주인 다이묘가 에도를 떠난 이후에도 본부인 및 상속자를 에도에 두고 떠나야 했기 때문에 쇼군의 막부부는 인질을 잡는 효과도 노려 다이묘들의 반란을 미연에 방지를 위한 제도였다. 그러나 이 제도에 의하여 일본 전국의 상품경제와 화폐유통경제를 확대시키는 긍정적인 효과도 있었다는 평가이다.

야하타제철소가 설립된 일본제강소, 가마이시 제철소 등 민간 제철소 설립이 잇따르며 중공업의 기초가되는 철강의 일본 국내 생산이 본격적으로 이루어 지게 되었다. 이시기에 일본의 조선기술은 세계 수준을 따라 잡아 1905년 이케가이(池貝) 철공소가 미국식 선반 제작에 성공하는 등 기술면에서 큰 진전을 보였다.

일본의 개항과 메이지 정부의 탄생

1853년 6월에 미국의 동인도함대 사령관 페리(M. C. Perry)제독이 군함을 이끌고 우라가 항에 들어와 일본의 개항을 요구하며 무력시위를 벌이자, 일본 전국이 벌집을 쑤셔놓은 듯 대혼란을 겪었다. 막부를 정점으로 한 일본 지배층은 대외적 위기에 봉착해 우왕좌왕 한다. 외세 배척과 개국으로 양분된 긴박한 위기의식 속에서 도쿠가와 에도막부는 당장의 시국을 수습하기에 급급한 처지였다. 이듬해 1854년 3월 초 막부와 페리 사이에 미일 화친조약이 체결되었다. 에도에 올라온 쇼군인 나리아키라는 제후들의 힘을 결집해 이 위기에 대처할 수 있도록 막부 중심의 강력한 지배체제를 구축해야 할 것으로 판단했다. 메이지 유신(1868) 주역들을 길러낸 요시다 쇼인(吉田松陰)은 1855년 밀항을 통해 미국으로 건너가려고 시도했으나 실패하고 시모다의 초소에 자수하고 그의 스승이었던 사쿠마 쇼잔은 도쿄에 요시다는 그의 고향 조슈번(長州藩)의 감옥에서 지내다 1857년에 7월에 차린 고향 야마구치현의 하기(萩)라는 작은 조카마치에서 마츠시타손주쿠(松下村塾)라는 사설학원을 연다. 사실 마츠시타손주쿠는 요시다의 숙부인 다마키 분노신이 차린 것이었는데 이미 감옥에서나 그의 집에서 '맹자'강론으로 유명한 자신의 조카 쇼인에게 주쿠를 준 것이었다. 쇼인은 신분고하를 막론하고 서생을 받았는데 이 가운데 천출 제자가 이토 히로부미, 야마가타 아리토모가 있었다. 이들은 이곳에서 1년 공부한 것이 평생 교육의 전부였으나 후에 이토는 일본총리가 되고 야마가타는 육군대장이 되어 한반도 침략의 선봉이 된다. 야마구치현은 도쿠가와 막부시절에는 모리(毛利)가문이 다스리는 조슈번의 일부였으며 면적은 전라북도의 75%, 막부말기에 약 50만명 정도의 지세를 갖고 있었다. 에도시대부터 조선과 일본의 관문으로서 시모노세키가 있으며 예전부터 한반도의 경상도 지역과는 해산물을 중심으로 무역교류가 활발했으며 양쪽이 통혼까지 하는 일도 드문 일이 아니었다. 아베 신조 전 일본총리의 아버지인 아베 외무성 장관도 자신의 집안이 한반도와 관련있다는 말을 했을 정도이다. 지금도 인구가 5만여명에 지나지 않는 하기시에서 역대 일본총리가 6명, 대신들, 육군대장들이 줄줄이 쏟아질 정도로 메이지 유신의 핵심인물이 이곳에서 배출되었다. 특히, 육군과 내무성은 하기 출신의 독무대였으며 그 정점에 요시다 쇼인의 문하생인 야마가타 아리토모가 있다. 에도막부 말기에는 일본 전역에 260개 번(藩)이 있었는데 메이지시대부터 1920년까지 조슈번 출신이 전체 군부 장성의 27%를 차지할 정도였다. 뿐만 아니라 전후에도 야마구치현이라고 바뀐 이름에서 4명의 총리(기시 노부스케, 사토 레이사쿠, 간 나오토, 아베 신조)를 배출한다.

내전 종식 후 신정부는 에도를 도쿄로 바꾸고 수도를 교토에서 도쿄로 옮겼다. 그리고 각 번 소유의 토지와 백성을 조정에 반환하는 '판적봉환'(板籍奉還)을 단행해 메이지 천황을 권력의 정점으로 하는 근대국가 건설을 추진해 나갔다. 즉 1869년 1월 신정부는 사츠마, 조슈, 도사, 히젠 등 4개 번주 연명으로 판적봉환에 동의하는 각서를 제출케 하는 한편, 천황이 번 영지를 천황 소유로 재확인하는 방법으로 번주들을 끌어들임으로써 다른 번주들도 이에 따르도록 유도했다. 이후 번주를 지사로 재임명하고 그들에게 행정개혁을 명령함으로써 신정부의 지배력을 각 번에 확산시켜나갔다.

1864년 7월의 교토어소의 '금문의 변'을 일으킨 조슈번에 대해 고메이 천황이 정벌을 명하자 10월에 오와리번의 번주 도쿠가와 요시가츠를 총사령관으로 오사카에 대본영이 설치되었다. 제1차 조슈정벌이었다. 약10만명의 토벌군이 편성되어 조슈번이 굴복한다. 막부의 조슈번에 대한 2차 정벌은 1866년 5월이었다. 1차 때와는 달리 조슈번은 막부의 선전포고에도 아랑곳하지 않고 다카스기 신사쿠 중심으로 전쟁을 준비한다. 결과적으로 1865년에 다카스기와 이토 히로부미가 나가사키의 무기중개상인 스코틀랜드인 글로버를 만나 무기를 구입하고 최신식의 장총인 미니에총으로 중무장한 조슈번의 4천명의 평민군대가 15만명의 사무라이 막부군대를 이긴 것이다. 이때 조슈번의 리더인 신사쿠, 사카모토 류마는 해군을 지휘했고 오오무라, 이토 히로부미, 야마가타 아리토모, 이노우에 가오루 등은 육군을 지휘한다. 그리고 1866년 7월 19일에 막부의 쇼군 이에모치가 죽는다. 이로써 사실상의 막부시대는 종지부를 찍게되고 그를 이은 요시노부가 12월에 천황에게 정권을 이양하는 '대정봉환'을 거행하고 1867년 10월 요시노부는 쇼군직에서 내려오게 된다. 이로써 '메이지의 시대'가 열리게 된다. 그러나 메이지 유신이 순탄하게만 진행된 것은 아니었다. 중앙정부의 권한을 강화하는 방안인 1871년 폐번치현 개혁을 실시해, 번주가 지방행정관이 되고 번 재정체계가 근대화되었으며, 번 명도 번청의 소재지를 바꾸게 된다. 예를 들어, 과거 사츠마번은 가코시마번으로 바뀌었으며 후에는 가고시마현으로 바뀐다. 종래의 다이묘(大名)나 공경(公卿)은 화족(華族)으로 바뀌고, 번사(藩士)는 일률적으로 사족(士族)으로 칭하는 것으로 바꾼 것이다. 그러나 가고시마현에서는 실질적으로 사족간의 위계질서를 잔존시키고 다른 지방에 대한 가코시마 사족의 우월적인 대우도 잔존시켰다. 게다가 중앙정부의 지시에 따른 다른 번들은 사족의 봉록을 쌀로 지불했는데, 가코시마번은 여전히 구습을 잔존시켜 관할 농민으로부터 사족이 직접 곡식과 인력을 공출케 하고, 여전히 사족이 농공상업으로 전업하는 것을 허용치 않았다. 번을 폐지하고 중앙집권적 국가체제를 세우는 것은 가고시마에서도 초기에는 찬성했지만 사이고 다카모리와 하급무사들이 신정부에 대한 반란을 일으켜 내란이 발생하지만 진압된다. 미에지 신정부는 이후에도 적극적인 상공업 육성정책과 함께 번을 초월해 부국강병 정책을 추진한다. 자립 능력이 없어 번 내 백성에 대한 통제력을 상실한 번으로서는 통치의 일제 책임을 중앙정부에 떠넘길 수 있는 까닭에 이를 환영했던 곳이 늘기 시작했으며 자립 능력이 있는 번에서도 유능한 인재들이 중앙관료가 되어 메이지 정부의 중앙집권화는 가속화된다.

메이지 정부의 질서체계

1868년 1월 에도막부 타도파는 교토 고어소에 모여 '왕정보구대호령'을 반포하고 도쿠가와 막부를 폐지하고 천황중심제의 메이지 정부 수립을 반포한다. 그 이후 1881년 정변을 계기로 메이지 유신개혁은 2개의 시기로 구분할 수 있다. 첫 번째 시기는 메이지 유신의 개혁조치 대부분은 유럽의 모델을 따라한 것이었다. 형식적으로는 삼권분립을 표방하고 부국강병으로 유럽의 공업과 농업기술을 적극적으로 수용했다. "1868년 메이지 유신 이후 근대국가를 형성하고 또한 전후복구를 하는 데에 있어서 국가의 역할(관료의 역할)이 서구 어느 나라보다 지대하여 정치과정을 중시하는 연구작업이 거의 없었기 때문이기도 하다. 그렇다고 해서 일본의 국가기구 형성을 설명하는 접근방법으로서 국가학적인 접근이 활발했던 것도 아니다. 신생된 국가를 위한제도의 창설과 운용을 위한 실천적인 지식으로서의 국가론에 접근한 경위가일본에서 결핍되었던 이유에 대하여 츠지 세이메이(辻清明)[46]는 근대국가가절대주의(絶対主義), 근대 시민사회, 현대라는 3단계의 발전과정을 거쳐 이루어졌다고 한다면 일본은 서구사회와 달리 근대시민사회의 발달이 생략된 채로 근대화를 이루었기 때문"이라고 말하고 있다.[47] 츠지 세이메이(辻清明)는왜 전후의 일본 정치행정체제에서도 여전히 관료제가 절대적인 힘을 발휘하게 되었던 가에 대하여 다음과 같이 주장했다. "행정 관료제의 극단적인 우월성은 패전으로 평화헌법의 제정되고 의회주권의 확립, 의원내각제의 출현,

---

46) 츠지 세이메이 또는 츠지 키요아키(辻清明)라고 불리는 전후 일본의 대표적인 행정학자이며 그는 동경대학교 법학부 교수뿐만 아니라 1945년 패망이후 일본의 정부기구를 형성하는데에 막대한 영향력을 끼쳤던 학자이다. 그의 제자인 동경대학의 전임 교수로서 은퇴하고작고한 니시오 마사루(西尾 勝)와 오모리 와타루(大森 弥)는 수제자들이었으며 이들의 제자가 또한 현재 동경대학의 교수로서 재직하면서 츠지 키요아키(辻清明)의 일본 행정학의명맥을 이어가고 있다.

47) 辻清明(1969), 日本官僚制の研究 新版, 東京: 東京大学出版会, pp. 3-23.

관료들의 국민 공복(公僕)화[48]가 이루어지면서 관료제의 법적 지위는 전전(戰前)에 비해 약화되었다. 그러나 공법(公法)을 집행하는 행정 관료들이 사회적인 '공(公)'에 대한 유권 해석적 개념을 장악하면서 집행권을 가지게 됨과 동시에 전전과 비교하여 그 권력이 전혀 약화되지 않았다"고 지적하고 있다[49] (임승빈, 2011). 특히, 초기 일본의 관료제는 독일 관방학(官房學)이 근대 일본의 정부기구를 형성하는데 결정적인 역할을 하였다는 점을 간과하기가 쉽다 (辻清明, 1991: 157).[50] 메이지 유신 이후 일본의 관료제는 신생 일본의 대외독립(그것은 쉽게 대외 침출으로 전환 갔지만)을 유지하기 위한 '근대화 = 부국강병, 식산흥업'의 담당자 이자 자유 민권 운동 등에 대항하는 천황제적 독재통치의 중심 권력기구로 형성되고 발전되어 갔다. 1885년도에는 종래의 태정관제(太政官制)를 폐지하는 대신에 창설된 일본 최초의 내각제는 내각총리대신에게 강력한 권능을 부여하는 대재상제(大宰相制)를 취하면서부터이다. 그후 1887년의 문관시험시보(文官試驗試補) 및 견습규칙(見習規則)이 제정되어 문관임용에 고등시험과 보통시험제도가 도입되었다. 일본의 정치·행정체제는 2차대전 이전인 1930년대부터 중일전쟁을 시작으로 국가총동원체제가 강화되고 이에 따라 관료의 많은 출신들이 정부 고위직인 대신(大臣)뿐만 아니라 국회까지 진출하는 칙선의원(勅選議員)이 되고 총리대신까지 되는 등 일본 정치행정체제에서 관료들의 지배세력화는 점차로 강화되어 전후의 관료체제까지 이어져 일본 관료제의 특질을 형성시켰다고 한다.[51] 역설적으로 제2차대전에서의 일본의 패망은 관료집단의 약화를 가져온 것이 아니라 국가 리

---

48) 1945년의 2차대전 패망 전에는 관료는 천황의 신하적(臣下的) 신분이었다.
49) 青井和夫 編(1964), 組織の社会学, 東京: 有斐閣, pp. 173-174.
50) 일본의 공법학 분야에서도 독일의 법학 및 법체계는 19세기 말 20세기 초 메이지 정부를 구성하는 데에 있어서 근간이 되었으며, 정부기구도 독일의 관료주의가 상당부분 참고가 되었다(西眉勝). 즉, 독일의 관료통치의 기본이 되는 법률의 운용 및 실시에 주된 관심을 갖는 실정법 해석에 학문적 관심을 둔 것처럼 일본에서도 '국법학'(일본에서는 공법학)에 가장 관심을 두었다는 사실도 일본의 정부형태 결정을 연구하는 데에 있어서 간과해서는 안 될 사항이다.
51) 村松岐夫(1981), 戰後日本の官僚制, 東京: 東洋経済新報社, p. 5.

더 배출에서 경쟁 집단인 정치가 집단이 전쟁범이 되어 정치권에서 물러나게 되고, 대조적으로 미국이 일본을 효과적으로 통제하기 위하여 온존시킨 관료제는 오히려 강화되어 전후의 관료주도형의 정치행정체제를 강화시키기에 이른다.[52]

한·중·일 3국의 관료제 형성과 근대성 비교

전후 일본의 정치사상자들 가운데 필두라고 일컬어진 동경대학교의 마루야마 마사오(丸山眞男, 1914-1994) 교수는 인과추론적 관점에서 동아시아 근대화 특성을 분석한 바 있다. 동경대학교 정치학의 오오다케 히데오(大嶽秀夫) 교수의 설명에 의하면 마루야마 교수가 일본을 비롯한 동양 3국의 정치체제의 선택은 왕족, 귀족 그리고 평민들과의 긴장과 타협, 정쟁에 의해 선택되는 것이 일반적이나 외생적으로 외부의 힘에 의해 강제되었다고 한다. 즉, 1840년 중국 청나라의 아편전쟁, 1876년의 조선의 강화도 조약, 1854년의 일본의 페리 함대 상륙 등을 지적하는 것이다. 그리고는 "각 국가들이 갖추고 있었던 독립변수로서의 정치체제와 관료제, 봉건제, 집권형, 분권형 등에 의하여 근대국가의 행정체제의 형성에 영향이 미쳤다고 설명하고 있다. 반면에 유럽에서는 종교전쟁 등을 통해 칼 슈미트가 말하는 중성 국가가 형성되고 이것이 근대국가의 특징으로 이어졌다는 것이다. 국가를 담당하는 자에게는 스스로가 주체적으로 목적을 설정해 국가를 사용하는 것이 요구되는데, 이에 반해 일본은 메이지 유신 이후 근대국가 형성과정에서 이러한 도구적 관점에서의 국가 관념이 성립이 안 되었다고 지적한다. 오히려 국가는 내용적 가치를 실현하는 것으로 인식되었고 따라서 국가 책임은 내가 아닌 집단의 집단으로 인식하여 국가를 도구로 활용하지 못하였다는 것이다. 이는 히틀러의 가장 강력한 추종자였던 헤르만 괴링과 전쟁 당시 일본의 외무상이던 도고 시게노리의 전후재판장에서의 태도의 차이로도 나타났다는 것이다."[53]

---

52) 猪口孝(1983), 現代日本政治経済の構図, 東京: 東洋経済新報社, p.15.

〈표 2〉 마루야마의 유럽과 일본의 국가형성의 인과관계 흐름도

	비교 국가	일본
마루야마의 인과흐름 1	◦ 유럽: 종교전쟁 • 종파 간의 대립 및 군주와 교회 대립 • 중성국가(윤리적 가치에 대한 중립성과 공사의 구별) • 도덕의 내면화, 주체적 자유의 확립	• 종교전쟁 등 결여 • 윤리적 실체로서의 국가 • 윤리적인 것과 국가적인 것의 일체화
마루야마의 인과흐름 2	◦ 유럽: 절대주의 • 주권자의 결단이 정의를 결정 • 주권자의 명령으로 서법(법의형식성) • 노골적 마키아벨리즘(괴링) • 학대자와의 관계는 자유로운 주체와 사물 간의 관계	◦ 메이지 유신 • 주권자가 절대적 가치를 체현함 • 윤리와 권력의 상호이입 • 권력의 왜소화(전범들) • 학대자와의 관계는 우월적 지위의 문제. 즉 천황과의 거리
마루야마의 인과흐름 3	◦ 독일: 자유로운 주체의식을 전제로 한 독재 • 개전에 대한 명확한 결단	◦ 메이지 유신 • 단순한 사실로써의 독재 • 상황에 떠밀려 들어가는 식으로 개전에 돌입

출처: 大嶽秀夫(1994), p. 21 [그림] 마루야마의 인과흐름도 내용을 재구성

즉, 일본은 전체주의 파시즘의 특징인 전근대적인 신분제적 가부장제와 같은 의사 가족주의(psedo family)가 만들어져 천황은 신(神)이자 아버지(家父長)였다는 것이다. 마루야마는 유럽과 아시아의 국가개념에 대한 이러한 인식의 차이를 3개의 인과관계라는 프레임을 가지고 위와 같이 〈표 2〉로 설명하고 있다.

"위의 〈표 2〉의 인과흐름 1은 유럽은 30년 종교전쟁에 의해 종파 간의 대립 및 군주와 교회가 대립하면서 국가는 중성국가로 변하게 된다는 것이다. 중성국가란 윤리적 가치에 대한 중립성과 공사의 구별이며 도덕의 내면

---

53) 大嶽秀夫(1994), 戰後政治と政治学, 東京: 東京大学出版会, p. 21.

화와 주체적 자유의 확립에 주력했다는 것이다. 반면에, 일본은 유럽과 같은 30년 종교전쟁 등이 결여되어 있기 때문에 윤리적 실체로서의 국가가 여전히 존재한다는 것이다. 즉 윤리적인 것과 국가적인 것과의 일체화의 형태를 띤 전근대적 국가가 변하지 않았다는 것이다. 마루야마의 인과흐름 2는 유럽에서 주권자의 결단이 정의를 결정하는 것이다라는 절대주의 국가가 나타난 것을 의미한다. 주권자의 명령으로서 법(법의 형식성)이 만들어진 것이다. 히틀러 추종자인 괴링은 노골적인 마키아벨리즘이라고 하며 학대자와의 관계는 자유로운 주체와 사물 간의 관계처럼 도식화된 시기라고 지적한다. 일본은 유럽의 절대국가가 탄생한 200여년이 지난 1868년 메이지 유신에 의해 주권자가 절대적 가치를 체현하게 된다는 것이다. 윤리와 권력의 상호이입 과정을 통해 절대권력자인 천황이 살아있는 신으로서 왕권신수설이 된 것이다. 따라서 현존하는 전범자들의 권력은 왜소화로 인식되어 버렸다는 것이다. 마루야마의 인과흐름 3은 2차대전에 돌입하는 독일의 경우 자유로운 주체의식을 전제로 한 독재자, 히틀러와 그를 신봉하는 국민들에 의해 개전에 대한 명확한 결단을 하지만 일본은 메이지 유신 이래로 신적 존재인 천황은 단순한 사실로써의 독재자였기 때문에 상황에 떠밀려 2차대전이라는 전쟁에 돌입한 것이라는 것이다"[54]라는 도식으로 마루야마 교수는 근대 일본을 분석하고 있다.

　마루야마의 중국의 정치적 질서체제에 대한 인식은 헤겔의 중국관에 영향을 크게 받았다고 볼 수 있다. 마루야마 교수의 또 다른 저서인『日本政治思想史研究(1977)』의 제1절의 첫 문장을 헤겔의『歷史哲学緖論』을 인용하고 있다. "중국 및 몽골제국은 신정적 전제정의 국가들이었다. 이러한 정치체제의 근저에는 이들 나라의 가부장적 상태가 자리잡고 있는 것이다. 한 사람의 아버지가 최상위에 있으며 우리들 같으면 양심에 어긋나는 행위임에도 불구하고 굴복해야만 하는 지배상태인 것이다. 이러한 가부장적인 원리는 중국

---

54) 大嶽秀夫(1994),　戰後政治と政治学,　東京: 東京大学出版会, p. 21.

의 국가체제마저도 조직화를 했다. 중국에 있어서는 한 사람의 전제군주가 정점에 위치하고 계통제(hierarchy)를 통하여 수많은 질서를 만들어 조직적으로 정부를 지도하는 것이다. 이곳에서는 종교적 관계부터 집안일까지 국법에 그 방법과 질서가 정해진다. 개인은 도덕적으로 아무런 행위도 할 수 없는 상태인 것이다."[55]

이와 같은 마루야마 교수의 주장은 이데 요시노리(井出嘉憲)[56] 교수의 다음과 같은 언급이 뒷받침이 된다. "전쟁 이전의 천황은 관료제 권위의 출발점이었다. 전쟁 이후의 천황은 국민의 상징이 되어 천황의 관리 역시 공무원이 되었다. 그러나 국가공무원법, 국가행정조직법, 검찰청법 등 행정실태 및 행정운용을 고려해보면 주변 환경, 예를 들면 고위관료가 되면 천황에 대한 알현(謁見)을 한다든가 서훈(叙勲)을 받는다든가 하는 것으로써 메이지헌법의 전전(戰前)의 관행을 유지하고 있다. 관행과 이어지는 심리상태를 고려해 보면 역사적으로 전전과 전후는 단절이 아닌 연속적으로 이어지고 있다고 볼 수 있다."[57] 즉, 절대권력자인 천황이 살아있는 신으로서 왕권신수설이었던 전쟁 전이나 전후나 큰 차이가 없다는 것이다. 즉, 여전히 전근대적인 신분제적 가부장(家父長)제와 같은 의사 가족주의(psedo family)적 일본식 관료제의 특징인 아버지로 남았다는 것이다.

다음의 [그림 4]는 정치와 경제질서의 변동이 동북아 3개국에서 어떻게 이동했는지를 표현한 것이다.

일본에 비해 상대적으로 19세기 당시 과학기술이 상대적으로 뒤떨어진 한국과 중국에서의 국가 역할은 어떠했을까. 동아시아에서도 역시 근대성의 문제는 지금도 그렇지만 19세기에도 역시 중요한 이슈였다. 우리는 흔히 독립된 국민국가의 양대과제로 민주화와 산업화를 들고 있다. 여기서 민주화는 정치행정영역의 문제이고 산업화는 경제영역의 문제이다. 이러한 민주화와

---

55) 丸山真男(1977), 日本政治思想史研究, pp.3-4.
56) 그는 동경대학교 명예교수이면서 일본관료제 연구의 제1인자라고 평가받는다.
57) 井出嘉憲(1982), 日本官僚制と行政文化, 東京: 東京大出版会.

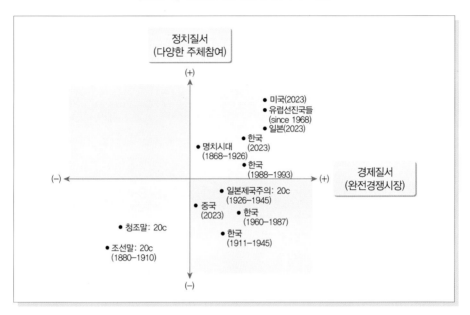

[그림 4] 한중일 정치경제 질서의 이동

산업화 과정을 통하여 대부분의 서유럽 국가들 그리고 미국의 근대화 과정이었으며 내외적으로 위기와 갈등이 있었으나 국민국가를 이뤄나간다. 그러나 한중일의 19세기는 근대화에 대한 입장과 해석도 달랐으며 각기 한국과 중국은 서구와 일본제국으로부터의 침략이라는 굴욕의 역사를 갖게 된다. 한국 근대사의 경우 외세의 침략과 그에 대한 구국, 독립운동이 중국근대사의 경우 반식민주의, 반봉건사회의 형성과 그 극복을 위한 연속된 혁명운동이 강조되었으며 일본근대사의 경우 연속된 전쟁을 통하여 제국의 팽창 과정이 강조되었다. 이런 서사 구조 속에서는 근대의 핵심과제인 국민형성의 문제, 특히 민주공화와 헌정의 제도 및 가치가 국가형성의 문제에 압도되어 소외되고 왜소화될 수밖에 없다[58]는 것이다. 민주주의는 전자의 기준에 따르면 입헌군주제도 포함하지만 후자의 기준에 따르면 이를 배제하고 공화제만을 의미하게

---

58) 유용태(2019), 동아시아사를 보는 눈, 서울대출판문화원, p. 254.

된다. 그리고 대표에 의한 대의민주제가 아니라 인민에 의한 직접민주제를 민주주의라고 하나 입헌군주제 역시 대의민주제도이므로 양자를 구분할 필요는 없다. 이런 의미에서 일본은 한중일 3국에서 정치제도의 근대화는 가장 일렀다고 볼 수 있다.[59]

　헤겔 연구에도 관심이 컸던 마루야마 마사오(丸山真男) 교수는 '일본정치사상사연구'를 통해 에도시대(1602-1868)의 유학사상, 그중에서도 오규소라이(荻生徂徠, 1666-1728)의 사상에 근대적인 싹이 배양되어 있었다고 주장했다. 당시 '근대'란 오로지 유럽에서 탄생하여 전 세계에 퍼진 것으로 인식되었는데, 일본만큼은 내부적으로 근대를 준비하고 있었다는 마루야마의 주장은 일본 학계에 커다란 반향을 일으키면서 국민적으로 지대한 관심을 받았다. 이런 마루야마의의 주장은 "중국 역사는 정체된 역사이며 스스로 발전하지 못했다는 헤겔의 중국론에 바탕을 둔 것이었다. 헤겔은 중국의 역사를 '역사의 유년시대', '비역사적인 역사', '계속해서 반복하는 역사', '어떠한 진보도 보이지 않는 역사'로 폄하하고 중국은 가족관계 위에 구축되어 있으며 대립이나 이념성이 아직 나타나지 않았으므로 자기의 원리로는 결코 변화하지 않는 나라라고 보았다. 따라서 중국에서는 역사의 발전뿐만 아니라 '근대'도 존재할 수 없으며, 있다고 하더라도 그것은 그들 스스로의 역사적 발전에 의해 만들어진 것이 아니라 외부에서 들어온 혹은 외부의 충격에 의해 만들어진 근대에 불과하다는 것이다. 이러한 헤겔의 인식을 바탕으로 마루야마는 일본

헤겔(Hegel, 1770~1831)

　칸트 철학을 계승한 독일 관념론의 대성자이다. 18세기의 합리주의적 계몽사상의 한계를 통찰하고 '역사'가 지니는 의미에 눈을 돌린 데 의미가 있다. 또한 모든 사물의 전개(展開)를 정(正)·반(反)·합(合)의 3단계로 나누는 변증법(辨證法)은 그의 논리학과 철학의 핵심이다.

---

59) 신주백 편(2018), 근대화론과 냉전지식체계, 혜안, p. 32.

이 중국의 주자학을 받아들여 고의학(古義學), 고문사학(古文辭学) 등으로 변환시킨 것을 보면 역사 그리고 국가로서 일본은 중국과 다르다고 주장했으며 물론 식민지와 내전을 경험한 조선도 포함하여 그렇게 본 것이다."[60]

이에 대하여 일본 도쿄대학의 중국사상 전문가인 미조구치(溝口雄三) 교수는 그의 여러 저서에서 양명학(陽明学)이 일본 메이지 유신을 이끈 요시다 쇼인과 그의 문하생들에게 지대한 영향을 미쳤다고 주장한다. 즉, 중국의 근대성도 마루야마의 주장대로 따른다면 이미 명나라 말기에 등장한 양명학에서 찾을 수 있으며 중국의 내부의 자발적 근대화론의 근거를 제시한다는 것이다. 특히, 일본 메이지 유신의 주인공들이 가장 신봉한 요시다쇼인(吉田松陰)과 그의 제자 타카스기 신사쿠(高杉晋作)는 중국의 양명학에서 강조하는 정신을 일본이 이어받아 일본을 바로 세우자고 주장한 것이었다. 즉, 이들은 주자학에서 강조하는 성즉리(性即理)가 아닌 양명학의 심즉리(心即理)를 적극적으로 받아들여 일본이 갖추어야 할 정신세계로 주장한 것이었다.

근대화론과 관련하여 한국 사회에 큰 영향을 미친 사람은 미국의 자유주의 경제학자이자 반공 사상가인 W. W. 로스토우(Walt Whitman Rostow, 1916-2003)이다. 그의 근대화론은 『경제성장의 제단계(The Stages of Economic Growth: A non-communist manifesto, 1960)』란 저서에서 사회의 발전단계를 5개로 구분한다. 전통사회·과도기적 사회·도약단계의 사회·성숙단계의 사회·대량소비사회로 구분하였다. 그의 주장의 핵심은 경제성장에 의해 사회가 발전된다는 것이다. 그의 발전국가와 경제성장의 논리는 베트남 전쟁을 지지하여 오만과 편견을 가진 주장이라고 후에 커다란 비판에 직면하지만 1960년대 당시에는 그의 주장은 저개발국가의 성장모델이 되었다. 그와 더불어 1959년 『일본제국 흥망사(Japan-past and present)』를 저술한 에드윈 O. 라이샤워(Edwin O. Reischauer, 1910-1990) 교수 역시 로스토우의 근대화론의 시각이 크게 다르지 않았다. 라이샤워 교수는 "아시아 국가들에 있어서 근대

---

60) 미조구치(溝口雄三) 지음·임태홍 옮김(2022), 이탁오 평전, 글항아리. 역자 후기인 pp. 336-338에서 발췌 요약.

의 모태인 일본에 있었고 쇼와 다이쇼 시대를 거치면서 민주주의 초기를 달성했기 때문에 비서구에서 근대화를 이룬 유일한 예가 일본이라고 했다."61) 그 이후 라이샤워는 케네디 정권 때 일본대사를 지내며 1962년에 한국에도 방문해서 고려대 아세아문제연구소에서 근대화에 대한 강연을 하고 이때 주선한 한국학자는 서울대 명예교수인 이병도이다. 로스토우와 라이샤워가 근대화론을 제기할 때 드러낸 특징적인 공통인식은 산업혁명이란 긴 과정을 획으로 전통사회와 근대사회를 대별하고 전통사회의 문맥에 비중을 두지 않은 채 근대사회의 독자적인 발전 경향에 주목했다.62) 물론 두 사람이 말하는 근대사회란 일본만은 예외로 취급하면서 서구사회, 더 좁게 말한다면 유럽의 근대사회를 가리키며 제3세계의 특수성을 부정하고 서구가 만든 보편성의 관점에서 아시아 국가들을 봤다는 것이다. 특히, 라이샤워는 근대화를 산업기술의 혁신을 수반한 역사적 변화라고 정의할 정도로 산업화의 압축적 표현인 공업화가 근대화의 관건이며 기계의 형태로 나타나는 것이 근대화라는 주장을 한 것이다. 당시 발전국가론63)을 지향한 한국의 관료들과 정치인들이 일본을 따라가야 한다는 것이 당시 한국 사회에 던진 메시아의 메시지에 가깝게 받아들이게 된다. 즉, "1990년대까지 한국인의 동아시아 역사인식은 성공한 일본, 실패한 중국, 더 실패한 한국이라는 오리엔탈리즘이 고착되어 정재계 심지어는 학계까지 점령한 한국 및 동아시아 역사를 보는 프레임이었던 것이다. 그 이후 박정희 정권의 조국근대화 주장은 다름 아닌 산업화, 공업화였으며 경제성장에 초점이 맞춰지는 계기가 된다. 당시 학자들의 근대화의 시작을 1876년 강화도조약 이후 조선사회도 내생적으로 근대성을 깨달으면

61) 라이샤워 지음·이광섭 옮김(1997), 일본근대화론, 소화, p. 34.
62) 라이샤워 지음·이광섭 옮김(1997), 일본근대화론, 소화, p. 206.
63) 1954년부터 시작된 미국의 미네소타 프로그램에 의해 1959년 서울대 행정대학원이 설치되고 미국초청으로 국비유학생으로써 갔던 한국 행정학계의 1세대들은 '발전행정'이라는 다소는 이념적이고 실천적인 학문적 배경을 갖게 되며 이들에 의해 서울대학교 행정대학원이 만들어지고 각급 대학에 행정학과가 설치되며 거의 전부라고 할 수 있을 정도로 '발전행정론', '비교행정론'이라는 과목이 개설되어 1990년대 중반 심지어는 다수의 대학들에서는 2010년대 중반까지 남아있었다.

서 발전했으나 일제의 강점에 의해 우리의 근대화를 달성하지는 못한다는 인
식이었다."64)

[그림 5] 정치체제와 사회체제와의 관계

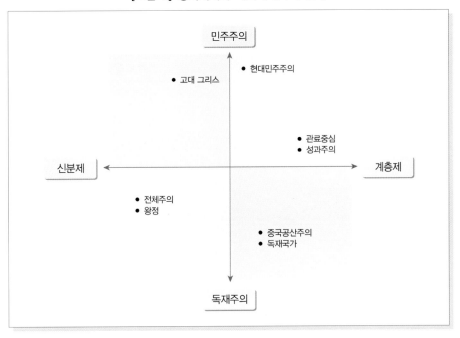

　[그림 5]는 마루야마, 라이샤워와 영국 옥스퍼드 대학교와 하버드 대학교
경제사 교수인 니얼 퍼거슨(Niall Fergusson) 등이 언급한 근·현대 국가들의
다양한 정치체제와 사회체제의 관계를 반영하여 필자가 좌표로 표시해본 것
이다.

---

64) 니얼 퍼거슨 지음·홍기빈 옮김(2008), 광장과 타워, 21세기북스, p. 165.

현대국가들의 질서

현대국가들의 질서

국가와 사회의 관계

현대국가에 들어서면서 철학에서도 분석 철학이 주류가 되었듯이 정치·경제·사회의 질서체계에서도 국가는 더 이상 상위의 질서체계가 독점하는 절대권력자가 아닌 상호의존적 관점에서 분석하기 시작한다. 국가와 사회의 연결고리는 관료(공무원)인데 이들 집단을 과거의 베버적 관점에서의 자본주의적 국가와 관료제의 관계가 아닌 공공 조직관리라는 측면에서 연구되기 시작한다. 베버의 관료제론의 영향을 받아 현대국가에서는 제도론(institutional theory)으로 이어지며 셀즈닉(Selznick, 1949)과 파슨즈(T. Parsons, 1902-1979) 등에 의해 사회체계론적 관점으로 발전한다. 이들은 제도적 환경의 중요성을 강조하는 것부터 시작한다. 베버의 사후 베버의 시각은 계승되거나 또는 강하게 비판받으면서 연구된다. 베버의 사상을 가장 잘 계승한 영국 태생이며 독일에서 공부하고 미국의 하버드 대학교에서 평생을 교수로 살았던 파슨즈는 베버의 역사주의적 잔재를 청산하면서 베버의 이데아리즘과 파레토(V.

Pareto, 1848-1923), 마샬(A. Marshall, 1842-1924), 뒤르켐(E. Durkheim, 1858-1917) 등의 실증주의를 종합하는 형태로 구조-기능분석에 기반을 둔 '사회적 행위의 일반이론'[1]을 주장한다. 파슨즈는 베버의 대표 저서인 『경제와 사회』를 최초 발행한 것을 영어로 번역하고 사회의 구성단위인 조직은 기술, 관리, 제도라는 하위시스템으로 구성되어 있다고 주장한다. 제도시스템(공동체 시스템)이란 것은 광범한 공동체에 존재하는 일반화된 사회규범 및 여론 또는 정부 기관, 업계, 미디어 매체들을 가리키며 그것이 조직의 의미, 정당성, 고차원적인 지원의 원천이며 이것들이 조직목표 수행을 가능하게 한다고 지적한 것이다. 또한 기술시스템은 상위의 관리시스템에 의해 통제되며 관리시스템은 다시 상위의 제도시스템에 의해 통제된다는 계층적인 연결 관계가 조직에 존재하며 이 연결은 질적으로는 분리되어 있다고 주장하는 '구조-기능'주의를 완성한다.

파슨즈는 "사회시스템으로서의 제도론은 조직환경이 기술적 조건이나 경제적 자원뿐만이 아니라 상징(심볼), 인식시스템, 규범적 신념 등의 문화적인 맥락이라는 구조 속에서 영향을 받는다고 주장한다. 이를 보다 구체적으로 조직론적 관점에서 접근해보면 제도론은 사회를 구성하는 공통의 체계(시스템)에 조직과 그 구성원이 귀속해 있다는 상정에서 출발한다(Davis & Powell, 1992). 조직에 있어 중요한 환경은 조직을 어떻게 만들어야 하는 것인가에 관한 무형의 신념이다. 제도이론에서는 조직에 있어서 항상적이며 반복적인 생활패턴은 개개인들의 자기이해에 의해 만들어지는 것이 아니라 '어떤 것의 존재의 이유나 행위가 정당하다고 여겨지는 것'으로서 적절(appropriate), 자명하다(taken for granted)고 인식되는 것으로부터 출발한다. 또한, 조직의 존재, 공식적 구조, 관리상의 절차 등은 조직의 행동이 합리적이라고 정당화되는 것을 조직의 성원 및 외부인에게 전달하는 '상징적인 의미'를 갖는다고 주장한다(Blau & Meyer, 1987: 130)."[2] 그러나 마르쿠제(H. Marcuse)는 파슨즈와

---

1) マックス・ヴェーバー・新明正道 監修(1981), 現代社会学のエッセンス 8, 東京: ペリカン社, p. 83.

는 다른 방식으로 베버의 합리화론을 계승한다. 마르쿠제는 합리성과 지배와의 변증법적 연관 하에서 베버의 합리화는 사실 보편적인 것이 아니라 역사적인 것이며 사회적 실질의 변화에 따라 형식적 기술적 합리성 역시 해방의 기술로서 작동한다는 것이라고 주장한다. 마르쿠제는 자신의 변증법을 더욱 발전시켜 대안을 찾지 못하는 현대인들을 일차원적 인간으로 규정하며 잃어버린 유토피아를 찾기 위한 작업이 필요하다고 주장한다.

다음의 〈표 1〉은 상기의 베버, 파슨즈, 루만의 국가와 사회와의 관계에 대한 견해를 정리 요약한 것이다.

〈표 1〉 20c 현대국가와 사회와의 관계에 대한 이해

국가와 사회의 관계	주장한 이론가들
〈개인과 집단적 구조 → 사회체계 구성〉	베버(1864-1920) - 마르크스의 경제결정론 비판 - 모든 집단들은 관료제적 특성 - 자본주의 국가의 탄생은 사회집단 (회사와 국가) 간의 경쟁이 중요한 요소 - 개인과 행위에서 출발해 구조를 파악, 주관성을 강조 파슨즈(1902-1979) - 전통적 사회학자인 베버와 뒤르켐을 이어받아 구조(structure)로써 사회체계를 이해 - 사회체계는 갈등을 조정하고유지하려고 하므로 이러한 국가의 역할을 강조 - 구조기능주의의 원조가 되며 사회를 보수적 관점에서 봄

---

2) 渡辺沈(2007), 組織社会学, 東京: ミネルバァ書房, pp. 127-133에서 발췌 요약 했음을 밝힌다.

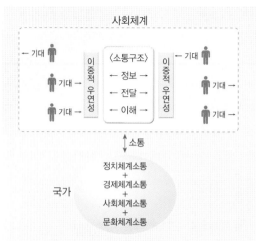

사회체계

〈소통구조〉
← 기대   ← 정보   ← 기대
  기대 → ← 전달 →   기대 →
← 기대   ← 이해   ← 기대

이중적 우연성

↕ 소통

국가

정치체계소통
+
경제체계소통
+
사회체계소통
+
문화체계소통

루만(1927-1998)
- 현대국가의 복잡성에 천착
- 사회를 구조가 아닌 기능이 우선이
  라고 이해
- 사회체계에서 출발하여 개인과 행
  위를 파악하는 베버 및 파슨즈와는
  달리 개인의 탈주체성을 강조하며
  구조가 아닌 사회체계가 우선. 즉,
  의미는 개인의 행위와 구조에 우선
  함. 의미는 의식체계와 사회적 체
  계로 구성되며 고유한 자가생성하
  는 특징을 가짐

※ 과거와 같이 분화된 사회에서는 소통 또한 분절되
  어 여러 사회가 존재. 그러나 현대국가의 복잡성과
  다양성은 기능적 분화를 가져와 오히려 각 사회체
  계 요소들 간의 소통을 통해 연계

출처: 임승빈(2022), '6.1 지방선거와 공동체주의적 자치분권의 확대', 자치분권 2.0 지방선거 캠페인 토
론회 발제문, 거버넌스센터주최, 국회도서관소회의실, 2022.03.29. p. 5의 〈표 2〉재인용.

■ 언어학과 사회적 질서체계와의 관계

　　언어학의 출발을 스위스 출생의 소쉬르부터라 해도 과언이 아니다. 그의 언어
학은 한마디로 말하자면 언어는 기호라는 것이다. 소쉬르는 언어학자이면서 현대
사상의 분기점이 되는 구조주의 창시자라고 볼 수 있다. 우리는 오래전부터 사물
에 꼬리표를 붙인 것이 말이라고 생각해왔으나 이를 180도 뒤집은 것이 소쉬르
이다. 소쉬르는 개별적 언어가 기호를 만들어내는 규칙을 랑그(langue, 어떤 언
어의 문법)라고 부르며 이것을 통해 우린 대화를 하며 이처럼 언어를 실제로 사
용하는 것을 파롤(parole, 구어)이라고 한다. 소쉬르는 사회가 가진 인식 틀이 언
어뿐 아니라 그 사회의 가치관의 원천으로서 중요한 의미를 가진다는 것을 발견
했다. 소쉬르에 의하면 짙은 구름, 졸림 등은 인간이 만든 제도가 아니고 자연적
인 현상 전에 나타나는 것 징후(indice)이다. 남자 화장실을 나타내는 신사의 그
림은 상징(symbol)이다. 그러나 상징과 기호는 닮았지만 다르다는 것이다. 상징

은 그것이 지시하는 것과 현실적인 연상으로 결합되는 것이며 기호는 어느 사회 집단이 인위적으로 약속한 표시와 의미의 결합이다. 기호는 의미하는 것과 의미되는 것의 기능적 관계일 뿐이다. 예를 들면 게임에서 필요한 아이콘이 없을 경우 양자가 약속만 하면 어떠한 것도 아이콘이 될 수 있다. 양자 사이에는 아무런 자연적이고 사회적이 결합이 없음에도 불구하고 게임의 당사자들이 합의만 되면 이게 '기호'로 전환되는 것이다. 소쉬르는 이와 같이 인위적으로 만들어진 '표시'를 의미하는 것을 기표라고 하며 시그니피앙(signifiant)으로 장기판의 '졸'의 작용을 기의(signifie)라고 명명한다. 기호란 의미하는 것과 의미되는 것의 결합이며 이것 두 개를 합한 것이 '기호'이며 바로 언어(langue)인 것이다. 이상은 소쉬르의 대표적 저서 '일반언어학강의'에서 설명한 내용이다. 언어는 사물의 이름이 아니라 이름이 있기 전부터 사물이 존재했기 때문이다라는 단순논리도 더욱 아니다. 말과 가치는 그 언어 시스템 속에서 어떤 말과 인접한 다른 말과의 차이에서 규정에 의해 정해지는 것이다. 이렇기 때문에 소쉬르를 구조주의의 창시자라고 일컫는다. 즉, 사물이 하나의 개체로서는 의미가 없고 체계(system), 또는 구조(structure) 속에서 하나의 개체가 의미있게 전달이 된다는 것이다. 사회를 지배하는 이데올로기는 그 자체로 보면 하나의 은하계와 같으나 그 속에서 별과 별을 잇는 기호가 필요하며 이것이 각각의 문화적 집단의 차이에 의하여 달리 해석되는 것이다. 즉, 이름이 붙여지는 순간 어떤 관념과 사고 속에 존재하기 시작하는 것이다. 소쉬르는 우리가 언어를 사용하는 한 언제나 자기가 속한 언어공동체의 가치관을 승인하고 강화한다는 것이다. 내가 말을 하고 있는 것은 내가 아니라 내가 습득한 언어규칙이고 몸에 익힌 어휘이며 표현 또는 얼마 전에 읽었던 책의 표현에 지나지 않는다는 것이다. 따라서 나의 의견은 타인의 의견에 지나지 않는다는 것이다. 소쉬르의 주장은 우리의 사고나 경험의 양식은 언어에 많이 의존하고 있기 때문에 사용하는 언어가 달라지면 그에 따라 사고나 경험의 양식도 달라진다는 것이다. 모국어와 외국어 사용시에 우리의 행태가 달라지는 그 나라의 사회체계를 이해하기 위하여 우리의 행태가 달라지는 것을 보면 알 수 있다는 것이다.

현대사상에서의 질서체계

현대사상(contemporary philosophy)은 20세기 중반 이후에 나타난 서양 철학 사상을 지칭한다. 현대사상의 출발점이 어디냐 하는 것은 매우 어려운 질문이다. 프로이트는 꿈의 현상을 분석해 무의식의 욕망, 정신적 외상(트라우마) 등 뇌 구조를 설명해 현대사상의 시작을 알린다. 현대철학은 영미권의 분석 철학과 독일 프랑스 지역의 대륙 철학으로 나뉜다. 영미권에서는 논리 실증주의를 거쳐 분석 철학이 발전하고 이것은 인공 언어 학파와 일상 언어 철학에 갈렸다. 한편, 제2차 세계대전 이후 독일에서는 헤겔의 변증법을 바탕으로 마르크스주의 철학과 과학을 통합하고 불합리한 사회에서의 인간의 해방을 목표로 프랑크푸르트 학파의 비판 이론이 분석 철학을 실증이라고 비판하는 대립이 있었지만 전후 이른바 '실증주의 논쟁'을 거쳐 영미권 분석 철학의 연구 성과를 받아들이는 흐름이 형성된다. 반대로, 영미권에서도 대륙 철학의 연구 성과를 받아들이는 흐름이 형성된다. 대륙 철학의 포스트 모던의 조류를 문화연구에서 포스트 콜로니아리즘적인 새로운 학문의 흐름이 나왔다. 제2차 세계대전 이후 세계는 미국을 중심으로 하는 서방 세계와 소련 연방 공화국을 중심으로 동쪽 세계에 대립하는 냉전 시대에 들어가고 독일 사상계에도 결정적인 영향을 주었다. 서구의 마르크스주의자는 소련 형 마르크스(맑스-레닌주의, 후임으로 스탈린주의)에 대한 이론과 비판적 입장을 가진 사람도 적지 않았지만 먼저 서구형의 마르크스주의를 제시한 사람은 철학자인 루카치였다. 독일 프랑크푸르트 학파들은 아도르노와 호르크하이머를 필두로, 소련형 마르크스주의뿐만 아니라 서양 문명의 전통 이론을 비판 해당 이론이 만들어 낸 전체주의를 비판하는 '비판 이론'이라는 새로운 마르크스주의를 전개했다. 헤겔의 변증법을 바탕으로 마르크스주의 철학과 과학을 통합하고 불합리한 사회에서의 인간의 해방을 목표로 하는 것이며, 프로이트의 정신 분석을 적용한다. 비판 이론은 먼저 데카르트적인 주관적·객관적 이항 대립을 전제로 하고 있는 전통적인 이론을 비판한다. 이러한 대립적 도식은 지배되는 객체로서의 자연을 분석하고 관념한다. 따라서 학문은 분석되는 대상마다 분절된 전문화로 가지만, 여러 학문은 인간의 해방을 목표로 하는 목적을 위해 통합되어야 한다는 것이다. 프랑크푸르트 학파의 호르크하이머는 전통이론은 '주제'를 구성하는 명제를 어떠한 모순없이 총합되어 조화(Harmony)되는 이론에 비판을 가한다. 즉, 전통이론이란 자연과학의 모방에 지나지 않는다고 비판하는 것이다. 비판 이론은 마르크스주의의 전통이론도 비판한다. 마법의 해방과 합리화를 목표로 한 현대적인 계몽의 변증법의 기원은 마르크스가 주장한 같은 계급 대립이 아니라 인간과 자연과의 생존을 건 투쟁이며 이성은 삶에 종속하는 도구적인 것에 불과하다는 것이다.

사르트르의 실존주의에서는 개인이 존재하는 것은 누가 준 것이 아니고 그냥 있는 것과는 다른 관점이다. 실존주의에서는 어쩌다 자유가 주어진 것이다. 실존적인 상태에서 나 개인을 찾기 위해서는 앙가주망이 필요했던 것이다. 프랑스 현대 사상은 소쉬르를 선조로 하는 구조주의가 커지고 실존주의는 사라져 갔으며, 또한 구조주의에 대한 반동으로 포스트 구조주의가 커지는 큰 흐름이 있다. 이러한 사상의 흐름은 상호간에 서로 영향을 주고 받으며 성장했다.

구조주의란 우리는 늘 어떤 시대, 어떤 지역, 어떤 사회집단에 속해 있으며 그 조건이 우리의 견해나 느끼고 생각하는 방식을 기본적으로 결정한다는 의미이다. 즉, 구조주의는 실체론에서 관계론으로 보는 것이다. 따라서 우리는 생각만큼 자유롭거나 주체적으로 살고 있지 못하며 오히려 대부분의 경우 자기가 속한 사회집단이 수용한 것만을 선택적으로 '보거나, 느끼거나, 생각하기' 마련이다. 집단이 무의식적으로 배제하는 것은 감정이나 사색의 주제도 못 된다. 자율적인 주체는 상당히 제한적일 수밖에 없다는 것이다.

1960년대부터 약 20년 동안 소위 구조주의시대였다. 프랑스 문화인류학자인 클로드 레비스트로스(1908-2009)는 대표적 구조주의의 자라고 한다. 그는 브라질 상파울루 대학에 있으면서 아마존에서 미개한 부족들의 친족 조직의 카오스를 분석한 끝에 그것을 관철하는 '여성 교환'이라는 보편적 구조를 발견하여 『슬픈 열대』라는 유명한 저서를 발표하게 된다. 이 책에서 그는 어떤 사회든지 항상 '여성, 재물, 정보(말)'를 교환하면서 존속해왔다는 것이다. 그의 구조주의에 대한 이해는 "늘 변화하는 다양한 현상 속에서 모두가 납득할 수 있는 보편적 관점으로 구성을 해보면 어떤 '불변'의 구조나 본질을 끄집어 내는 것"이라고 정의할 수 있다. 레비스트로스 이후 그의 구조주의의 개념을 받아들여 현대사상가들이 정보사회, 정치권력, 경제권력 등등 수많은 구조분석을 했다. 즉, 문화는 나라마다 다른 점을 강조하며 서구 중심적인 인종주의와 문화적 우월주의의 허구를 구조주의의 효시가 되는 관점에서 문화인류학적으로 분석한 것이다. 레비스트로스에 큰 영향을 끼친 정신분석학자가 자크 라캉(1902-1981)이다. 그는 구조주의자이기도 하며 철학, 예술, 정신분석학으로도 유명하여 구조주의를 뛰어넘은 학자라고 평가되며 이해하기 힘든 난해한 사상가라고 한다. 라캉의 영향을 받은 지젝은 영화 메트릭스로 이에 대해 설명한다. 주인공이 살고 있는 세계는 모두 가상세계이며 주인공의 진짜 몸은 컴퓨터로 관리되어 잠들어 있다. 가상세계에서 약을 먹고 눈을 뜬 주인공은 황폐한 세계를 보고 놀라는데 이 가상세계가 상상계, 진짜 세계가 현실계라고 보면 된다는 것이다. 이를 최근에 겪은 우리나라의 코로나19 환자의 경험을 라캉식으로 설명해보면 다음과 같다. 코로나19에 걸린 사람들이 김치를 먹을 때 미각을 잃어버렸지만 김치맛을 느끼는 것은 김치라는 상상계 속에서 먹고 현실에서는 느끼지 못하는 것과 같다. 그리고 이 가상세계를 구성하는 프로그램(눈에 보이지 않는 규칙)이 상징계이다. 즉, 우리 눈앞에 보이는 세계는 상상계이다. 상상계는 눈과 귀의 지각을 통해 의식에 나타난 세계(우리의 의식에 따라서 똑같은 광경도 때로는 기쁘게, 슬프게 보이는 것을 생각해보자)이며 있는 그대로의 현실(현실계)이 아니다. 현실계는 결코 인식할 수 없다. 더욱이 상상계 뒤쪽에는 상징계라는 지각되지 않는 규칙과 질서의 세계가 있으며 라캉은 이를 상징계의 질서에 지배당하고 있다고 하였다. 이처럼 라캉은 눈앞의 세계를 환상으로 간주하고 그 배후에 진짜 세계가 있다고 보았다. 인간이 이 세계에서 욕망하는 대상도 환상이다. 예를 들어, 진짜로 원

■ 문화와 국가의 관계

"우리는 자발적으로 일어나며 그 어떤 하나의 보편적이거나 강제적인 권위도 요구하지 않는 정신적인 발전들의 총계를 문화라고 부른다. 문화는 끊임없는 수정과 해체작업을 하면서 두 개(국가와 종교)의 안정된 생활제도에 영향을 준다. 이 영향은 저 두 개의 안정된 생활제도가 문화를 완전히 자기들에게 봉사토록 만들고 또 자기들의 목적을 위해 제한시킬 때에는 그만큼 제외된다. 그렇지 않은 경우에는 문화는 양자에 대한 비판이며, 두 제도의 형식과 실체가 더 이상 부합되지 않을 때 그 시간을 알려주는 괘종이다. …(중략)… 문화의 외면적인 전체형태는 국가와 종교에 대립되는 가장 넓은 의미에 있어서의 사회이다. …(중략)… 모든 문화의 첨단에는 하나의 경이가 있는데 언어가 바로 그것이다. 나아가서 언어들은 민족의 정신이 가장 직접적이고 가장 특수하게 표명된 것이고 그 정신의 이상적인 상(像)이며 가장 영속적인 자료인바, 이 속에서 민족은 자신의 정신생활의 실체를 기록하는데, 특히 위대한 시인과 사상가의 말에서 그러하다." 상기의 인용은 스위스의 역사철학자인 야콥 부르크하르트(1818-1897)의 『세계사적 성찰』이라는 책에서 인용한 내용이다. 스위스 바젤에서 출생한 그는 스위스의 미술사와 문화사를 연구한 역사가로, 각 분야의 역사학 연구에 중요한 업적을 남긴 인물이다. 문화사의 시각에서 역사를 바라보는데 3가지 제도에 착목하고 있다. 종교, 국가, 그리고 문화(사회)인데 자세한 것은 그의 대표작인 『세계사적 성찰』(이상신 번역)의 일독을 권한다. 그는 스위스의 화폐 주인공으로 등장할 정도로 매우 저명한 학자이었다.

야콥 부르크하르트 지음·이상신 옮김, 세계사적 성찰, 서울: 신서원, pp. 76-78.

하는 것은 명품 그 자체보다 그 상품을 소유함으로써 타인의 찬사를 받는 것이며 그 상품에는 다른 사람과의 관계에 관여하는 환상이 포함되어 있다. "인간의 욕망은 타자의 욕망이다." 이 말을 한 라캉은 타자의 승인을 갈구하는 것이 인간적 욕망의 근간임을 예리하게 통찰했다.[3]

---

3) 장시기(2006), '탈근대성의 인식론', 한국비평이론학회 펴냄, 들뢰즈와 그 적들, 우물이있는집.

"프랑스철학자 질 들뢰즈(1925-1995)는 후기 근대성(탈근대성)의 대표적인 학자이며 즐거운 개념에 대한 자유롭고도 통찰력 있는 엄격하면서도 창의적인 사유를 강조했다. 그러나 무엇보다도 그는 '시뮬라크르의 잠재성'을 통하여 근대성을 정의한 것으로 유명하다. 시뮬라크르의 잠재성은 중심이 아닌 주변, 정통성이 아닌 잡종성, 진짜가 아닌 가짜가 지니고 있는 힘을 의미한다. 그리고 위와 같은 주변, 잡종성, 그리고 가짜가 지니고 있는 힘은 중심이나 정통성, 그리고 진짜가 지니고 있는 힘을 파괴하거나 무력화 함으로 근대성의 기반이라고 할 수 있는 '플라톤 주의'를 목표로 한다. 이러한 측면에서

[그림 1] 자연과 인간 질서의 구조적 차이

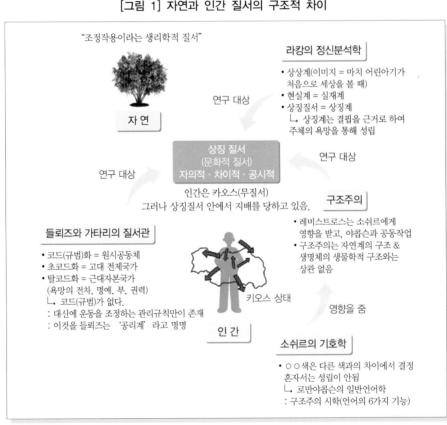

근대성은 플라톤의 나눔(구별: 인용자 주)의 철학이 공격하고 있는 시뮬라크라 (일반적으로 사건이나 특이성으로 번역됨. 그러나 들뢰즈는 플라톤의 '선별하려는 의 지'라는 개념으로 사용)는 '자격없는 지원자의 그릇된 잠재성'이 지속적으로 발 현된 과정이며 후기 근대성은 그 과정의 한 정점을 이룬다고 할 것이다."4) [그림 1]은 라캉, 들뢰즈, 레비스트로스의 구조주의에 영향을 준 소쉬르의 '질서'에 대한 개념을 도식화한 것이다.

다윈의 진화론에서는 서식 환경에 맞춰지는 돌연변이(mutation), 제도의 동행화이론과 같은 이주(migration), 유전적 부종(genetic drift) 등을 통해 진 화가 이뤄진다는 것이다. 다만 기본전제로서 서식환경에 의하여 자연선택 (natural selection)이 발생한다는 점이다. 그리고는 적응한 유전자가 중복되고 분화되는 과정을 거쳐 생명의 다양성이 생겨난다는 것이다. 그러므로 항상 진화에 대한 정의를 하자면 "어떤 사물에서 일어나는 변화의 과정, 특히 단 순한 상태에서 복잡한 상태로의 변화를 말한다."5) 다시 말하자면 우생적으로 우수한 종이나 혹은 우수한 정치행정시스템도 더욱 복잡한 상태로 진화하거 나 또는 유전적 부종에 의해 한순간에 사라질 수 있다는 것이다. 그것이 과 거 제국들의 몰락과 같은 이치인 것이다. 반면에 신자유주의 정신적 지주인 스펜서의 '적자생존'은, 즉 적응이론에 의해 인간의 자유의지가 집단규제보다 우생학적으로 살아남을 가능성이 크다고 주장한다. 이는 라마르크의 획득형 질의 유전이라는 잘못된 생물학적 해석에 기인한다. 대니얼 데닛6)은 자신의 믿음과 욕구에 따라 행동하는 존재로 보는 것을 '지향적 태도'라고 하는데 정 부의 행정개혁도 '지향적 태도', 인간과 동물의 지향성은 데닛에게 '진화의 산 물'인 행태론자 사이먼(H. Simon)의 만족모형과 같다. 진화는 주변에 사용가 능한 것들을 가져다가 여기저기에 땜질을 하는 수선공이지 모든 문제를 해결 하고 정·반·합의 하나의 방식으로 변하는 것이 아니다.

---

4) 장시기(2006), pp. 267-269.
5) 존 핸즈 지음·김상조 옮김(2022), 코스모사피엔스, 소미미디어, p. 396.
6) 장대익 외(2009), 종교전쟁: 종교에 미래는 있는가, 사이언스북스, p. 158.

1960년대의 패러다임의 전환이라는 용어는 일종의 사회 및 사고의 대전환이라는 관점에서 쿤이 던진 매우 신선한 충격적 개념이었다. 미국의 과학철학자인 토마스 쿤의 『과학혁명의 구조』가 발간된 것은 1962년이다. 이 책은 총 13장으로 구성되어 있다. 형이상학, 종교, 정치학에서 등을 과학적 뿌리에서 출발하여 과학의 생명주기를 개략적으로 추적한 저서이다. 쿤에게 과학은 한 '패러다임'을 채택하면서 시작되는데 여기서 패러다임이란 탐구의 표본사례로써 미래의 탐구에 제공하는 청사진 모두를 의미하는 것이다. 패러다임을 확보하면서 탐구자들은 공통된 연구패턴과 자신들의 지식을 주장하기 위한 공통의 기준들에 동의한다. 쿤의 패러다임 혁명은 실행 가능한 대안적 패러다임이 발견되었을 때 일어난다. 혁명은 상대적으로 신속하며 돌이킬 수 없다. 실제로 이것은 세대교체를 의미하며 역사와 함께 등장한다. 그의 생각은 역사의 역할은 '구조' 전체의 일관된 주제였던 것이다. 쿤은 패러다임의 역할을 정상과학의 자질구레한 부분들의 동기를 부여하기 위해 영웅적이고 진보적인 샛길이라고 본 것이다. 불완전함으로 가득한 실제과학의 역사와의 긴장감을 부여하는 기능을 한다. 따라서 이들 두 역사는 이질적이지만 같다. 쿤에게 한 패러다임에서 다른 패러다임으로의 이행은 과학지식의 누적적인 성장에 의한 것이라기보다는 이성의 규칙을 따르지 않으며 통제할 수도 없는 "개종 conversion"의 경험과 유사하다. 이러한 패러다임의 전환을 '게슈탈트(인식형태)의 전환'으로 보았던 것이다.

그러나 이러한 현대사회의 패러다임 전환의 특징에 대하여 현대성에 대하여 강하게 비판하는 일련의 학자들이 나타난다. 바로 후기 근대성, 즉 포스트 모더니즘(post-modernism)을 주장하는 포스트 모더니스트들이다. 포스트 모더니즘을 이해하려면 미셸 푸코(Michel Foucault, 1926-1984)를 논하지 않을 수 없다. 레비스트로스가 복잡한 친족의 구조에서 여성의 교환이라는 불변의 '구조'를 끄집어 낸 것 같은 방식으로 푸코도 '언어와 사물'에서 서양의 '앎(학문/인식)'의 기본 패러다임을 끌어냈다. 첫째, 유럽의 '앎'은 '인간이란 무엇인가?'라는 탐구를 끝없이하다가 절벽에 부딪혔고 둘째, 그러한 근대 인식 자체가 '권력적'이다라는 것이다. 이처럼 푸코는 '근대성에 대한 기본적인 의문점'을 던진다. 사르트르, 데리다 역시 유사한 사고방식이었다. 이들의 공통적인 시점은 근대사회가 인간의 내적 자유를 어느새 '눈에 보이지 않는 권력 시스템'으로 끌어들이는 억압적 구조를 지닌다는 점을 지적한 것이다. 후기자본주의의 위험한 현대사회에서 통제받는 현대인의 문제점을 지적한다. 그러나 이들 포스트 모더니스트들의 약점은 철학의 기본인 원리를 제시하지 못하고 현상의 설명만 하고 있다는 비판도 동시에 받았다. 후설의 현상학은 바로 이런 분위기에서 등장한다. 후설은 하나의 사물이 주체자의 위치에 따라 다르게 보인다. 데카르트, 칸트 등 절대적 진리를 전제하에 합리성과 그 속에서의 인간이라는 자아를 찾는데 비하여 어떤 것이 진리인지를 탐구하려는 지향성 자체가 진리이다. 호수 옆에 있으면 오리이지만 사막에 있으면 다른 새로 보이듯이 이미 우리는 환경이라는 사전정보를 가지고 사물을 보기 때문에 사물 그 자체를 잘 못 볼 수 있다. 라캉의 상상계와 같은 인식이다. 하이데거의 현존성은 나는 모든 것이 대체 가능하나 죽임은 절대로 대체가 안 된다는 문제의식에서 출발한다. 즉, 이것이 불안의 모토라고 본 것이다.

물론 그 이유는 현대사회가 과거의 근대사회처럼 사회적 명제도 간단명료하지 않고 복잡계라고 표현되는 현대사회인 현상 자체도 복잡했기 때문일 수도 있다. 표준화를 통해 통제를 강화시키는 당시의 사회를 푸코는 광기로서 설파하며 17세기의 가톨릭에서의 성적 행위에 대한 고해성사부터 현대문학, 예술, 의학에 이르기까지 성적 목록을 만들고자 하는 행위는 권력의 역사라고 비판(성의 역사)한다. 성의 담론화는 국가권력이 아닌 모든 집단에서 권력이란 모든 수준의 인간적 활동을 분류하고 명명하고 표준화하여 공공의 문화재 목록에 등록하려는 '축적 지향성'의 권력이라는 것이다. 미셸 푸코는 기존 질서체계를 이루는 권력과 지식이 어떻게 사회통제의 형태로 사용되는 지에 대해 분석하고 이곳으로부터의 해방을 주창한 것이다.[7]

---

7) 알랭 드 보통 지음 · 정영목 옮김(2021), 불안, 은행나무, p. 179.

푸코의 언어학에 대한 관점

"푸코는 19세기 언어학의 탄생에서 에피스테메를 발견하는데, 언어가 자연적인 재현기능을 하는 고전주의에서 자신의 법칙과 역사를 갖는 객체로 되는 시기가 근대성이라고 본 것이다. 기존의 문헌학에서 이루어졌던 의미와 소리, 사상과 결합될 수 있는 단위들의 비교가 아니라 동사의 곡용과 같은 언어의 형식적인 구성요소의 비교, 즉 언어로 환원할 수 없는 분석적 요소가 연구대상이 된 것이다. 여기서 비교언어학에 '객관성'을 부과할 수 있었던 원인으로 자연과학의 발전에 영향을 받았다. 1935년 이래 시작된 린네의 식물분류, 1801년 라마르크의 체계적 동물학, 다윈의 진화론 등 자연과학적 결실들은 언어 역시 생성·발전한다는 유기체적 인식을 비교언어학에 심어주었던 것이다."[8]

■ 예술과 언어에도 계층제적 질서가 있다

"1618년에서 1648년까지의 유럽에서의 신·구교 간의 '종교전쟁'은 조국, 영토, 국민의 개념이 자리잡게 되는 계기도 된다. 예술의 경우도 자국의 예술을 옹호하고 지키려는 움직임의 하나로 프랑스의 루이 14세는 프랑스 미술아카데미를 만들고 미술품의 등급을 매긴다. 가장 정점에는 역사화인데 고대 그리스나 로마의 고결한 면을 표현하거나 성경의 교훈적 이야기를 묘사하는 그림이었다. 그 다음이 초상화, 그 가운데도 왕이나 왕비의 초상이었다. 세 번째는 풍경화였다. 마지막에야 경멸적으로 '풍속화(genre scenes)'라고 부르던 귀족이 아닌 사람들의 가정생활을 그린 그림이 자리를 잡았다".

사실 우리나라의 경우에도 은연중에 예술에 대해 등급을 나누고 있다. 일류문화 혹은 삼류문화라는 표현이 바로 예술의 등급이 되는 것이다. 바로 이와 같은 문화의 계층제적 요소를 언어학적이며 구조주의적으로 지적한 사람이 프랑스의 사회철학자이며 언어학자인 롤랑 바르트(Roland Barthes)이다.

그는 '문화 언어학'이라는 새로운 분야를 개척하여 우리에게는 보이지 않는

---

8) 심재관(2001), 탈식민시대 우리의 불교학, 책세상, p.57 인용.

두 종류의 규칙이 있다고 주장한다. '랑그(langue)'와 '스틸(style)'이다. 랑그는 모국어이다. 랑그(＝외부)를 사용할 때는 규칙이 있다. 그리고 개개인의 언어 사용의 선호가 다른데 이를 '스틸(＝내부)'이라고 한다. 그러나 이 두 가지만 있는 것이 아니라 제3의 규제인 '에크리튀르(ecriture)'가 있다는 것이다. 우리는 랑그나 스틸을 선택 못하고 어떤 언어를 선택하느냐는 것이 '에크리튀르'에 의한다는 것이다. 이것은 스틸과 다르다. '에크리튀르'는 집단적으로 선택되고 실천되는 '선호'이다. 중학생이 되면 '내가'라는 단어에서 '제가'로 바뀌는 현상은 나는 변하지 않았지만 바르트에 의하면 사회집단의 영향인 '에크리튀르'에 의하여 지배되기 때문에 언어를 선택하게 된다는 것이다. '에크리튀르'는 글을 쓰는 사람이 자기가 지닌 '자연'적 어법에 부여해야 하는 사회적 장을 선택하는 것이다. 바르트가 경계해야 할 것이라고 강조한 점은 남성 중심이며 권위주의적인 패권을 쥔 '에크리튀르'가 존재하고 그는 이것을 잘못된 '신화'라고 지적한다. 바르트에 의하면 우리는 주체성을 가지고 '텍스트'를 읽고 있지 못하고 그 해당 사회의 지배적 이데올로기에 지배당하고 있기 때문에 '신화로부터 탈출'을 강조한다. 고대사회로부터 사회를 지배하는 집단은 종교와 신을 활용하여 피지배집단의 자연현상에 대한 공포와 개인의 공포를 이데올로기라는 '에크리튀르' 또는 사회적 체계를 통하여 다스려왔다는 것이다.

자유주의 경제적 질서체계의 강조

20세기의 경제학자들 가운데 극단적으로 가장 크게 대변되는 케인즈와 하이에크의 정부 중심의 공공재화 공급에 대한 견해는 큰 정부와 작은 정부론으로 구분할 수 있으나 그렇게 간단하게 정리될 수는 없다. 보수주의 경제학의 거두인 하이에크를 살펴보도록 하겠다. 하이에크(Friedrich August von Hayek, 1899-1992)는 오스트리아 출신이며 오스트리아 학파를 창시한 경제학자이며 그는 20세기를 대표하는 자유주의 경제학자라고 일컬어진다. 노벨경제학상을 수상했으며 주요 저서는 『노예의 길』, 『화폐발행자유화론』 등이 있다. 『노예의 길』은 세계대공황 후에 일어난 영국에서의 자유주의에 대한 회의, 사회주의 붐에 대하여 경종을 울린 내용이다. 또한 "『화폐발행자유화론』에서는 한 국가의 중앙은행이 독점하고 있는 화폐발행권을 해방시키고 민간이 자유롭게 화폐를 발행해야 한다는 주장을 하기도 했다. 그는 시장, 지식, 자유에 대한 논쟁에서 자유주의의 경제사상과 사회주의논쟁을 하면서 자생적 질서를 강조한다. 신자유주의(Neoliberalism)를 강조하여 1930년대 이후의 케인즈적 사회시장경제에 대해서 시장원리 및 작은 정부를 재평가하고 정부의 시장개입을 최소한으로 하자는 주장을 편다. 『노예의 길』에서 하이에크는 사회주의가 4가지의 이유 때문에 노예의 길로 가게 된다고 다음과 같이 주장한다.[9] "첫째는, 사회주의의 파시즘화이다. 중앙정부에의 권력의 집중은 언젠가는 파시즘과 같은 독재체제로 가게 되기 때문이다. 둘째는, 자유에 대한 정의

케인스(Keynes, 1883~1946)

현대경제학의 가장 영향력 있는 경제학자 중 한 명이다. 미국발 세계대공황을 극복하는 거시경제학을 창시했으며 그의 영향력은 지금까지 지대하다.

하이에크(Hayek, 1899~1992)

오스트리아에서 태어난 영국의 저명한 경제학자이자 정치철학자이며, 1974년 노벨 경제학상 수상자로 20세기의 가장 영향력 있는 경제학자이자 사회사상가 중 한 명으로 널리 알려져 있다.

---

9) 池田 信夫(2020), ハイエク知識社会自由主義, (PHP新書) 543. 책의 소개와 요약본을 발췌 인용했음.

의 오해이다. 종래의 자유에 대한 정의는 정부 및 지배로부터 자유이며 권력으로부터 해방으로 인식됐다. 그러나 사회주의에서는 자유란 빈곤으로부터의 자유로 한정적으로 정의되기 시작했기 때문이다. 셋째는, 계획경제에 의한 시장이 움직이는 것이 아니기 때문이다. 하이에크는 계획경제는 사회변화에 유연하게 대처 불가능하기 때문에 결국은 실패해서 국민들이 불만을 갖게 될 것이다. 넷째는, 독재자의 탄생이다. 계획경제를 실패하면 국민의 불만을 누르기 위해 독재자가 압정을 통해 억합하기 때문이다. 이와 같이 국가와 사회를 사회주의화 시키는 것은 국민을 노예의 길로 이끌 것이다라고 그는 주장했다. '화폐발행자유화론'이라는 것은 중앙은행이 독점하고 있는 화폐발행권을 해방시켜 민간이 자유롭게 화폐를 발행시키면 통화의 자유경쟁이 안정된 통화를 만들 것이라고 주장한다. 그는 화폐라는 것은 일정한 구매력에 의하여 증명되기 때문에 그 데이터를 공개하면 이와 같은 조건이 형성된다는 것이다. 즉, 데이터가 공개되면 양질의 통화만이 남게되고 불안정한 통화는 자연도태될 것이기 때문에 결국에는 안정된 통화만이 유통될 것이다. 하이에크의 또 다른 대표저술은 『시장·지식·자유: 자유주의의 경제사상』이다". 이 책은 사회주의논쟁과 자생적 질서에 대하여 언급한 저서이다. 하이에크는 사회주의 논쟁을 하는 가운데 계획경제의 비효율성과 시장의 효율성을 대비적으로 설명한다. 계획경제라고는 하지만 정확하고 적절한 생산량과 가격을 설정하는 것은 불가능하기 때문에 경제가 원활하게 순환할 가능성이 없다고 주장한다. 반대로 시장에 맡길 경우 개인이 이익극대화 원칙에 따라서 효율적이고 이성적인 행동을 하기 때문에 적절한 자원배분 및 소비행동이 나타나 경제가 순환된다는 것이다. 즉, 시장은 자생적 질서라고 하는 사람들이 의도하지 않은 결과에 의하여 만들어진 질서라고 하이에크는 생각했다. 하이에크가 생각하는 사회라는 것은 전통, 관습, 시장이라고 하는 인공적이지 않은 자생적 질서라는 위대한 시스템에 의해 지탱되고 있다는 것이다. 보수적 경제적 질서를 강조하는 하이에크는 네오 리버럴리즘(Neo-Liberalism, 신자유주의)의 신봉자였다. 주의할 점은 뉴리버럴리즘(New-Liberalism)과는 다른 사상적

[그림 2] 주요 정치 사상가들 간의 관계도

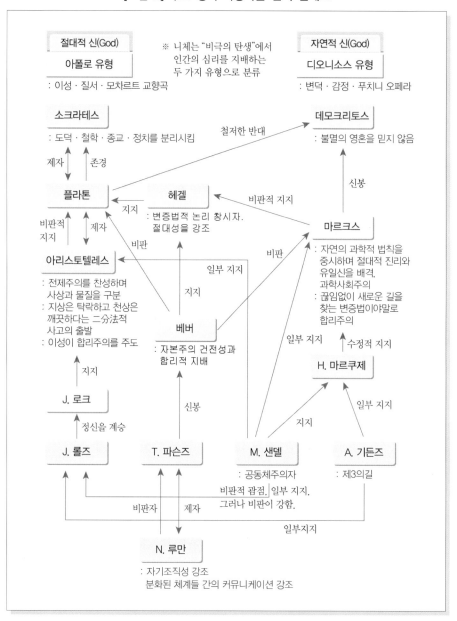

체계를 가지고 있다. 네오 리버럴리즘이라는 것은 1930년대 이후 사회시장경제에 대해서 시장원리 및 작은정부에 대해 재평가를 하고 정부의 시장개입을 최소한으로 하자는 주의이다. 경제공황을 극복하기 위하여 큰 정부를 기조로 한 사회주의적인 정책이 주류로 경제는 회복되었으나 정부는 적자재정 등에 대처가 힘들어진 상태에서 자유주의 재평가가 시작된 것이다. 그러나 하이에크가 기존의 자유주의와 자유의지주의자들을 명확히 구분하지 않고 자생적 질서라는 개념으로 통합한 것은 문제라고 본다.

다음의 [그림 3]은 국가와 사회의 관계를 절대왕정 이후 현대국가에 이르기까지를 간단히 도식화한 것이다.

[그림 3] 국가와 사회 관계(2)

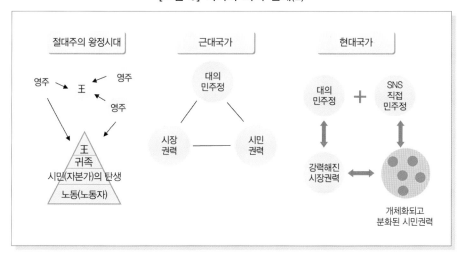

6·8 혁명 이후 사회적 질서의 재편

1968년 5월 프랑스 파리의 대학생들의 주동이 된 6·8혁명에 대한 평가는 사상사적으로 혁명에 가까웠다는 평가이나 정치적 질서를 재편할 정도는 아니었다. 그 증거로서 1968년 5월 혁명 이후 총선거가 치러진 프랑스에서는 드골 대통령 정파가 56석을 확보하면서 압승했고 미국에서도 보수우파인 닉슨이 당선되며 일본에서도 동경대학을 비롯한 '전공투' 투쟁이 있었음에도 보수정당인 사토 에이사쿠의 자민당이 압승을 한다. 따라서 6·8혁명에 대한 평가는 정치적 지배질서의 재편을 가져왔다고 하기보다는 사회적 질서의 재편을 촉발시킨 계기가 되었다고 보는 것이 타당하다. 파리의 대학생들이 제기한 이슈는 '프리섹스'와 '프리러브'로 시작되어 노동자의 단결권, 대학에서의 학생들의 자치권 획득, 교육제도의 민주화, 인종차별금지, LGBT운동, 생태주의 운동, 사회적 소수자에 대한 차별금지 등이 이슈가 전화되어 보수정권들이 유지되었다 하더라도 어느 정도는 이들 좌파적인 사상들과 정책들을 수용하지 않을 수밖에 없었다.

그리고 이 당시의 사회상을 반영하여 사회철학적 관점에서도 실존주의 마르크스주의를 비판해 온 구조주의에도 비판이 생기기 시작하는 시기였다. 구조주의는 주체적인 한 인간이 무의식적으로 보편적인 구조에 규정되어 있다고 주장하고 현상 뒤에 있는 구조를 분석하여 특정 시스템의 내적 문법을 꺼내고, 각 시스템이 그에 따라 작용하는 것을 분석한다. 구조주의의 이러한 관점의 취약성은 모든 것이 예상 가능하며, 우연성과 창의력 같은 것이 배제되어 버리는 것이다. 포스트 구조주의의 논자들은 구조주의가 가지는 구조를 정적이고 보편적인 것으로 차이를 배제하는 경향에 대해 그것은 서양 중심의 로고스 중심주의 인으로 이의를 제기한 것이다. 자크 데리다에 따르면 인간이 말(로고스)로 세계 전체를 구조화 할 수 있다는 발상 자체가 실존주의 마르크스주의와 마찬가지로 서구의 형이상학에서 벗어나지 않고, 구조주의에 의해 형이상학을 해체하려는 시도 역시 형이상학에 불과하다고 비판하고 해체에 의한 계층적 이항 대립을 비판한다. 미셸 푸코는 초기에는 구조주의자로 여겨졌지만 권력 구조의 폭로를 통해 서구적인 이성·절대적인 진리를 부정하고 있기 때문에 포스트 구조주의자로 간주되었다.

또 다른 포스트 모더니스트들인 독일 프랑크푸르트 학파의 호르크하이머와 아도르노는 『계몽의 변증법』에서 계몽이란 자본주의를 가리키며 '도구적

인간', '도구적 이성'이라는 합리성에서 인간을 해방시켜야 한다는 논지이다. 도구적 이성은 인간 스스로의 합리성이라는 기만과 성공신화로 빠지게 한다는 것이다. 19세기까지만 하더라도 인간을 지배하는 신화인 종교적 미신으로부터 빠져나오면 인간은 해방된다고 여겼지만 새로운 신화인 과학기술이 자리를 바꿨을 뿐이라는 것이다. 과학기술은 정량화가 가능하고 효율성을 추구하는 것으로 인간의 삶은 업적을 올리기 위한 경쟁의 연속이 되었다는 것이다. 현대사회의 부의 배분은 성과에 의해 정해지고 경쟁하는 동안은 고대 그리스 철학자인 에피쿠로스학파가 주장하는 스스로 인간이 일반의지에 의하여 절제하고 만족할 수 있는 쾌락(즐거움)은 사라진다는 것이다. 19세기에서 20세기 초반에 걸쳐 활약한 사회과학자인 베버 역시 "세계의 탈미신화는 합리화(효율성)의 과정이며 인간을 끝내는 '쇠우리' 속에 가둔다"고 했다. 한편 현대 정치철학의 대부인 비판적 마르크스 주의자이면서 프랑크푸루트학파의 거장인 헤르베르트 마르쿠제(Herbert Marcuse, 1898-1979)[10]는 "인간의 역사는 인간 자신이 만들고 사유하며 행동하는 주체로서 역사성을 강조"한다. 그는 마르크스가 '착취'라는 용어로 인류의 계급제적 역사를 설명했다면 마르쿠제는 '소외', 즉 비인간화로 현대인의 문제를 파헤쳤다. 마르쿠제에 의하면 소외(비인간화)는 도구적 이성이 지배하는 것 때문에 생기는데 그 원칙은 경쟁의 현실적인 원칙에 입각해서 기존의 질서에 적응하는 것만이 살길이라고 가르친다. 자연스럽게 소외의 이중성이 나타나는데 바로 기술적 합리성에 의한 이데올로기적 억압 현상이 나타난다는 것이다. 고도의 생산성과 관리가 인간의 자기소외를 가져온다는 것이다.

　루만(1927-1998)[11]은 독일의 사회시스템이론가 또는 사회체계론자로 인식

---

10) 독일 베를린에서 태어난 유대인 출신의 마르쿠제는 히틀러 집권 직전인 1932년 스위스로 이주했다가 1940년 미국으로 건너가 컬럼비아대, 하버드대 강단에 서며 60년대 미국과 유럽 학생운동의 정신적 대부 역할을 했다. 60년대 신좌익운동을 하던 대학생들이 내건 깃발의 '3M'은 바로 마르크스, 모택동(마오쩌둥), 마르쿠제였다. 저서로는 『이성과 혁명』, 『문화와 사회』, 『에로스와 문명』, 『소비에트 마르크스주의』 등이 있다. 〈박천호 기자, 한국일보 1996.03.11.〉
11) 루만(Niklas Luhmann, 1927-1998)은 독일의 사회학자로서 유르겐 하버마스와의 논쟁으로

되는 학자이다. "그는 인간이 갖고자 하는 욕망이 채워지지 못했을 때의 결핍에 대하여 시스템으로 지원하자는 것이다. 시스템은 완벽한 질서체계인데 여기서 아도르노와 같이 개인의 선택과 자유가 중요하다는 입장과는 다르다. 왜냐하면 그 사람이 놓인 환경이 복잡하므로 복잡한 체계에서 이를 해결하기 위해서는 사회시스템을 정교하게 짜야 한다는 입장이다. 이에 대하여 하버마스는 시스템으로 이해하는 데에는 한계가 있으므로 각 집단 혹은 각 그룹들 간의 커뮤케이션 행위가 중요하고 이를 위한 사회적 체계가 운용되어야 한다는 입장이다. 루만의 관점은 홉스, 로크, 몽테스키외, 루소 등과 같은 근대의 정치이론은 시대에 뒤떨어졌다고 보며 미국의 현대 사회학자인 파슨즈와는 다른 관점에서 기능론을 제기했다. 이를테면 루만이 보기에는 국가는 '사회적 세력'들과 관련을 맺는다. 하지만 국가는 사회의 외부에 있는 것이 아니라 사회의 기능체계들 중의 하나에 지나지 않는다. 따라서 이를 설명하기 위해서는 지금까지와는 다른 어법을 사용하는 것이 바람직하다라는 것이다. 사회는 인간들 간의 모든 가능한 소통들을 규정짓는 가장 포괄적인 사회체계이다. 정치체계는 그 부분 체계들 중 하나인데, 그 외에도 특히 종교, 학문, 경제, 교육, 가정생활, 의료 분야의 사회체계들과 같이 여타 부분체계들도 분화되어

유명해졌다. 그는 2차대전 중에 소년병으로서 독일군 고공포부대 보조원으로 있다가 포로가 되어 프랑스수용소에 갇힌다. 그후 미국수용소에 이감되고 종전 이후 풀려나서는 프라이부르크 대학에서 법학을 전공했다. 졸업 후에는 독일의 주정부 공무원으로 근무하다가 1958년에 '행정학에 있어서 기능개념'에 대한 처녀논문을 발표하고 미국 하버드대학교 행정대학원 장학생으로 선발되어(1960-1961) 당시에 파슨즈로부터도 강의를 받았다. 귀국 후에 독일에 유일하게 있는 슈파이어 행정대학원에서 연구조사직을 수행한다. 그 이후 1968년부터 빌레훼르트 대학의 사회학부 교수로 재직하면서 그의 사회시스템이론을 정립하기에 이른다. 따라서 루만의 학문적 체계는 법학, 행정학, 사회학이라는 사회과학에서도 제도주의적 분야에 관심이 있다고 보여지며 이러한 학문세계는 그가 독자적으로 구축한 기능구조주의적 사회체계론 형성에 지대한 영향을 미쳤다고 볼 수 있겠다. 그가 사사했던 파슨즈의 사회시스템이론이 커다란 세계시스템에서 작은 사회(개인)에 이르기까지 투입되는 구조로부터 만들어진다는 구조기능적 관점과 달리 루만은 다차원적·상호보완적·상호침투적인 스스템을 생각한다. 그는 시스템 간의 계층성은 없다고 본다. 파슨즈가 막스 베버의 계보를 이으며 방법론적 개인주의를 이론구성의 핵심에 두는 반면에 루만은 '개인'을 사회에 출발점으로 두는 방법론을 거부한다(일본의 Wikipedia 참조, 2022.05.02. 검색).

있다. 이러한 개별 부분체계들은 각각이 독특한 체계와 환경에 따른 특유의 관점으로부터 사회를 현실화한다. 이런 측면에서 경제체계와 교육체계는 정치체계의 사회적 환경에 속하고 있으며, 동시에 다른 한편으로 정치체계는 교육 내지 경제의 환경에 속한다고 볼 수 있다. 이러한 분리는 상호 간에 고도로 결부되어 있을 가능성을 배제하지 않는다. 하지만 이같은 분리는 사회 내에서의 구체적인 기능들에 대한 요구가 증가되는, 그리고 증가될 수 있도록 하기 위한 전제조건이다. 인간, 즉 구체적인 개인들은 이 모든 사회체계들에 참여하고 있지만, 이러한 체계들 중의 어느 한 곳은 물론, 사회 자체에 완전히 속한다고 볼 수 없다. 사회는 인간들로 이루어진 것이 아니라, 인간들 간의 소통들(Kommunikationen)로 이루어져 있다."[12] "사회는 인간들로 이루어진 것이 아니라, 인간들 간의 소통들로 이루어져 있다. 이것은 체계론적 사회이론과 과거의 정치사상 전통을 분리시키고, 사회체계와 그 부분체계들이 환경과 맺고 있는 관계의 분석, 즉 우리가 결정적으로 의존하고 있는 분석을 위한 필수불가결한 전제조건이다. 이러한 전제로부터 출발하면서 우리는 지금까지의 사회발전을, 루소나 니체가 의미하는 바의 인간성 자체의 제고가 아니라 소통 수행의 제고"[13]로 루만은 이해하여야 한다고 강조한다.

사회철학자들 가운데 루만은 특히 이해하기가 어렵다고들 한다. 사회체계에 대한 그의 주장을 아주 단순하게 말한다면 사회체계라는 것은 정치체계를 비롯해서 경제, 교육, 복지 등등 수많은 다양한 부분체계들이 기능적으로 연계되어 이뤄져있다는 것이다. 따라서 루만의 사회체계이론에서는 정점과 중심이 없다. 사회체계는 마르크스가 구분한 것처럼 상위체계와 하위체계의 구별이 안된다. 예를 들어 인류가 만들어온 문명과 그 결과물들이라는 것이 인간의 소통 성과가 그 자연적 조건들로부터 분화해 나온 결과물이라는 것이다. 그렇다면 루만이 말하는 소통이라는 것은 무엇인가인데 바로 법적으로

---

12) 니콜라스 루만 지음·김종길 옮김(1997), 복지국가의 정치이론, 일신사, pp. 26－27 발췌 요약.
13) 니콜라스 루만 지음·김종길 옮김(1997), 복지국가의 정치이론, 일신사, p. 27 발췌 요약.

확증된 권력, 과학적으로 확증된 진리, 그리고 화폐를 지칭하는 것이다. 구체제에서는 귀족이 사회체계에서 우위에 있었으며 사회는 시민사회 또는 그리스도의 성체처럼 인식되었다는 것이다. 그러나 현대사회로 들어오면서 신분제와 계급제가 사라지면서 상하위 체계 구분이 사라졌으며 대변인 없는 그리고 내적인 대표자가 없는 체계라는 것이다. 즉, "루만은 과거의 헤겔부터 내려오는 국가 내지 정치를 사회의 조정을 담당하는 중심으로 보는 시각에 반하는 것이다. 기능적으로 분화되고 다양한 분야별 체계로 움직이고 있는 사회체계의 문제를 정치에 집중시키면 그 사회는 파괴될 수밖에 없다라고 루만은 주장한다. 각 개인은 자신의 생활양식이 사회적 기능을 요구한다면 모든 기능체계(교육, 경제, 정치 등등)에 접근가능하여야 한다. 물론 구체제(구질서)에서는 신분제적 계층제적 사회였기 때문에 개인은 가족체계에 의해 구분되어지고 접근성이 허용되는 범위가 달랐다. 바로 사회의 포괄성이 현대사회에서 강조되기에 이르른 것이다. 포괄성은 모든 사람이 정치적 관심의 대상이 된다는 사실을 분명하게 한다는 점에서 일종의 '개방적' 원리라고 할 수 있다. 정치라는 기능영역에서 포괄성 원리의 구현은 복지국가의 등장이라는 결과를 가져왔다. 왜냐면 누구나 법적 권능과 향유를 할 수 있으며 교육의 내용과 형태에서 평등하여야 하며 누구나 돈을 벌거나 지출할 수 있도록 평등을 이야기 하지만 실제적인 평등은 불가능하며 불평등의 문제가 정치체계에 커다란 도전으로 등장한 것이다. 과거의 위계적 질서에서는 분명히 정치체계의 비대칭이었으나 현대사회에서의 민주주의를 이룬 투표는 대칭적 관계로 변화시킨 것이다. 또한 복지국가가 갖는 속성인 누구에게나 평등하여야 하는 것과 특수한 상황에 빠진 개인, 또는 기능으로 분화된 부분체계에도 대응하여야 한다. 그렇기 때문에 현대국가들이 복지국가를 추진하는 과정에서 대칭적 관계로 변한 정치체계 스스로가 자기준거적 작동원리에 의해 진보(변화)와 보수(존속)의 분화된 대중들의 성향에 맞추는 위태로운 상태에 빠지는 것이다. 그러나 복지국가의 개념이 이론이나 실천 영역에서 제로섬으로 생각하는 오류를 범해서는 안된다. 예를 들어, 어느 결정에 의하여 다른 집단이 손해를 볼 것이라는 해석이나 국가영역이 커지면 개인의 자유의 영역은 더욱 축소될 것이라는 사고에서 벗어나야 한다. 실제로는 외부 환경에 의해 생산과 재생산이 이뤄지는 것이 아니라 루만의 이론에 따르면 체계 내부적인 '자기준거적 체계'를 통해 스스로를 재생산해 낼 수 있다는 것이다. 그러나 이것은 외부환경과 교환과정에 노출되더라도 자기준거적 생산의 질서가 온전하게 지속되는 경우에만 가능하다. 정치적 목표로서의 복지 이념은 정확히 정치적 자기준거성의 의미론적 상관개념이다. 자기준거성은 일차적으로 동어반복적인 원리이며 따라서 복지는 불확정적인 원리라고 볼 수 있다. 그러므로 복지증진은 항시 자기 자신을 주장할 수 있고, 또 복지의 범위는 무제한적일 수 있다. 복지는 끝이 없으며 자신의 가능성과 자신의 문제들을 생산하기 위해 스스로를 전제한다. 똑같은 논리로 보상원리 혹은 평등과 사회보장이라는 방향타는 복지국가의 한계가 아니라 복지국가의 활동영역들을 찾는 지침일 뿐이라는 것이 루만이 주장하는 바이다."[14]

즉, 루만이 지적했듯이 현대국가 현대인의 근본적인 문제는 현실은 비대칭적(계층과 계급이 엄연히 존재함에도 불구하고)인 사회일 수밖에 없는데 법적으로는 대칭적으로 만들어 둔 실정법에서 생긴다. 말하자면 누구에게나 평등하지 못한 사회가 누구에게든지 평등할 수 있다는 것을 가르치는 것에서 비극이 시작되는 것이다. 그 원인을 루만은 정치체계를 비롯한 사회의 여러 체계들이 자기준거적 작동원리에 의하여 각기 다른 가치를 추구하여야 함에도 불구하고 하나의 가치로 수렴되어 제로섬으로 생각하게 된다는 것이다. 그 결과 저 집단이, 저 사람이 내 떡을 가져간다는 생각을 하게 되어 갈등과 분노가 생기게 된다는 것이다. 사회의 모든체계(정치·예술·교육·경제 등등)가 성과와 보상관계로 조치되는 바람에 예술도 범죄조직도 정부도 자신들의 추구하여야 할 가치를 상실하고 도구, 즉 물질로만 평가하게 되었다는 것이 치유할 수 없는 현대사회의 비극이라는 것이다.

---

14) 니콜라스 루만 지음·김종길 옮김(1997), 복지국가의 정치이론, 일신사의 전체적인 내용요약.

신자유주의와 진보의 경제질서

　일반적으로 1980년대 전후 등장하는 신자유주의는 정치와 경제 분야에서 '새로운 자유주의'를 의미하는 사상과 개념을 지칭하지만 그 사상적 뿌리는 1920년대와 1930년대의 세계대공황에 대한 처방에서 시작되었다고 볼 수 있다. 고도 경제 성장기의 경제체제(포드주의)에 이어 자본주의 경제체제이며, 국가에 의한 부의 재분배를 주장하는 사회민주주의(영어: Democratic Socialism) 국가가 자본주의 경제를 직접 관리하는 개발 주의의 경제 정책 등과는 대립되는 개념이다. 아울러 당시 소비에트 연방이나 공산권 국가들이 추진했던 계획 경제에서 기업의 모든 것이 사실상 국가의 관리 아래인 국가 사회주의와는 정반대의 경제 사상이다. 신자유주의 또는 네오 리버럴리즘이라는 용어는 1938년에 독일 학자 알렉산더 류스토우와 월터 리프만 국제회의에서 신자유주의의 개념을 "가격 결정 메커니즘, 자유로운 기업 경쟁이 강하고 공정한 국가 체제 우선"이라고 정의한다. 즉, 19세기의 자유주의에서 출발하여 20세기 초반에 뉴리버럴리즘으로 진화하는 것과는 달리 보다 시장주의적인 개념이다. 뉴리버럴리즘이 개인주의적이고 자유방임주의적인 고전적인 자유주의에 비해서 사회 정의를 더욱 중시하고 개인과 시장의 실현을 위해서는 정부 개입도 필요하다고 보며 사회 보장 등을 강조하는 것과 달리 네오 리버럴리즘(Neo-Liberalism)은 1930년대 이후 사회적 시장 경제에 대한 개인의 자유와 시장 원리를 재평가하고 정부에 의한 개인이나 시장에 대한 개입은 최소한으로 해야 한다고 주창했던 것이다.

　1930년대 후반에 들어가면서 서유럽 국가들에서는 지난 19세기 말에 지배하던 자유주의에 대한 의구심을 갖는 분위기가 팽배했다. 그래서 철학자 루이 레지에의 제창으로 1938년 8월에 파리에서 월터 리프만 국제회의가 열린다. 월터 리프만, 프리드리히 하이에크, 루트비히 폰 미제스, 로베르 마루죠 등 독일 나치의 박해를 피해 터키에 망명 한 경제학자 빌헬름 레뿌케, 독일 혁명에 참가하고 바이마르 공화국의 경제 문제 담당 성직자로서 루르 지방의 석탄 산업의 국유화에 종사 한 알렉산더 류스토우, 프랑스 은행 부총재 잭 류에후 등이 참석한다. 리프만, 류스토부, 레지에 등은 오래된 자유주의는 실패했기 때문에 새로운 자유주의가 필요하다고 주장했지만, 하이에크와 폰 미제스(Mises)는 그런 비난에 동조하지 않았다. 그러나 모든 참가자가 새로운 자유주의의 연구 프로젝트의 필요성에 동의했다. 류스토부의 제안에 따라 이 프로젝트 이름을 '네오 리버럴리즘(Neo-Liberalism)'이라고 불렀다. 이 회의에서 태어난 네오 리버럴리즘은 정부의 규제를 배제하고 자유로운 시장 경제라는 류스토부의 개념에 따랐다. 그것은 자본주의도 공산주의도 다른 세 번째 방법으로 시도였다. 이처럼 초기 네오 리버럴리즘은 21세기에 널리 인식되어 있는 같은 시장 원리주의와는 다른 개념이었다. 이 국제 회의는 네오 리버럴리즘의 국제 조직으로서 자유주의 쇄신 국제 연구 센터(Centre International d'études pour la Rénovation du libéralisme)를 설립한다. 본부를 파리에 두고 1939년부터 활동을 시작했다. 루트비히 에르하르트를 비롯한 신자유주의의 개념은 독일에서 보다 정교하게 구축된다. 1930-1940년대 루트비히 에르하르트를 중심으로 한 신자유주의 경제학자들은 신자유주의의 개념을 연구 개발하고 제2차 세계대전 후 서독에 기여한다. 1947년 프리드리히 하이에크는 신자유주의의 이론과 정책을 확산 몽펠르랭회(Mont Pelerin Society)란 소사이어티를 설립하고 류스토우들도 이에 동참했다. 하이에크들은 고전적인 자유주의는 개념적인 결함으로 작동하지 않고 실패했기 때문에 그 진단과 시정에 대한 집중적인 논의가 필요하다고 생각했던 것이다.

네오 리버럴리즘이 주창하는 신자유주의 시작은 1970년대 서구의 주요국에서 시작된다. 미국에서 1970년대의 스태그플레이션을 계기로 물가 상승을 억제하는 등 금융 경제 정책의 중점이 전 세계에 일어나고 레이거노믹스로 대표되는 같은 시장 원리주의로의 회귀가 일어난 것이 직접적인 계기가 된다. 자기 책임을 기본으로 작은 정부를 추진하여 균형 재정, 복지·공공 서비스 등의 축소, 공공 사업의 민영화, 세계화를 전제로 한 경제 정책, 규제 완화에 따른 경쟁 촉진, 근로자 보호 폐지 등 경제정책의 추진을 말한다. 시장에서의 경쟁을 지향하고 시장 원리주의로 이루어진 자본주의 경제 체제를 중시하는 것이다. 신자유주의를 신봉한 주요 학자와 평론가 이코노미스트는 밀턴 프리드먼을 위시한 그룹이며 이들이 가장 신봉한 경제학자는 프리드리히 하이에크 등이 있다. 신자유주의에 기초한 정책을 실행한 주요 정치인은 1980년대의 미국의 로널드 레이건 대통령, 영국의 마가렛 대처수상, 일본의 나카소네 야스히로수상 등이 있었다. 신자유주의는 프라이 부르크 학파, 오스트리아 학파, 시카고 학파, 리프만 현실주의 등 몇몇 다른 학문적 접근으로 그 발생을 볼 수 있다. "그러나 신자유주의의 의미에 대한 첫 번째 문제는 신자유주의와 용어의 기반이되는 자유주의(리버럴리즘) 자체가 정의하기가 어렵다는 것이다. 두 번째 문제는 신자유주의의 이념과 실천의 괴리이다. 신자유주의적 개혁을 약속하는 신자유주의적 정부가 미국, 영국, 일본 등을 대표적으로 전 세계에 공개적으로 등장했지만, 그러나 정부는 상황에 따라 항상 약속한 개혁을 실행하지 못했으며 신자유주의와는 상관없는 정책들도 많았다. 즉 대다수의 신자유주의는 항상 이념적으로 신자유주의적인 것은 아니다. 특히, 주창자인 하이에크, 프리드만, 비판자들인 데이비드 하비, 노암 촘스키 등도 각자가 정의하고 있는 신자유주의에 자체가 달랐기 때문에 이견이 없는 신자유주의의에 대한 정의를 만들기는 어렵다. 예를 들어, 신자유주의를 만들었다고 할 정도로 평가받는 오스트리아 학파의 프리드리히 하이에크는 주관적 가치론, 가격 이론의 한계 효용 이론, 경제 계산 논쟁의 체계적인 논술 등이 있었지만 이것을 정책적으로 실현시키는 데에는 한계가 있었던 것이다. 밀턴 프리드먼을 중심으로 한 시카고 학파는 시카고 대학의 교수진을 중심으로 태어나 경제학의 학문적 커뮤니티에서 신고전파 경제학자라고도 한다. 이 학파는 정부 개입을 비판하고 중앙 은행이 통화 공급을 제외하고 대부분의 시장에 대한 규제에 반대한다. 이 이론은 1980년대까지, 신고전주의의 가격 이론과 자유 지상주의자들은 케인즈주의를 거부한다.

　이러한 신자유주의는 많은 비판과 문제점들을 갖고 있다. 즉, 신자유주의 이론들이 가진 또 하나의 공통점은 국가에 대한 깊은 불신인데, 그 전제는 관료들이 집단이기주의적 발상에 있다고 보며 사회 계약의 주체인 개인들이 국가를 지속적으로 감독해야 한다는 것 자체가 모순인 것이다."[15] 이에 대해 영국 캠브리지 대학의 장하준 교수는 그의 저서 『국가의 역할(2006)』에서 이러한 신자유주의적 발상에 대하여 신랄하게 비판하고 있다. "첫째는, 관료 집단의 이기주의에 못잖게 개인이나 단체 역시 이기주의적 행태를 보이며 나라마다 심지어는 같은 나라 내에서도 공적 서비스 수준이 달라진다는 것이다. 둘째는, 국가나 노조와 같은 제도들이 항상 자유로운 개인들 간의 사회적 계약의 결과라는 주장은 틀렸다. 왜냐면 '자유로운 계약주체'라는 개념은 오히려 자본주의 질서의 결과라고 할 수 있는데 그 경우 제도가 개인들 간의 계약의 결과라고 주장하기보다는, 개인들의 제도의 결과라고 주장하는 것이 타당하다. 셋째는, 집단적 행위보다 개인적 행위를 선호하는 신자유주의적 관점은 정치적으로 어설프기 짝이 없다. 신자유주의자들은 자주 '이익집단'을 공격한다. 그러나 그 이익집단들은 기실 신자유주의자들이 절대적으로 신성시하는 개인들의 연합일 뿐이다. 넷째는, 신자유주의적 국가 불신의 또 다른 특징은 개개인의 기업가 정신에 대한 맹신을 하고 있으며 국가가 개입하면 개개인의 기업가 정신을 타락시킨다는 것이다. 이는 슘페터의 예언과는 반대로 현대 경제에서 국가 주도의 연구개발(R&D)의 제도화는 혁신 속도를 늦추기는커녕 가속화시켰다. 즉, 혁신은 신자유주의자들의 주장처럼 개인의 내부에만 지식이 축적되는 것이 아니고 제도와 조직들도 지식을 축적하는 공간으로 역할을 하고 있다는 점을 간과하고 있다. 결국은 신자유주의자들이 내걸었던 시장자유화가 되어 국가의 직접적 개입이 감소함에 따라 민간의 창발성이 발현되어 경제는 유연해져 경제발전도 이룰 수 있다는 맹신은 꺼져가고 있다. 신자유주의를 주도했던 영국과 미국에서도 오히려 국가 개입의 정도를 높이고 있으며 대처와 레이건 정책들의 실패는 자주 거론되고 있으며 개발도상국에서는 자국 시장의 외국 투기자본의 침투를 막지 못하고 경제성장도 이루지

---

15) 장하준 지음·이종태/황해선 옮김(2006), 국가의 역할, 부키, p. 60.

못하는 악순환으로 빠져들어갔다"16)는 것이다.

국가의 역할에 관한 보수와 진보의 논쟁

그 나라의 질서체계의 최상위 지배자인 국가의 역할의 범위에 관한 시각
은 플라톤과 아리스토텔레스 이후 중근세의 마키아벨리, 스피노자 등 매우
다양하면서도 아주 오래된 논의의 주제이다. 현대국가의 역할론을 논의할 때
산업혁명기에 거론된 온정주의 국가론(paternal state) 이후 논의되기 시작한
것이 지금과 유사한 큰 정부 작은 정부 논쟁에 가장 가깝다고 볼 수 있다.
19세기 초 영국이 산업혁명 와중이었던 시기에 당시의 자유주의자라고 불리
었던 사람들 가운데 사회와 경제에서 자유방임을 주장했던 사회사상가는 스
펜서이다. 그는 『인간과 국가(The Man Versus the State)』에서 자유주의 개혁
가들에 반대하여 자유방임, 적자생존을 옹호한다. 스펜서는 국가의 간섭을,
무능력자의 가혹한 생활조건을 완화시켜 주는 것이라 하며 '간섭입법'을 맹렬
하게 비난한다. 스펜서가 불평하는 공공 제도에 속한 것들은 학교, 도서관,
미술관 등들이 과거에는 사적 소유영역에 속해 있었으나 이것들이 공적 영역
으로 바뀜에 따라 세금을 증대하여야 하는 것에 대해 자유주의자들을 대변하
여 스펜서가 반대논리를 제시한 것이었다. 당시의 자유주의자들은 공적 영역
의 확대에 대해 저항을 하며 사적 영역을 지키는 것이 그들의 과제였다. 그
러나 결국은 영국에서 1819년 '공장법'은 제정되는데 동법에 의해 9세 미만
아동의 노동을 금지하고 9세 이상의 노동은 하루 12시간으로 제한하게 된다.
이에 대하여 자유주의자들은 고용주와 노동자의 자유 침해라는 이유로 반대
하였다. 자유주의자들의 주장에 따르면 성인은 자신의 노동력을 원하는 대로
팔 권리가 있는데 국가가 불필요하게 개입을 한다는 것이다. 그러나 같은 자
유주의자였던 채드윅(Chadwick)은 아이들은 노동시장에서 자유로운 행위자가

---

16) 장하준 지음·이종태/황해선 옮김(2006), 국가의 역할, 부키, pp. 60~66의 인용서의 일부
내용을 요약했음을 밝힘.

아니기 때문에 보호가 필요하다는 근거로 '공장법' 개정을 받아들이자고 정당화한다. 즉, 어린이에게는 자유 방임의 적용에서 예외로 인정하자는 것이었다. 그 이후에 영국의 정치사상가인 존 스튜어트 밀(J. S. Mill, 1806~1873)은 국가의 개입을 최소화하는 고전적 자유주의에서 국가의 개입을 적극적으로 인정하는 신자유주의로 넘어가는 과도기의 자유주의를 대표하는 학자라고 평가된다. 물론 J. S. 밀의 신자유주의는 20세기 하이에크를 필두로 하는 작은 정부와 정부의 효율성을 중시하는 신자유주의와는 다르다. 밀은 교육정책 등에 대해서는 국가의 적극적이고 강한 개입을 요구했으며 그는 오히려 개인주의적 자유주의자였던 것이다. 국가역할에 관한 논의는 주로 19세기 유럽에서 국민국가 형성 시기에 활발히 전개되었던 논쟁이었다.

1970년대의 오일쇼크에 의한 국제유가 파동은 1930년대 세계경제공황을 이겨냈던 케인즈식 공공경제 체제에 대한 회의를 불러왔고 영국의 대처수상을 중심으로한 보수당의 집권은 새로운 경제체제의 전환을 가져왔는데 이것이 바로 신자유주의(neo-liberalism)의 정치적 질서의 지배자들로서 등장의 계기가 된다. 그 이후로 신자유주의를 내건 미국의 레이건의 집권, 1986년의 일본의 나타소네 내각의 등장, 1989년 베를린장벽의 붕괴, 1991년 소비에트 연맹의 해체와 함께 전 세계의 새로운 정치적인 질서체계를 뒤바꾸는데 결정적인 레짐으로 퍼져나갔다. 동시에 1990년대의 신자유주의는 WTO 체제와 더불어 급속도로 퍼져나갔다. 네오콘(신보수주의자)이라고 불리는 후쿠야마의 "역사의 종언"이라는 논문이 발표되고 20세기가 끝나가는 시점에서 공산주의 시대가 끝나가는 것을 예고했었다는 점에서 그의 논문은 일약 유명해진다. 동유럽의 사회주의가 붕괴되기 시작하기 직전에 발표한 1989년 그의 논문 "역사의 종언"은 세계적인 주목을 받았다. 1992년에는 이 논문을 바탕으로 『역사의 종언과 최후의 인간(The End of History and the Last Man)』을 출간한다. 이 책은 공산권이 몰락하고 자유민주주의가 승리함으로써 헤겔과 마르크스적 의미의 역사는 끝났다는 내용을 담고 있는데 출간과 동시에 세계적인 관심과 논쟁을 불러일으킨다.[17]

반면에 중도좌파라고 볼 수 있는 1997년에 영국 노동당의 토니 블레어의 정권의 등장과 새로운 사회이념인 앤서니 기든스가 제안한 '제3의 길'은 냉전체제 이후의 새로운 국가의 역할로서 조명된다. 제3의 길이란 기존의 복지제도를 노동의 생산성 향상과 결합한 이른바 생산적 복지를 지향하는 제도이다. 이는 레이건과 대처와 같은 신자유주의에서 강조하는 노동시장의 고용의 유연화와 정부개입의 감소를 인정하지만 복지제도에 대한 확대를 통해 노동의 생산성을 강조한다는 점에서는 큰 차이가 있는 '제3의 길'인 것이다. 이는 그 이후 핀란드, 스웨덴, 노르웨이 등 북유럽국가의 핵심적인 이념체제로 자리잡으며 독일에도 확산되며 한국에서도 1997년 집권한 김대중정부와 노무현 정부에서 근 10년 간 무상복지와 보건의료, 무상교육제도가 확산되는 계기가 된다. 힐라리 실버(H. Silver)는 이와 같은 국가의 개입 논쟁에 대하여 유럽 각국들의 차이점이 발생하는 원인과 목적, 주요한 학자들에 대하여 다음의 〈표 2〉에서와 같이 분류하고 설명을 하고 있다.

"복지국가를 추구하는 현대국가들 가운데 어떤 한 국가의 이념을 자유주의 혹은 사회주의로 규정짓기는 힘들다. 한 국가 내에서도 정권의 변동에 의하여 유사한 사회문제를 가지고 있다고 해도 정책 내용과 추진방법 등의 결정에 있어서 그 사회가 품고 있는 이데올로기와 밀접하여 정책패러다임의 차이를 가지고 올 수 있다. 이러한 현상은 비단 19세기뿐만 아니라 21세기인 현대국가들과 정권의 차이에 따라서 패러다임 변화라는 형태로 사회정책은 매우 다양하게 전개된다. 힐라리 실버의 다음의 사회정책 가운데 배제정책의 3가지 패러다임으로 분류한 것은 그 이해를 돕는데 일조한다. 첫 번째의 '연

---

17) F. 후쿠야마는 1995년에 이데올로기와 제도의 역사가 끝나고, 유일하게 살아남은 자유민주주의 시장 경제 체제가 지속되기 위해서는 윤리·도덕·관습 등 사회구성원 사이의 신뢰가 바탕이 되어야 한다는 내용의 저서 『신뢰(*Trust*)』(1995)를 출간했다. 이어 1999년에는 이전의 저서와 달리, 역사가 끝나기는커녕 일정한 주기로 붕괴와 재건을 되풀이한다는 내용을 다룬 『대붕괴 신질서(*The Great Disruption*)』를 출간한다. 그 밖의 저서로 『국가 건설(*State Building*)』(2004) 등이 있는데, 출간하는 책마다 세계적인 주목을 받았다. 기본적으로 F. 후쿠야마 등은 부시정권 등장과 더불어 신자유주의의 신봉자들과 국제질서에서 이를 신봉하는 국가들 간의 연대와 국제적 경제동맹을 강조한다.

<표 2> 실버(H. Silver)에 의한 사회적 배제의 3가지 패러다임

구분	연대 패러다임	특수화 패러다임	독점 패러다임
통합에 관한 개념	사회연대	특수화/교환에 의한 상호의존	독점/사회적 폐쇄
통합의 요인	모델에 입각한 사회종합	교환	시민정신의 여러 권리
이데올로기	공화주의	자유주의	사회민주주의
담론(discourse)	배제	언더클래스	새로운빈곤/불평등
사상적 기원	루소/뒤르켐	로크/공리주의	베버/마샬
배제의 기저적 문제	사회적 유대의 단절	개인의 일탈된 가치관	시민정신의 독점
정책	참입지원/통합/보편주의적 권리·의무	선별된 개인과 커뮤니티 지원	시민정신의 박탈/재분배주의
논의가 된 국가들	프랑스	영국, 미국	대부분 복지국가

출처: H. Siver(1994). p. 540; 福原宏幸編(2007). 社会的排除・包摂と社会政策, 法律文化社 재인용.

대패러다임'은 프랑스공화주의 사상에 기반을 두는 것으로서 뒤르켐 등이 대표적인 사회사상가이며 분업화된 개별적인 직능을 걸머지고 있는 개인들 간의 상호의존 형태를 연대라고 불렀으며 마치 사회전체를 하나의 보험제도와 같이 보았다. 따라서 이러한 연대논의에서는 연대의 유지에 개인이 해야 할 것과 국가가 해야 할 집단책임을 중시한다. 국가는 개인과 사회와의 사이에서 사회적 연계인 유대를 유지하며 사회적 통합을 촉진하도록 하는 중요한 역할을 담당하고 그 책임은 빈곤을 완화시키고 위험에 대하여 개인을 보호하는 데에 있는 것이다. 동시에 개인의 책임은 만약에 사회적 보호를 받고 싶으면 사회적 규범을 존중하며 특히 노동시장에 참가를 존중하지 않으면 안되는 공화주의적 시민정신을 강조한다. 여기서 개인을 사회와 연계시키는 집합적인 양심, 공유되는 가치를 도출할 때 국가와 개인 간의 사회계약이 성립되는 것이다. 사회적으로 배제되는 집단을 최소화하는 보편주의적 사회정책이 근간이 되는 것이다. 두 번째 패러다임은 특수화 패러다임이다. 영미권인 앵글로색슨계열의 여러 나라에서 보여지는데 기본적으로 자유주의에 그 뿌리를 두고 있다. 사회란 시장 내에서 경쟁하는 여러 개인들의 집합체이기 때문에 개개인들 간의 자유로운 계약에 의해 성립된다는 것이다. 세 번째 패러다임은 베버의 사회적 폐쇄이론에 가깝다. 어떤 사회적 집단은 다른 사회적 집단이 사회적·경제적 기회에 접근하는 것을 제한·배제시켜 이익을 독점화하려는 현상을 말한다. 이러한 행동은 접근을 사회적·경제적 기회에 배제된 사회집단의 승인과 자원의 분배를 요구하는 기득권의 권한을 찬탈하고자 하는 집단행동을 일으키며 극단적으로는 노동자파업 등의 저항운동을 일으키기도 한다. 사회적 폐쇄 패러다임이란 배제와 찬탈 간의 관계를 말하는 것이다. 따라서 노사협의를 통해 소득재분배 정책은 배제패러다임에 대한 해결책으로서 제시되는 대표적인 정책이다. 또 다른 예로서는 승인과 시민정신을 요구하는 여성운동, 양성평등운동, 인종차별폐지 등도 이러한 독점패러다임에 저항하는 행태라고 볼 수 있겠다. 앞의 〈표 2〉는 힐라리 실버(H. Silver)가 서구사상과 그나라의 사회 정책을 배제라는 키워드를 통해서 분류한 것이다.

한편 레비타스(R. Levitas)역시 다음의 〈표 3〉과 같이 구분하면서 하나의 국가 내에서도 국가 개입에 관한 관점과 정책이 다르다면서 1990년대 영국 노동당 내에서 사회적 배제를 둘러싼 3가지 담론에 대하여 설명한다. 첫째, 재분배주의 담론은 마샬의 자유주의적 시민정신과 전통적인 사회민주주의에 기반한 것이다. 사회적 배제의 원인으로서 빈곤층에 관심을 가지고 생활부조의 개선과 공적·사적 서비스의 수준향상에 의한 현금 및 현물 등의 자원을 증가시켜 복지정책에 의한 소득보장을 목표로 하는 것이다. 두 번째 도덕적 언더클래스 담론의 관심은 배제되어 있는 사람들 자신의 일탈된 가치관 및 도덕적 태만에 관심을 가지고 복지의존자의 태도를 복지급부, 불복종에 대한 징벌, 개인에 대한 소셜워크의 충실성 등을 개선하자고 주장하는 것이다. 이러한 담론은 도덕적 코뮤니티론을 주장하는 에치오니(A. Etzioni) 등의 커뮤니타리온(공동체주의자들)의 논조와 궤를 같이하면서 블레어 정권 때 활용되었

〈표 3〉 레비타스(Levitas)에 의한 사회적 배제 담론의 3가지 유형과 특징

구분	사회통합주의 담론	도덕적 하층민 담론	재분배주의 담론
포용의 요인	취업/능동적 사인 정신	도덕적·문화적 태도의 변경	권력과 부의 재분배/ 수동적 사민정신
이데올로기	제3의 길(정부·시장·시민사회 간의 질서의 균형)	보수주의/자유주의	사회민주주의
배제의 기저적인 문제	고용기회의 불평등/ 노동시장에 참여가 불가능한 상태	개인의 일탈된 가치관/ 언더클래스(하층민)/ 복지의존자	빈곤/불평등
배제의 범위	좁음/넓음	좁음	넓음
정책	소득의 재분배에서 기회의 재분배로 전환/ 자립을 위한 인적자본정책	선별된 개인과 커뮤니티에의 지원/ 개인에 대한 집중적인 소셜워크(social work)	소득재분배/ 빈곤자에 대한 현금 및 현물의 자원 공급

출처: 福原宏幸編(2007). 社会的排除·包摂と社会政策 '法律文化社' p. 25 재인용.

다. 즉, 커뮤니티의 문제를 경찰력이 아닌 커뮤니티의 자정력을 높여서 해결하는 방안인 것이다. 세 번째의 사회통합담론은 실업 및 취업활동에 참가가 불가능한 노동시장의 문제를 배제라고 보는 시각이다. 따라서 배제의 해결은 임금노동자를 만드는 것이며 기든스(Giddens) 등이 주장했다. 기든스는 도시내에서 지역 및 이웃으로부터 소외되고 분리된 상황이 가장 열악한 배제상태라고 봤으며, 그리고 또 하나의 배제의 예로써 통상적인 노동시장에 진입하는 기회를 박탈당한 경우라고 이해했다. 그는 권리와 책임을 연계하는 새로운 사회계약이 개혁되어야 하는 복지제도에 포함되어야 한다고 강조하며 복지는 자립을 위해 지원을 제공하여야 한다는 미국의 뉴데모크라시의 주장에 공감을 한다. 이러한 생각이 사회적 통합주의 담론의 근간을 이루고 있다."[18]

20세기에 들어오면서 사회주의를 표방하든 자유주의를 표방하든 어느 국

---

18) H. Siver(1994), 福原宏幸 編(2007), 社会的排除·包摂と社会政策, 東京: 法律文化社, pp. 23-25의 일부를 발췌 요약.

가에서도 국가의 경제적 역할은 비약적으로 증가했다. 두 차례의 세계대전과 냉전 시대의 국제 관계는 국가의 군사력과 경제력의 울타리가 모호하게 되면서 경제질서 구축이 매우 중요해졌다. 국가는 시장경제의 발전뿐만 아니라 인권·시민권의 발전에 따라 활동 영역을 넓혀 국가재정을 팽창시켰다. 노동자와 여성이 정치에 참가하고 다양한 사회 운동과 압력 행동에 정부가 응답을 재촉했다. 유아 교육과 노인·사회적 약자에 대한 복지 공급이 일반적이지만, 최저 임금이나 근로 시간 등 근로 조건도 국가에 의한 규제가 일반화된다. 즉, 국가의 역할에 대해서 정책만을 가지고 자유주의적 우파와 사회주의적 좌파로 명확하게 양분하기는 힘들다.

그러나 자유평등주의적 주장을 하는 우파와 사회공동체주의를 주장하는 진보적 좌파 정치철학자들 간의 논쟁을 구체적으로 살펴 보면 의외로 양자의 괴리는 크다. 예를 들어, 개인의 자유주의적 관점에서 사회적 정의는 공정이며 이를 지키는 국가의 역할을 강조한 존 롤스(John Rawls, 1921-2002)와 이와는 반대로 공동체의 미덕(virtue)을 추구하는 적극적인 국가의 역할을 강조한 공화주의자인 마이클 샌델(Michael Sandel, 1953-)의 '정의'에 관한 논쟁이 대표적이다. 존 롤스의 『정의론』(1971)은 출간이후 이 책에 대한 많은 호응과 비판이 있었다. 롤스가 자신의 정의론에 대한 비판과 코멘트에 반박하는 듯이 저술한 책이 1993년의 저서 『정치적 자유주의(Political Liberalism)』(1993)이다. "1971년과 1993년의 두 책의 차이점을 역자인 장동진 교수는 『정치적 자유주의』(1993)에서는 합당한 다원주의로부터 중첩적 합의의 가능성을 제시하여 질서정연한 민주적 사회의 안정성의 문제를 해결하고자 했던 점이라고 지적한다. 롤스가 『정의론』(1971)에서의 원초적 입장으로부터 정의의 두 원칙을 도출했던 것에 비해 『정치적 자유주의』(1993)에서는 현실적으로 적용가능한 정의관을 제시한 것이다. 두 가지 원칙 가운데 하나인 합리성에 대하여 『정치적 자유주의』(1993)에서는 개인이 가치관을 형성 및 추구하고 개인의 이익을 극대화할 수 있는 능력으로 그는 표현하고 있다. 또한, 합당성은 정치 사회의 여러 시민이 공존할 수 있는 논의로서 정의감으로 표현하고 있다. 이러한 구분을 롤스는 합리성이 합당성에 의해 제약을 받는다는 양자의 관계를 설정함으로써 개인성과 공공성의 문제를 해결하고자 한 것이다. 롤스가 규정하는 자유민주사회의 특징으로서 합당한 다원주의의 현실(the fact of reasonable pluralism), 합당하지만 화해불가능한 종교적, 철학적, 도덕적 교리들 간의 다원성의 사회에서 합당한 해결책이라고 할 수 있는 중첩적 합의(overlapping consensus)의 가능성을 제시하고 있는 것이다. 바로 『정치적 자유주의』(1993)에서 제시하는 정의의 두 원칙(two principles of justice)이라고 할 수 있다. 사실 정의의 논쟁은 동서양을 막론하고 규범적 정치에서 중심적인 논제이다. 정의의 논쟁은 근본적으로 정의가 객관적 질서를 갖춘 형태로 존재하느냐 하는 존재론적 논의에서부터 출발할 수 있을 것이다."[19] 그리고 그 존재가 있다면 어떻게 하느냐가 정치철학에서 주된 관심사였다. 그러나 롤스가 지적하는 점은 합당하지만 양립불가능한 다원주의의 현실은 『정의론』(1971)에서 사용되었던 것처럼 공정으로서의 정의관에 입각한 질서정연한 사회의 개념이 비현실적이라는 것을 보여준다. 그 이유는 그것이 예견가능한 최선의 조건하에서도 자신의 원칙을 현실화하는 것과 양립불가능하기 때문이다.

롤스의 강점은 바로 이 점이다. 정치적 문제를 종교나 도덕, 그리고 형이상학으로부터 분리시켜 정치영역 자체에서 해결을 시도하고 있다는 점이다. 즉, 인간의 자유와 이를 출발점으로 하는 정치원리와 질서를 어떻게 체계화할 것인가에 대한 규범론적인 이상(플라톤)과 현실(아리스토텔레스)이라는 정치철학과 분리시켜 현실 세계의 정치영역에서 '중첩적 합의'라는 해결책을 제시하고 있는 것이다. 이러한 견해는 사회체계론에서 기능주의적 접근에 가깝고 그가 의식했는지 모르겠지만 파슨즈보다는 루만의 부분체계와 자기생산적 질서체계를 강조하는 사회체계론적인 해석에 가깝다. 공동체논의를 시작하면 우리는 마이클 샌델을 떠올리기가 쉽다. 그러나 그 이전에 공동체 논의가 없었던 것은 아니다.

---

19) 존 롤스 지음·장동진 옮김(1998), 정치적 자유주의: Political Liberalism, 동명출판사. 서문에서 일부 발췌 요약했음을 밝힌다.

1960년대 미국 하버드대학의 정치학 교수 프레드리히는 공동체에 관한 세 가지 논리적 견해가 있다고 제기한다. "첫째는, 공동체라는 것이 계약의 공동체인가 아니면 사랑의 공동체인가하는 문제이다. 이것은 로마 공화정 때의 공화주의자인 키케로와 중세의 종교철학자인 아우구스티누스의 논의이다. 두 번째의 논쟁점은 공동체는 유기적인가 아니면 목적 지향적인가이다. 세 번째의 논쟁점은 공동체는 실존적인가 아니면 의지적(자발적)인가. 이들 세 가지 논쟁점은 상호관련이 있다. 또한 어느 정도는 의존적이다. 정치사상사적으로 보면 두 개의 그룹으로 나뉘는데 계약의 공동체, 목적지향의 공동체, 의지의 공동체를 지지하는 그룹과 사랑의 공동체, 유기적 공동체, 실존적 공동체 그룹으로 구분된다."[20] 마이클 샌델의 공동체에 대한 여러 견해들은 프레드리히 기준에 의하면 계약의 공동체, 목적지향의 공동체, 의지의 공동체를 지지하는 그룹으로 구분될 수 있겠다. "샌델은 반세기가 넘는 동안 미국의 민주당을 지탱한 논리는 뉴딜자유주의라는 공공철학이었다고 한다.[21] 미국의 민주당은 1932년-1964년까지 아이젠하워를 빼놓고 정권을 잡았다. 이 시기까지 공화당은 복지국가에 대한 공격을 했으나 이를 마치고 자신들이 더욱 잘 운영할 수 있다고 하여 그 정수가 레이건 대통령이었다. 그 이후에는 카터와 클린턴을 제외하고는 근 40여년 동안 공화당의 세상이 되었고 종교적이고 신연방주의로 대변되는 연방불간섭주의가 지속되며 작은 정부론이 판을 치게 된다. 투표율은 지속적으로 쇠퇴하였으며 정부불신도 역시 커져가는 시기와 맞물렸다. 1970년대가 되자 지금껏 유복한 생활과 독보적인 미국의 힘은 점차 약화되어 가고 10년에 걸친 인플레와 디플레의 반복, 베트남전쟁의 패배, 1978년에는 주식의 대폭락에 이어 레이건 행정부가 등장하게 된다. 동시에 권력이 대규모기관으로 이동하면서 전통적인 가족, 이웃, 도시와 마을,

---

20) Carl J. Friedrich(1967), An Introduction to Political Theory: twelve lectures at Harvard, 安世舟・村田克巳・田中誠一・福島治共 訳(1995), 政治学入門: ハーバード大学12講, 東京: 学陽書房, pp. 123-124의 내용의 일부를 발췌 요약했음을 밝힌다.
21) 마이클 샌델・김명철 옮김(2014), 정의란 무엇인가, 와이즈베리, p. 305.

종교와 민족 공동체 등은 붕괴되거나 쇠락했고 이제 개인들은 무장해제 되어 경제와 정부의 비인간적인 권력에 홀로 대면해야 했다. 레이건은 개인주의자와 자유주의자 및 자유방임자를 묶으려고 했고 공동사회주의자와 전통주의자, 도덕적 다수파를 묶으려고 했다. 전자에게는 시장의 역할을 강조했고 후자에게는 도덕의 역할을 강조했으나 결국은 양자를 묶는 데에는 실패했다. 그럼에도 불구하고 미국의 민주당은 자치와 공동체에 관해 설득력 있는 대안을 제시하지 못했다는 것이다. 미국의 민주당은 개인주의에 깊이 천착되어 있으므로 자유방임주의와 마찬가지로 종교와 도덕에서 정부는 개입하지 말고 중립을 지켜야 한다는 것이 존 롤스의 주장이다. 그들은 정부가 시민적 덕성을 장려해야 한다는 것이 아니라 시민의 권리를 보호하고 중립적 토대를 제공해야 한다는 것이다. 이들은 진정한 자유를 누리기 위해서는 일정한 사회적·경제적 조건이 필요하며 따라서 복지와 교육, 고용, 주택, 의료보험 등의 권리가 주어져야 한다고 생각한다. 물론 보수주의자들은 개인의 재산권을 강조하고 선택의 자유는 족쇄 없는 시장경제 내에서만 가능하다는 자유방임주의에 가깝다. 이러한 자유방임주의적 보수주의자들과 싸우는 진보주의적 자유주의자들은 권리와 자격이라는 개인주의적 단어를 이용해 복지국가를 방어했다. 애초에 프랭클린 루즈벨트가 설계한 미국의 사회보장제도는 사회복지 프로그램이라기보다는 개인적인 소득과 연동되는 개인보험제도에 가깝다(영국의 밀과 유사함). 유럽 사회민주주의와 비교할 때 미국의 복지국가는 공동체적 요소는 약하다. 문제는 자유주의자가 생각하는 다수결의 민주주의가 편협한 대중에 의하여 야만적인 차별 등을 행할 때 어떻게 막느냐이다. 따라서 민주당이 공동체를 언급할 때는 국가공동체를 언급하는 수준이지 가족, 이웃, 지역의 문제가 아니어서 공허한 메아리로 되어버렸다. 즉, 초기 미국에서 토크빌이 언급한 것처럼 '시민들의 손이 미치는 작은 범위 내에서 통치의 기술을 연마하게 해준다'는 자치의식은 점차 사라지고 지역공동체는 붕괴하며 국가공동체로는 환원이 안 되는 것으로 자리 잡은 것이다.

죽어가는 지역 공동체를 부활시키기 위해서는 샌델은 다음과 같은 제언들을 한다. 첫째, 자유주의 진영은 시민자치와 공동체의 언어를 배워야 한다. 선거권도 중요하지만 시민적 자원을 포용하는 공동체의 비전을 세워야 한다. 둘째, 사람들이 공동체를 이해하고 거기에 참여할 이유를 발견하지 않는 한 공동체를 부활시키지 못한다. 셋째, 정치권은 현대 경제구조의 개혁이 필요하다는 사실을 이행해야 한다. 자본과 대기업의 무소불위, 적대적 노사관계를 다룰 정책이 필요하며 정부에 적합한 경제제도가 무엇인지에 대해 논쟁해야 한다. 넷째는 도덕적, 종교적 담론을 공공생활과 분리시키지 말아야 한다. 도덕적 의미와 공동선이 결여된 공공생활은 자유를 보장해주지 않는다. 정치는 다수의 편협된 도덕주의를 강조하는 자들에게 독식될 수 있다. 근본주의자들은 자유주의자들이 발을 들여놓기 두려워하는 영역에 거침없이 돌진한다. 그러나 최근 자유주의는 공동선의 비전을 제시하는 과제에 실패했다. 종교와 도덕을 외면하지 않고 자치와 공동체를 강조하면서 자유주의자들의 회복을 기할 수 있을 것이다. 단체를 조직하는 미국인의 창의성은 무궁무진하다는 말이 있을 정도로 미국인은 다른 나라들에 비교해 자발적 결사체가 활발하게 참여하고 있다."[22]는 등등 제언은 하지만 샌델이 자발적 결사체의 활발함에 대해서 희망적인 것은 아니다.

이러한 인식은 퍼트남 역시 같다. 그에 의하면 많은 미국인이 자신을 단체의 회원이라고 주장하지만, 클럽을 비롯한 자발적 결사체의 적극적인 참여는 불과 몇십 년 만에 놀라운 속도로 급락하고 있다는 것이다.[23] 결국 과거에 시민의 참여를 촉진했던 능력, 자원, 관심이 교육 수준의 향상으로 더 많은 인적 자원이 늘어났음에도 불구하고 시민참여, 즉 사회적 자본은 감소했다. 이는 1960년대 중반 이후 미국인의 정치와 정부에 관여하고 자신의 권리를 행사하는 다양한 방식이 과거와 비교하면 성격이 크게 변화했기 때문이라고 볼 수 있다. 교육 수준의 상승과 함께 공직에 출마하거나 국회의원에게

---

22) 마이클 샌델·김명철 옮김(2014), 정의란 무엇인가, 와이즈베리, pp. 315-317 발췌 요약.
23) Robert D. Putnam·정승현 옮김(2009), 나 홀로 볼링: 사회적 커뮤니티의 붕괴와 소생, 페이퍼로드, pp. 74-76 발췌 요약.

편지 보내기, 잡지·신문에 편지나 원고 보내기 등 자신의 의견을 공개적으로 표현하는 행동은 10~15%가 줄었으며 공공업무에 대한 지식은 잘 갖추고 있으나 실제로 정치와 정부에 참여하는 사람들은 날이 갈수록 줄고 있다는 것이다. 특히, 투표율은 약 25% 감소, 정치와 공공업무에 대한 관심도는 약 15~20% 감소, 정당 관련 집회 참석은 약 35% 감소, 정당 정치의 관여도는 약 40%의 감소세를 보였으며 모든 종류의 정치단체 혹은 시민단체의 참여는 40%가 감소했다는 것이다. 미국은 과거와 비교하면 시민참여 즉, 사회적 자본이 감소를 하고 있다고 볼 수 있다는 것이다.

샌델은 특히 『자유주의와 정의의 한계(Liberalism and the Limits of Justice, 1982)』에서 '공동체주의자'라는 용어를 처음 사용해 알래스데어 매킨타이어(Alasdair Macintyre) 등과 함께 공동체주의의 이론가로서 등장하게 된다. "1980년대 미국에서는 마이클 샌델을 비롯한 찰스 테일러, 마이클 왈저, 매킨타이어 등 공동체주의자들이 나타나는데 이들은 롤스는 『정의론(1971)』에서 중립에 관한 자유주의 사상을 비판하면서 출발한다. 이들은 롤스 이론의 핵심인 자유로운 선택권을 지닌 부담을 감수하지 않은 자아라는 견해에 문제를 제기했다. 이들은 공동체와 연대를 강조할 뿐 아니라, 공개 석상에서 도덕과 종교를 더 적극적으로 다뤄야 한다고 주장했다. 당시 이들의 주장은 큰 반향을 일으킨다."[24]

마이클 샌델(Michael J. Sandel, 1953.3.5.~   )
온라인 수강이 가능한 하버드 교육 강의 'Justice'로 익히 알려진 바 있으며, 존 롤스(John Rawls)의 「정의론(A Theory of Justice)」을 비판한 「자유주의와 정의의 한계」(Liberalism and the Limits of Justice, 1982년)를 발표하면서 세계적인 명성을 얻었다.

24) 임승빈(2019), 자치, 그리고 공동체주의 논거와 실천모색, 자치행정학보, 제33권 제3호 (2019 가을), pp. 24-30에서 발췌 요약.

〈표 4〉 자유주의자와 공동체주의에 대한 관점의 요약

	공공선 형성	가치분배 기준	자유주의와 관계	정의론 관점
Sandel	개인의 권리에 맞서 목적론적 선기반의 구성주의관점	공유되고, 숙의된 공동체적 가치	자유(개인)주의 가치관의 비판과 교정	자유주의 한계 극복을 위한 구성적 공동체주의 제시
MacIntyre	덕의 서사성과 전통의 형성	공공선의 목적론	목적론적 가치관으로 자유주의 부정	공공선 목적과 실행에 의거한 총체적 가치통합
Taylor	공유된 이해와 사회적 대화망을 통한 실천적 추론	강한 가치평가에 의한 고차원적 선	개인의 자율성에 의거한 다원주의적 해석과 이해 강조	공화주의에 기반한 해석주의의 구성적 관점
Walzer	사회적 맥락 기반의 공유된 이해와 실천을 통한 사회비판	복합평등론과 사회비판의 실천행위	자유로운 개인들 간 이해의 공유와 비판 행위 강조	상호가치 교환의 평등에 기반한 비판주의관점
J. S. Mill	개개인의 자유는 권력에 대한 통제이며 이것이 보장된다면 가능	개인의 다양성과 소수파들도 우대하는 철저한 개인주의 실천	자유주의의 효시	권력을 통제할 수 있는 기제가 형성되어 있는 사회에서 개인의 행위는 정의
Tocqueville	개개인의 기준에 의한 결사체에 의해 가능	공공선을 우선적으로 강조하는 자유로운 결사체의 결정에 따름	중간단위 결사체의 자유주의 옹호	사회적 결사체의 자유로운 의사결정에 의한다면 정의
Putnam	북부이탈리아 도시들과 같이 사회적 자본을 통해 가능	사회적 자본에 의해 그 공동체가 결정할 사항	도시, 나아가서는 국가가 갖춰야 할 규범 등이 중시	사회적 자본은 투명하고 오픈될수록 네트워킹이 원활할수록 정의

출처: 전지훈·강현철(2019), 지역기반 사회적경제를 위한 이론적 기반의 탐색적 연구: 공동체주의 (Communitarianism)사상을 중심으로, 지역과 세계 49(2): 223을 재구성했으며 J. S. Mill, Tocqueville, Putnam의 견해는 필자가 정리하여 추가했음을 밝힘.

〈표 4〉는 이상 논의한 Sandel, MacIntyre, Taylor, Walzer, J. S. Mill, Tocqueville, Putnam의 논의를 중심으로 요약한 것이다.

"샌델은 J. S. Mill의 자유론을 인용하면서 미국의 지방자치, 연방정부와 주정부간의 관계에 논의하고 있다. 그에 의하면 미국의 경우 1970년대가 되자 지금껏 유복한 생활과 독보적인 외교와 국방의 힘은 점차 약화 되어갔고 1960년대 후반부터 시작된 10여년에 걸친 인플레와 디플레의 반복, 베트남전쟁의 패배, 1978년에는 주식의 대폭락에 이어 레이건 행정부가 등장하게 되었다는 것이다. 동시에 전통적인 가족, 이웃, 도시와 마을, 종교와 민족 공동체 등은 붕괴되거나 쇠락했고 이제 개인들은 무장해제 되어 경제와 정부의 비인간적인 권력에 홀로 대면해야 했다. 지역기반으로 하는 기초지방정부의 자치의 쇠퇴에 대해 레이건이 제시한 해결책은 연방정부의 지출을 삭감하고 규제를 해제하고 분권화함으로써 연방정부의 권력을 주정부와 지방정부로 이양하자는 것이었다. 연방사법제도는 기존의 간섭을 배제하고 공동체가 낙태, 포르노 허용기준, 학교 내에서 기독교 의례허가 등과 같은 것을 공동체가 결정하도록 했다. 그러나 이런 과거식 연방제부활은 시민권력으로 통제권을 회복시키려는 것이었으나 실패는 예견된 것이었다. 그 이유는 이러한 접근법이 애초에 연방정부를 낳은 조건을 간과했기 때문이다. 이들 조건에는 전국적(세계적) 규모로 기업세력이 커져서 정치분권을 해도 시장을 통제하기는 힘들고 기업도 지역에만 있지 지역기업이 아니기 때문이다. 19세기 말에 나타난 정치권력의 집중(연방주의 강화)은 경제력의 집중에 대항하려고 나타났고 민주적 통제권을 강화시키기 위한 시도였던 것이었으나 레이건의 신연방주의는 이를 무시했거나 의도적으로 피했던 것이다. 즉, 경제를 분권화하지 않고 정부를 분권화하려는 것은 반쪽짜리 자치였던 것이다. 롤스적 자유주의에서는 정의는 선보다 우위에 있다면서 좋은 삶의 다양한 생각에 대해 정의는 독립되어 있고 정부는 여러 관념에 대해 중립적이어야 한다. 샌델은 이에 대해 반박을 하며 무지의 베일 아래에서 자아는 구체적 상황이 결여된 추상적이고 형식적인 자아로 도덕적 또는 정치적 책무를 지지 않는다. 이것을 샌델은 무연고적 자아(unencumbered self)라는 용어로 비판하고 정의의 선에 대한 우위성이라는 생각을 비판하며 이러한 사상적 흐름을 갖는 자들을 공동체주의

자라고 한다. 실제현실에서 사는 사람들은 가족이나 공동체, 국가 등 다양한 구체적인 상황을 짊어지고 있다. 자아란 그런 배경이나 상황을 짊어진 연고적 자아(encumbered self)이다. 한편 샌델의 스승인 찰스 테일러는 철학자이면서 행동과학을 비롯해 사회과학까지 다양한 형태로 나타나는 과학주의적 사고방식과 근대세계관, 학문적 이론을 중심으로 하는 원자론을 비판했다. 원자론은 가장 작은 단위를 생각하고 작은 단위의 총합으로 세계를 보는 사고법으로 자연과학에서 최초로 나타났다. 뉴턴역학이 대표적이다. 그 영향을 받은 사회계약설에서는 최소단위인 개인이 계약해 국가를 만든다는 사고방식이 있다. 테일러는 바로 이것을 비판하고 캐나다의 퀘백주의 분리자치 문제에 관심을 가지면서 공동체를 중시하는 관점에서 다문화주의의 문제를 제기한다. 그는 헤겔철학자로서 인간이 서로 간에 승인하는 사상에 따라 대립하는 공동체끼리 상호 승인함으로써 공존을 탐색하는 승인의 정치라는 사고법을 제기하고 다문화주의의 기초를 다졌다. 그러나 정작 샌델은 공동체주의자의 선구자로서 듀이를 들고 있다. 듀이는 미국의 실용주의자의 대표자로 일반인은 그를 자유주의 사상가로 이해하고 있다. 듀이는 사람들이 원자화되고 미조직 상태가 되는 것을 우려하여 공적 생활의 공유와 회복을 지향했다. 또한 새로운 공동체주의적 제도로서 학교를 중시하고 커다란 공동체(great community)를 만들 필요성을 주장하며 국민적 공동체 형성을 구상했다. 샌델에 의하면 듀이의 사상은 시민적 자유주 또는 공동체주의적 자유주의로 본 것이다. 샌델은 왈저의 정의로운 전쟁(just war)이란 어떤 것인가하는 문제의식에서 그는 많은 전쟁은 도덕적으로 어긋난 전쟁이지만 인정할 수밖에 없는 정의로운 전쟁이 있다고 말한 대표적인 정의로운 전쟁론자이다. 왈저의 논지는 공동체주의적인 논리로 분배의 근거를 공동체 구성원의 공통 이해에서 요구하고 있으므로 상대주의적이라는 비판이 있다. 샌델은 왈저의 상대주의적 논지에 반드시 찬성하지는 않고 오히려 하버드 강의(정의론)에서 특정 공동체의 다수파가 옹호한다면 남북전쟁 전 노예제도가 올바른 것이냐 하는 관점에서 비판한다. 이런 관점은 오히려 샌델은 자유주의자인 J. S. Mill의 다수파의

〈표 5〉 국가의 소극적 개입과 적극적 개입

소극적 개입(작은 정부론)	적극적 개입(큰 정부론)
주체적 개인(베버, 파슨즈, 하버마스)들이 모여 구조기능적으로 이뤄진 '국가와 사회'	'국가와 사회'는 구체적인 방향성과 역사 인식을 공유 ↓ 구조와 실존적 관점에서 접근

 ⟶ 사회

소극적 개입(작은 정부론)	적극적 개입(큰 정부론)
로크 이후 국가와 사회의 관계는 평등주의적 관점에서 개인과 개인이 합해서 사회 계약적 관계	기대가 다른 각 개인들은 소통(정보＋전달＋이해)을 통해 사회체계 구성(루만의 견해)
베버는 '사회라는 실재는 없다'라고 봄. 모든 집단에는 관료제적 요소가 있으며 이들 간의 도덕적이고 자유적인 경쟁관계가 자본주의를 발전시켰다고 봄	마르크스는 노동자로 대표되는 사회적 약자층에 '착취'라는 구조에서 탈피하지 못하며 '경제결정론적으로 사회가 형성'되어 왔다고 주장
존 롤스는 공정으로서 '정의'를 강조. 평등주의적 자유주의 강조. 평등한 다수의 행복을 위한 공리주의와 사회계약론적 관점을 중요시함. 합당한 사회가 합리적 개인보다 우선시하는 것이 '정의'. '정의'는 최소수혜자가 받아들일 수 있는 조건의 수용. 그러나 하층민의 고통을 통하여 다수인 중산층과 상류층이 행복해진다면 옳다는 비판에 직면(예, 과거 성장일변도의 한국은 농촌과 노동자의 피해를 통해 도시와 기업주도의 중산층과 상류층 형성을 꾀함)	마이클 샌델은 '정의'를 3가지 차원에서 접근: 1)행복의 극대화＝공리주의 2)자유＝개인의 권리존중 3)미덕＝공동체주의, 덕의 윤리. 샌델은 무의지 무간섭적인 자유주의 극단성을 배제하고 국가가 도덕적 책임을 지고 적극적으로 개입하는 것이 '정의'라고 봄. 결과의 불평등의 문제가 아니라 과정과 절차의 공정성 여부가 불평등.
	신 실재론(가브리엘)에서 4가지 위기 개인은 fake≠fact or fake＝fact 구별 못 함 (SNS를 통한 의사소통) ↓ 이곳에서는 법정도 없고 의회도 없다. 실재를 파악해야 한다. 그러나 불가능
영미의 중심적 사고 ↓ 사회가 발전하면 낙수효과도 커질 것이다라는 베버·뒤르켐·파슨즈의 구조기능주의적 관점 ↓ 자유평등적 시장주의와 경제질서 우선	↓ 프랑스 등 서유럽과 북유럽국가들: 공화주의적 질서관 확립이 중요 합의적인 사회질서 체계 확립을 중시

횡포를 염려하는 것과 같은 자세를 취하며 또한 자유주의자들과는 달리 개인의 자유권을 우선시하는 것이 아니라 공동체의 권리를 우선시하는 공동체주의자로서 면모를 보인다."[25) 〈표 5〉는 이상 논의한 '국가의 역할'에 관한 소극적 개입과 적극적 개입에 관한 견해를 요약한 것이다.

근대성과 후기근대성 논쟁

폴란드 태생의 유태인 출신이면서 제2차 세계대전 중에는 러시아 정보국 출신으로 전쟁에도 참전하였고 나중에는 영국에서 교수를 했던 지그문트 바우만(1925~2017)은 유태인에 대한 홀로코스트를 나치집단의 특이성으로 이해하지 않고 유럽 사회의 비뚤어진 근대성의 결과라고 보았다. 즉, 그 증거로서 독일 이외의 폴란드, 루마니아 등지에서도 결코 유태인들에 대한 박해가 없었던 것이 아니었다는 것을 예로 들고 있다. 바우만의 설명에 의하면 유럽사회에서 유태인을 차별하고 학살한 것은 히틀러와 나치의 선동에 의하여 발생한 것이 아니고 유태인들에 대한 증오심을 그들이 대변했기 때문에 히틀러가 탄생한 것이다. 즉, 액체근대화론을 제기하며 근대성에 대한 성찰을 강조한 바우만은 서구사회의 유태인 차별은 오랫동안 형성된 다수집단의 문화였으며 그 증거로 독일과 폴란드에서만의 아우슈비츠가 아닌 유럽, 특히 기독교를 신봉한 서유럽 전반에 유태인 차별을 그 증거로 제시하고 있다. 성찰 없이 맹신성을 쫓는 잘못된 광기가 되어 버린 근대성의 특징을 비판한 것이다. 바우만은 기존의 근대성을 '무거운 것'으로, 그리고 체계적이라는 말과 함께 오늘을 살아가는 세대들의 삶을 구성하는 근대성과 너무나도 다른 것이라고 주장하면서 '가벼운' 혹은 '액체' 근대성이라는 개념을 내놓았다. 즉, '고체' 근대는 상호 결속의 시대였으나, '유동적인', '액체' 근대는 결속 끊기, 회피, 손쉬운 도주, 절망에 찬 추격의 시대라고 주장한다. 또한 개인의 입장에서, 공적

---

25) 임승빈(2019), 자치, 그리고 공동체주의 논거와 실천모색, 자치행정학보 제33권 제3호(2019 가을), pp. 32-33을 발췌 요약했음을 밝힌다.

공간은 사적인 근심거리들이 더 이상 사적인 것이 아니게 되는 등 공적 공간에서 더욱더 공적 현안들이 없어지고 있다고 주장했다. 즉, 개인화에 대한 압력에 처한 개인은 점진적이면서도 지속적으로 시민의식이라는 보호 장비를 빼앗긴다고 보았다. 바우만은 현대를 이해하는 키워드로서 관료, 과학, 효율, 개인화 등을 거론하며 2차대전 때의 유태인을 학살한 홀로코스트를 인종차별로 간주하지 않고 광기와 비합리적인 근대성이 만들어낸 현상이라고 주장한다. 그러한 근거로서 독일의 유태인 차별은 폴란드나 다른 나라들에 비해서 더 심했다고 볼 수 없었으나 관료, 과학, 효율, 개인화 등의 특성을 가진 집단들에 이러한 광기가 집행되었다고 보는 것이다. 그는 현대를 유동성을 갖는 근대성이라고 정의하며 그 사회에 따라 달라질 수 있다는 점을 강조했다. 따라서 액체근대화의 시대인 현대에서는 어느 사회든지 어느 시대에선가 에서는 인간이 때론 쓰레기와 같은 취급을 당한다는 것이다.

후기 근대성은 포스트 근대 혹은 포스트 모더니즘으로도 표현된다. 현대 사회의 탈산업화, 개체화, 탈결속사회 등의 특징을 보이면서 나타난 현상을 표현하는데 사용되는 용어이기도 한다. 그렇다고 해서 모더니즘과 포스트 모더니즘의 차별성 논쟁이 끝난 것은 아니다. 근본적으로 포스트 모더니즘이 모더니즘의 다음에 오는 시대적 특성이 있는 것도 아니고 근대와 현대를 나누는 기준이 되지 못하는 다는 점에서는 견해를 같이한다. 오히려 양자 간의 논쟁은 근대성이라는 개념과 해석에서 나뉘어 진다. 현대에 대한 이해를 모더니즘에서 보는 관점은 재귀적 근대 혹은 재근대화로서 현대를 이해하고 있는데 현대 사회를 여전히 계급적 구조로 이해하는 프랑스의 피에르 부르디외(1930-2002)와 현대사회를 기능적으로 분화된 구조로 이해하는 독일의 루만이 대비된다. 현대의 보수와 진보를 이해하는 데에 있어 피에르 부르디외를 진보로 루만을 보수로 여기는 것은 바로 이와 같은 차이점에서부터 비롯되었다고 볼 수 있다. 이 같은 논쟁은 후에 앤소니 기든스의 『제3의 길』에서 현대사회를 근대의 재귀성으로 이해하는 것과 율리히 벡의 『위험사회』에서 현대는 근대성이라는 거울을 빛에 비쳐 반사되어 나오는 성찰을 하지 않으면 안된다는 것으로 이어진다. 피에르 부르디외의 근대성에 대해 요약하자면 구별 짓기, 문화적 자본, 아비투스[26] 등의 몇 가지의 개념적 용어들로 축약된다. 그는 마르크스와 같이 사회구조를 계급으로 보았으며 경제자본이 문화자본을 형성하고 궁극적으로 사회자본의 특질을 만든다고 보았다. 즉, 또래 집단에서 튀는 행동은 그 사람의 개인의 취향인 아비투스가 아닌 그가 속한 계층(집단)의 아비투스이며 이는 철저하게 경제적 자본과 밀접하게 연계되어 있다는 것이다. 예를 들면 우리나라의 경우에 빗대어 보면 고급 수입차, 그리고 강남 아파트에 살고 있다는 것들이 자신들만의 계층(상류층)을 표시하는 일종의 아비투스가 되는 것이다.

부르드외는 문화자본, 경제자본, 사회적 자본으로 구분했다. 그는 비판적 구조주의자 내지 신자유주의 비판자로 평가된다. 그는 한 개인은 자신을 둘러싼 여러 구조와 아비투스로부터 실제행위, 관습적 행위가 규제되고 있다는 점을 규명했다. 부르드외는 주로 교육과 사회계급을 분석하여 교육과 문화자본의 결합이 문화적 재생산되어 경제권력화되는 현상을 분석했다. 즉, 사회적 구조가 재생산으로 변하는 메카니즘을 분석하였기 때문에 현상적 구조주의자로서 취급받기도 한다.

앤서니 기든스는 영국의 사회철학자이면서 당시 수상이었던 토니 블레어의 정책자문으로서도 유명한 학자이다. 그는 현대사회를 4가지 키워드로 이해한다. 첫째는 자본주의, 둘째는 산업주의, 셋째는 감시와 관리(관료주의), 넷째는 군사력, 그러면서 현대는 하이 모더니티라는 것이다. 지식은 개인과 집단에 의하여 형성되어져 상기의 4가지 현대를 나타내는 키워드가 점차적으로 세계화로 나간다는 것이다. 이는 미국, 대처 정권의 영국, 일본 등지에서의 신자유주의로 나타난 것이 대표적인 현상이라고 그는 지적한다. 기든스는 사회민주주의에서의 공정을 제1의 길, 신자유쥬의에서의 효율을 강조하는 것을 제2의 길로 간주하고 중도 좌파적인 제3의 길로 나아갈 것을 권고하고 있다.

---

26) 라틴어 'habere'의 보유하다, 간직하다에서 파생되었다고 한다.

그는 민주주의 민주화를 주장하는데 이는 유럽의 68세대[27]의 주장과 어느 정도 궤를 같이 하고 있다. 기든스는 우리가 현재 '질주하는 세계'에 살고 있다고 진단하며, 이 세계는 울리히 벡이 진단하는 종류의 새로운 위험과 불확실성을 특징으로 하고 있다. '사회적 성찰성'(social reflexivity)은 우리가 살아가는 환경 상황에 대해 끊임없이 생각하고 돌아보는 것을 가리키는 단어이다. 정보화 시대에 산다는 것 역시 사회적 성찰성이 증대하는 것을 의미한다. 또한 기든스는 질주하는 세계라는 구상이 필연적으로 미래에 대한 통제력을 상실할 수밖에 없음을 함축하는 것은 아니라고 주장한다. 학계의 '전문가'와 '비전문가'의 구분은 확고하지 않다고 보고 있으며, 이런 추세로 본다면, 성찰성은 사회적 삶의 더 많은 분야로 계속해서 확대될 것이라고 보고 있다. 즉, 울리히 벡, 지그문트 바우만과 기든스 등이 근대성이 갖고 있는 공통적인 점은 제대로 된 근대성을 아직도 탈피하고 있지 못하다고 주장하며 탈근대성이 아닌 '후기'(late) 혹은 '성찰적'(reflexive) 근대성을 강조하는 것이다. 특히, 기든스는 고도화된 근대성에서 많은 부분이 변화하지 않았으며 아직도 근본적으로는 근대성의 종언이 일어나지 않았다고 주장한다.

근대성을 촉진시킨 과학이 종교 권력의 대체세력으로 된 현상은 이미 뉴턴 이후 지속적으로 진행되어 지금은 사람들의 삶의 형태 자체도 바꾸려고 하고 있다. 동물진화론자로 유명한 도킨스는 종교를 '정신 바이러스(virus of mind)'라 하고 같은 부류의 학자인 데닛은 종교를 '길들여진 밈(domesticated meme)'이라고 했다. 밈이라는 용어는 도킨스의 역저인 『이기적 유전자』에서 그가 만든 용어인데 문화전달의 단위, 혹은 모방의 단위를 의미하고 유전자의 진(gene)과 운율이 맞도록 밈(meme)이라고 작명한 것이다. 진과 마찬가지로 마음도 대물림 가능하며 그 정보와 문화의 복제 기본 단위가 밈(meme)이라는 것이다. 즉, 종교도 유전자인 진(gene)과 마찬가지로 밈(meme)형태로 유전된다는 것이다. 그래서 진이 진화하는 것처럼 밈 역시 종교처럼 진화한다

---

27) 1968년 프랑스 파리의 대학생들이 주도한 사회개혁 운동을 경험한 학생운동 세대를 지칭한다.

는 것이다. 도킨스와 데닛은 밈으로 인해 유전으로 진화된 종교는 부모와 사회로부터 형성된다는 것이다.

"울리히 벡은 현대사회를 재귀적 근대로 보았는데 19세기 산업사회가 근대화를 이끌었지만 이게 끝난 것이 아니라 더욱 철저해져서 자연환경과 인간성을 파괴시키면서 현대사회의 위험성을 가속화시키고 체르노빌 원전사고에 이르렀다는 것이다. 바로 이것이 현대의 '위험사회'이며 제대로 된 근대성이란 성찰을 통해서 위험사회를 극복할 수 있다는 것이다. 위험이라는 단어 자체는 예측인데 이는 위험한 행위를 많이 하면 할수록 확률이 높아지는 이치이므로 위험한 행위인 원자력과 자연파괴를 멈춰야 한다는 것이다. 그는 우리는 '근대를 넘어선' 세계에 살고 있기보단, 그가 '제2차 근대성'이라고 부르는 국면으로 진입하고 있다는 것이다."[28] 벡의 성찰성 개념은 근대화의 부작용에서 비롯된 근대화에 대한 반성과 근대화의 성찰성에 중점을 두고 있다. 또한 이런 성찰성은 자동화된 근대화 과정에서 나온 근대화 자체의 부수적 산물에 대한 체계적 진단을 의미한다. 따라서 성찰성 개념은 자기 대면적인 것을 의미한다. 산업적 결정의 부작용과 비용을 예방적으로 완화하고 정당하게 분배하기 위해 국가가 보증하는 리스크계약은 사회주의와 자유주의의 중간 어디 쯤에 있다. 그것은 위험한 부작용이 체계적으로 발생한다는 사실을 인정하는 동시에 그 부작용을 예방하고 보상하는 일에 개인들을 참여시키기 때문이다. "국가 사회 차원의 리스크 계약을 전체적으로 체계적으로 또 분명

벡(Ulich Beck, 1944~2015)

프라이부르크 대학교, 뮌헨 대학교에서 사회학·철학·정치학을 수학하였으며 뮌헨 대학교에서 사회학 박사 학위를 받았다. 그는 1986년 『위험사회』란 저서를 통해 서구를 중심으로 추구해온 산업화와 근대화 과정이 실제로는 가공스러운 『위험사회』를 낳는다고 주장하였다.

---

28) 울리히 벡 지음·홍성태 옮김(1997), 위험사회, 새물결, pp. 4-5.

하게 위반하는 곳에서는 원칙적으로 근대화의 산물인 합의가 대기하고 있다. '위험사회'의 범주가 의미하는 바는 바로 이것이다. '위험사회'의 범주는 산업에서 발생한 위험이 통제할 수 있고 보상할 수 있다는 리스크계약의 핵심이념을 의문시하는 과정을 주제로 설정한다. 이는 위험사회의 역동성이 다음 가설에 근거하지 않는다는 뜻이다. 위험사회는 인간의 결정이 야기한 산업적 불확실성성과 위험을 위험논리의 도움으로 통제할 수 있게 만든 적어도 원칙적으로 현대사회를 뜻하지 않는다. 그런 의미에서 19세기와 20세기 초에 산업사회적 국민국가적 현대와 관련이 없다. 그것은 20세기 후반에 시작한 한 새로운 리스크의 전개, 즉 생태학적 위기의 역사적 경험과 복지국가의 안전 후퇴 같은 현상과 연관된다는 것이다."[29] 우리가 현재와 미래에 살아가야 하는 세상은 미증유의 위험이 가득한 세상이지만 스스로 산출한 위험조건 아래서 우리 자신의 미래를 결정해야 하는 세상이기도 하다. 현대가 산출한 위험을 세상이 더 이상 통제할 수 없다는 뜻도 여기에 담겨있다. 더 정확히 말하면 현대사회가 스스로 위험을 통제할 수 있다는 믿음이 깨졌고 그것도 현대가 실패하거나 제대로 일을 못해서가 아니라 성공했기 때문이다. "그의 지적에 의하면 글로벌 경제성장은 너무 빨랐고 부는 급증했다는 것이다. 영국의 농부들이 문제 제기한 제초제 위험성에 대하여 전문가들로 구성된 자문위원회와의 충돌은 하나의 상징성을 띤다. 위험에 관한 논쟁에 대해 이 경계설정적 전제들을 완전히 비성찰적으로 부과하는 것은 과학적 명제들의 진리성에 관한 현실주의적 동요와 농부들과 과학자들의 부패와 규제기구들의 비합리성에 관한 추정을 둘러싼 논쟁으로 문제를 양극화했을 뿐이다. 성찰적 학습과정이 있었다면 과학적 결론들을 떠받치는 조건들을 인지했을 것이고 이 조건들이 함축하는 사회상황적 문제들을 추출했을 것이며 특히 과학자들이 아닌 다른 사람들의 지식을 이용하여 이 문제를 검토했을 것이다. 그러므로 가장 명백한 기술적 위험의 영역에서조차 중요한 사회학적 과제가 존재한다."[30]

---

29) 울리히 벡 지음·홍성태 옮김(1997), 위험사회, 새물결, p. 27.
30) 울리히 벡 지음·홍성태 옮김(1997), 위험사회, 새물결, p. 28.

그러나 제도가 민주주의적이고 신분제를 타파했다고 근대성이 완성되는 것은 아니다. 사람은 약자의 편에 서는 것보다는 강자의 편에 서는 것이 비용편익적 측면에서 유리하다. 스포츠, 게임세계에서 심지어는 정치세계에서 이런 현상은 더욱 심하다. 승자의 편에 서는 것이 수익을 보장해 줄 뿐만 아니라 약자에 섰을 경우 당할 피해로부터 회피할 수 있고 심지어는 목숨마저 구할 수가 있기에 인간은 승자의 편에 서기를 원한다. 즉, 선택하는 집단의 옳고 그름의 문제가 아니라 승자가 될 것이냐 아니냐를 두고 선택의 갈등을 하게 되는 것이다. 위고 메르시는 "인간은 진실과 정의가 아니라 동의를 구하는 데 몰두한다. 인간은 사회적 압력에 구속되고, 권위를 지나치게 존중한다. 인간은 획일적인 의견 앞에 움츠리고, 이성이 아니라 어딘가에 속하려는 욕망, 감상적 호소 및 성적 매력에 휘둘린다라고 정치철학자인 제이슨 브레넌(Jason Brennan)이 언급한 바 있다고 한다. 심리학자 대니얼 길버트(Daniel Gilbert)도 인간은 의심하기보다 쉽게 믿는 성향은 우리 안에 생득적으로 내재한 가장 공통된 기질로 여겨져야 마땅할 듯하다고 언급한 바 있다. 문화인류학자들은 이와 같은 인간의 맹신성을 당연히 여기며 어린이에게 전달되는 문화는 맹신성의 프로그램의 내재화라고 표현한다. 그러나 개개인의 유전자와 집단의 문화는 서로 상충되면서 전달이 되어왔다. 개인의 유전자는 누구로부터 무엇을 배울 것인가? 이에 대한 답은 두 가지 유형이 있다. 하나는 나보다 나은 남들을 흉내 내고 따라 하려는 행위가 인간의 자연적인 심리상태인 것이다. 심지어는 외모와 패션도 따라 한다. 이러한 모방은 성공 편향(success bias)이라고 한다. 또 다른 방법은 다수의 선택을 모방하고 따라는 것이다. 소위 동조 편향이다. 따라서 때로는 유용한 것에 따를 수도 있지만 파괴적인 다수의 행동에 따르려는 것이다. 그러나 위고가 주장하는 바는 사람들은 그렇게 보이는 것이지 실제로는 그렇지 않다는 것이다. 대중은 멍청하지 않고 프로파간다가 그다지 성공하지 못했다는 것이다. 대중은 이미 증오심과 저항심이 있는데 정치가 또는 광고들이 이를 대변하는 것에 지나지 않는다는 것이다."31) 따라서 현대철학에서 후기근대성을 언급한 바우만, 율리히 벡, 기든스 모두가 강조하는 성찰적 철학과도 연계된다. 위고의 논지를 요약해보면 현대국가에서의 미디어는 좀더 교묘하게 맹목적인 편향적 보도를 통해 큰 비용없이 자신의 고정된 시청자를 형성할 수 있다. 우리 편을 들어 우리에게 신뢰를 얻으려는 사람들은 상대편을 엄청난 강적으로 표현하여 더 큰 이익을 얻는다는 것이다. 이들의 근대성과 현대성에 관한 논쟁들을 〈표 6〉과 같이 간단하게 정리해 볼 수 있다.

〈표 6〉 근대성과 현대성(포스트모더니즘)의 차이

근대성(모더니즘)	현대성(포스트모더니즘)	주요학자들
– 산업사회 – 합리적 과학주의 – 민주주의 – 자본주의 – 신분제적 계급제 탈피	– 과학주의(기술전문가)가 문화·정치적 헤게모니 장악, 일차원적 근대성 종결	– 19C–20C 대부분의 사회과학자들
– 무거움, 고정적(고체주의) – 체계적구조, 상호결속 강조 – 동조편향(서구모델이 표준)	– 가벼움, 유동적(액체주의) – 결속 끊기, 회피, 도주, 절망에 찬 추격 – 개인화 경향 – 문화적 상대주의	– 지그문트 바우만, 들뢰즈, 푸코, 부르디외 등
– 산업사회 – 합리성 – 과학기술 문명주의	– 재귀적 근대, 2차 근대성 현대는 근대성의 지나친 발달로 성찰적 근대성 결핍으로 인한 위기 – 불확실성과 위협통제 불가능성이 날로 커짐 – 제3의 길	– 율리히 벡, 마르쿠스 가브리엘, 앤서니 기든스 등

질서의 지배자로서 관료: 한국

"제도상 최종 결정 권한은 정치인이 쥐고 있지만 정책 입안에 대해서는

---

31) 위고메르시 지음·강주헌 옮김(2021), 대중은 멍청한가, 커넥팅.

관료가 압도적으로 정보를 잡고 우위에 서 있다. 또 다양한 사회 문제 중에서 무엇을 정책의 과제로 다루는가 하는 선택(정치학에서는 아젠다 세팅(agenda setting)이라고 부른다)에 대해서도 관료가 주도권을 잡고 있다. 이러한 상황을 관료지배라고 부른다. 정책 결정에 있어서 정치가와 관료 중 어느 것이 주도권을 잡고 있는가 하는 문제는 정치학이나 언론에서 자주 논해져 왔다. 일본에서도 지방 분권, 규제 완화, 세출 삭감 등 관료가 싫어하는 주제에 정치가 임할 필요가 드러나자 관료지배는 개혁의 장애로 떠오르고 있다."[32] 이런 관료지배 현상은 일본에만 해당되는 것은 아니고 한국에서도 똑 같이 해당된다고 볼 수 있다. 오히려 1960년 5.16 군사쿠데타와 1980년 전두환신군부에 의한 장기적인 군사정권을 겪은 한국의 권의주의 정권이 일본보다 관료지배 현상이 두드러진다고 볼 수 있다. 일본을 비롯한 주요 선진국들과 한국의 관료 권한이 어느 정도인지 명백한 비교 측정은 불가능하나 오랜 권위주의 정권의 경험, 지방자치를 통한 분권이 주요선진국에서 가장 늦었다는 점, 대통령 직선제 등 국회 기능이 행정부에 대한 민주적 통제를 갖게 된 시점이 불과 40년도 안 된 1987년 이후였다는 점 등을 고려하면 한국의 관료지배 현상은 상당히 뿌리가 깊고 장기간에 이뤄졌다고 볼 수 있다. 관료는 일반공무원과 고위직 공무원군으로 크게 양분해서 살펴 볼 수 있는데 문제는 고위직 관료의 권한이 지나치게 광범위하고 강하다는 점이다. 3종의 국가고시(행정, 외무, 사법)제도를 통하여 배출되는 고위직 관료는 이미 한국 사회에 조선시대의 과거제도의 신분제를 대체하는 새로운 계층제를 형성하고 있다고 해도 과언이 아니다. 2022년도 3월 박광온 국회의원실의 조사에 의하면 정부 부처들 가운데 가장 강력한 권한을 갖고 있는 기획재정부의 관료들의 출신고교를 보면 1위 대원외국어고가 19명으로서 압도적으로 많았고 서울 강남권의 경기고와 전남 순천고가 9명씩을 배출해 공동 2위, 4위는 서울의 대일외고(8명), 5위 역시 서울의 명덕외고(7명), 6위는 공주대 사범대학부설고(5명), 광

---

32) 山口二郎(2007), ポスト戦後政治への対抗軸, 東京: 岩波書店, pp. 10-12.

주 동신고(5명) 등 지역 명문고와 민족사관고(4명)도 10위권에 들었다. 사무관 199명만 따로 떼어내면 외고 출신은 44명(22.1%)으로 집계됐다. 대학은 서울대를 졸업한 관료가 181명으로 전체의 48.4%를 차지했다. 연세대가 79명(21.1%), 고려대가 61명(16.3%)으로 뒤를 이었다. 고위공무원은 모두 서울대 고려대 연세대 등 이른바 'SKY 대학' 출신인 것으로 조사됐다. 사무관 역시 서울대(91명), 연세대(46명), 고려대(29명) 등 SKY 대학 비중이 83.4%에 달했다. 즉, 한국의 고위 관료집단의 구성은 외고 등 특목고 출신과 SKY 대학 비중이 83.4%에 달하는 등 계층이 신분제처럼 자리잡아 가고 있음을 알 수 있다.

"법무부가 2002년 제44회부터 2017년 제59회까지 공식적으로 공개한 최근 16년간 10,775명의 사법시험 합격자 출신대학을 법률저널이 분석한 결과, 이들은 83개 4년제 대학 재학·중퇴 이상의 학력이었다. 즉 최소 83개 대학 출신이었다. 0.14%에 해당하는 15명만 전문대 이하(고졸 포함)였다. 서울대, 고려대, 연세대 출신이 57.92%(6,241명)를 차지할 정도로 'SKY'대의 파워는 컸다. 법률저널이 2009학년부터 2017학년까지 9년간 25개 로스쿨의 모든 입학자 18,771명과 2018학년 21개 로스쿨 입학자 1,777명 총 20,548명의 출신대학을 분석한 결과, 국내 137개 대학에서 1명 이상의 로스쿨 합격생을 배출한 것으로 집계됐다. 또 외국 50여개 대학 출신 395명도 지난 10년간 국내 로스쿨에 입학하는 성과를 냈다. 지난 10년간 로스쿨 입학에서도 과거 사법시험에서의 출신대학 순위는 대체적으로 유사한 맥락이 이어지고 있는 것으로 분석됐다. 서울대가 18.5%(3,806명)로 사법시험에서의 'TOP' 명성을 이어가고 있고 이어 고려대 14.8%(3,049명), 연세대 13.8%(2,834명)로 'SKY'대가 전체의 47.2%의 점유율을 보였다."[33]

관료의 권한이 강하다는 점은 정부가 인허가권을 독점하고 있으며 특히 대부분의 국가 예산배분권한을 기재부 관료가 독점하고 있다는 데에서도 출

---

[33] 이성진, 법률저널(http://www.lec.co.kr), 2018.06.20.

발한다. 예를 들면 공공개발이 집중되는 개발정책을 살펴보면 쉽게 알 수 있다. 기재부의 조세정책과 예산심의와 국토부의 사업 추진을 하는 관료들에 의하여 타당성 높은 사업으로 전국의 공공개발이 진행되어 왔던 것이다. 그렇다면 이러한 개발정책에 있어서 어느 집단이 누가 강한 지배력을 갖고 있는 것일까. 어느 정권이든지 명운이 달려 있는 부동산 정책에 영향을 미칠 수 있는 핵심 주체로는 국회의원과 관료들로 구분해 볼 수 있다. 우선 관료들을 보면 "국토부의 도로·교통 관련 보직 등을 제외한 토지·주택 관련 업무를 맡은 실장급 이상 고위 공직자를 살펴본 결과 인원 10명 중 40%인 4명이 강남에 주택을 가지고 있었다. 부동산 관련 보유세와 거래세 등 세금 정책을 총괄하는 기획재정부도 살펴봤다. 역시 강남에 주택을 보유한 기재부 고위관료는 44.4%로, 재산공개대상인 9명의 중 4명이었다. 국토교통위원회 국회의원은 지역구가 다수인 만큼 강남 주택 보유 비율이 19.2%로 비교적 낮았다. 국토위 의원 26명 중 5명은 강남에 집이 있었다. 비서실·국토부·국토위·기재부·국조실 5곳의 강남 주택 보유자 비율은 약 20%~56%에 이르며 평균 38.5% 수준이다. 지역구 의원들의 영향으로 가장 비율이 낮았던 국토교통위원회(19.2%)를 제외하면 43.3%이다."[34] 즉, 이러한 수치가 보여주는 것은 정치집단보다 관료집단이 다른 집단들 보다는 경제적 부유층들이 많다는 점을 보여주고 있다.

한국의 경제적 질서의 세습화

"강남의 높은 집값이 유지되는 비결 중 첫손에 꼽히는 것은 지하철·공원 같은 공공 인프라다. 어느 정권이든지 강남 집값을 잡겠다고 엄포를 놓는 정부지만 생활 편의를 보장하는 공공 인프라는 강남에 몰려 있다. 이런 차이는 수치로도 확인된다. 가령 인구수가 거의 엇비슷한 강남구(인구 56만 5,000여 명)는 노원구(56만 2,000여 명)에 비해 지하철역이 2배 이상 많다. 교통 요

34) 박기묵·김나연 인턴, CBS노컷뉴스, 2018.09.13.

충지이자 상권이 발달하는 환승역도 4곳 대 6곳으로 강남구가 많다. 신분당선 연장선이 3호선 신사역까지 이어지면서 환승역 3곳(신논현·논현·신사)이 더 늘어났다. 수서고속철(SRT)은 강남의 잘 갖춰진 교통 인프라를 보여주는 대표적인 사례. 종전까지 고속철을 이용해 지방에 가려면 서울역이나 용산역, 청량리역까지 나와야 했던 수고가 사라졌다. 실제로 수서고속철 하루 평균 이용객 수는 5만 2,900명에 달한다고 한다. SR 홍보실 관계자는 수서고속철 회원 가입자 현황을 살펴보면 전국 시·군·구에서 강남·서초·송파구의 회원 가입자 수가 가장 많다. 그만큼 강남 지역민들이 고속철 이용 혜택을 가장 많이 누린다는 의미라고 말했다."[35] 즉, 수도권대 비수도권의 개발정책의 차별만 있는 것이 아니라 서울에서도 강남 3구와 강북 간의 차이도 크다는 것을 확연히 알 수 있다. 더욱 심각한 문제는 이같은 교육 기회 차이가 부의 대물림을 낳고 있다는 것이다. "좋은 환경에서 공부한 아이는 노동 시장에서 우대를 받고 또다시 부를 축적할 가능성이 커진다. 세대를 지날수록 격차는 더욱 크게 벌어지며 양극화가 심화되는 악순환이 발생하고 있다. 강남에 집중된 교육 인프라의 서울 내 교육 불균형의 시작은 1970년대 강북 명문고의 강남 이전 및 고교 평준화로 생긴 이른바 '8학군'시대에서 비롯됐다고 한다. 강북 소재 15개 학교를 강남지역으로 이전시켰고 이 과정에서 학교 용지 불하와 행정·재정적 지원을 몰아줬던 것이다. 추첨제 입학을 기본으로 한 고교평준화 도입 및 동일학군 내 진학원칙은 강남 8학군 조성의 근간이 됐다. 이 결과 교육 인프라의 강남 초집중 현상이 벌어진 것이다. 자녀의 좋은 대학 진학이 부모의 목표가 된 한국 사회에서 교육은 이사 등 다른 모든 가족의 삶을 결정하는 최우선 요소였다. 8학군 진학을 위한 위장전입, 이로 인한 인구유입, 자산 이동은 기형적 교육 현실을 낳았다. 자치구별 평균 학교 수가 강남지역은 74개인데 비해 비강남지역은 52개로 20개 이상 차이가 난다. 학원·독서실 등 서울 전체 사설교육시설 중 31%가 강남지역에 몰려있

---

35) 조한대·오원석, 중앙일보, 2018.01.25.

다. 관련 시설이 가장 적은 용산구(175개)와 강남구(2,246개) 차이는 12배나 된다. 누적된 격차와 이로 인한 지역별 자산 격차는 예산 차이로 이어졌다. 강남지역 교육재정 지원규모가 비강남지역에 비해 월등히 높아지면서 교육 불균형을 심화시켰다. 교육 불균형을 낳고 벌어진 격차가 나타나는 현상은 자치구별 교육경비 보조금 편성에서도 확인된다. 서울시교육청 자료에 따르면 보조금 편성액 상위 5곳은 강남 송파 노원 양천 서초 순이다. 학원과 학교가 밀집된 이른바 교육특구들이다. 코로나로 심화된 교육 불균형을 더욱 심화시킨 건 2020년 코로나19 사태 이후이다. 학교가 문을 닫고 모든 수업과 비교과 활동마저 원격으로 전환하면서 격차가 더 벌어졌다. 온라인을 통해 비슷한 수준의 교육 콘텐츠가 제공된다고 해도 학습성과는 현저히 다르다는 것이 전문가들 진단이다. 강북 지역 중학교에서 근무하는 한 교사는 수업을 위한 IT 기기를 갖고 있지 않거나 심지어 인터넷을 편하게 사용할 수 있는 환경이 갖춰져 있지 않은 가구가 제법 된다고 말했다. 강남은 사교육 의존도가 높은 반면 강북은 학교 의존도가 높다. 그만큼 코로나로 인한 학습 및 교육환경 결손이 강북 지역 학생들에 집중돼 있다. 감염병 같은 사태 '약한 고리(경제적으로 취약한 계층)를 더 파고든다'는 명제가 교육 분야에서도 확인된 셈이다."[36] 즉, 1997년의 IMF사태, 2008년도의 리먼사태, 2020년 시작된 코로나19와 같은 팬데믹 사태 등은 영세 자영업자 등 경제적인 취약층을 더욱 힘들게 하였던 것처럼 교육에서도 불균형이 심화된 것이다. 이에 비해 상대적으로 안정성이 높은 직업군인 공공조직의 임원들 특히 고위직 관료들과 이들을 배출하는 경제적 질서의 상류층의 경제력은 2세, 3세로의 세습화로 이어져 계층이 형성되어 가고 있어 격차사회를 더욱 심화시키고 있다는 점이다. 대표적으로 재벌이라는 표현으로 대변되는 대기업들의 경제적 지배는 더욱 강화되고 있다. "근래 들어 기업 집중화 현상이 전 세계적으로 뚜렷해졌다. 농업, 금융, 제약업계 등 전반에서 지난 수십 년 동안 통합과 합병이 이

---

36) 이제형, 내일신문, 2021.11.10.

뤄졌다. 이로 인해 집중된 독과점이 온 세상을 지배한다. 그리고 우리의 일상을 쥐락펴락한다. 이를테면 '거대함의 저주'다. 예컨대 구글이나 페이스북 같은 거대 기술 플랫폼 기업은 삶 속에 깊숙이 파고들었다. 이들은 모든 것에 대한 총괄적 정보를 그 누구보다 더 많이 속속들이 파악하고 있다. 우리 일상을 지배할 만큼 독보적 입지가 탄탄해졌다. 수치상으로 보는 양극화와 빈부 격차는 참혹하다 싶을 정도다. 현재 세계 상위 1%는 전 세계 부의 45%를 차지하고 있다. 이런 흐름이 특히 강세를 나타내는 나라는 미국과 영국으로, 1970년대까지 비교적 공평하게 이뤄지던 소득 창출은 거의 사라져버렸다. 미국의 경우 상위 1%가 국민소득의 23.8%를 벌어들이고, 국부의 38.6%를 통제·지배한다. 경제의 기업 집중화는 더욱 두드러진다. 특히 선진국의 경우 소수의 거대 기업이 시장을 좌지우지하다시피 장악하고 있다. 2015년의 경우 미국에서 100개 회사의 평균 시가총액은 하위 2천 개 회사의 그것보다 무려 7천 배가 더 컸다. 1995년만 해도 31배 더 컸을 뿐이었다. 한때 개방적이고 상호 경쟁하던 기술산업계 기업들도 이제는 페이스북, 구글, 애플 등 소수의 거대 기업으로 집중화했다."[37]

우리나라에서는 경제적 질서의 세습화 현상이 특히 심하다. 국내 기업들, 특히 대기업들은 여전히 지배구조에서 창업주의 가족 중심의 지배구조가 개선되지 못하고 있다는 평가이다. 변칙적인 경영권 세습과 친족에게 '일감 몰아주기' 같은 반칙은 언론 보도에 자주 등장하는 이슈다. "전국경제인연합회가 비금융기업 175개사의 기업지배구조 보고서를 분석해 20일 내놓은 결과를 보면, 2020년 기준 전체 15개 지표의 평균채택률은 64.6%였다. 기업지배구조보고서 의무공시가 처음 시행된 2018년(분석 대상 161개사) 52.9%, 2019년(171개사) 58.6%보다 높아졌다. 기업지배구조 보고서는 한국거래소가 기업지배구조와 관련된 사항으로 지정한 핵심원칙의 채택 여부를 공시하는 보고서로 15가지 지표로 구성돼 있으며 자산총액 2조원 이상 상장법인은 의무공시

---

37) 임형두, 연합뉴스, 2020.12.22.

대상이다. 지난달 경제개혁연구소가 전한 아시아기업지배구조협회(ACGA) 2020년 기업지배구조 평가보고서('CG Watch 2020')를 보면, 한국의 종합점수는 100점 만점에 52.9점으로 구미권을 제외한 아시아의 12개국 중 9위였다. 한국은 2007년 6위에서 2010년 9위로 떨어진 뒤 줄곧 8~9위에 머물러 있다."[38] 이상과 같은 객관적인 비교지표들을 통해서도 한국의 대기업들의 지배구조는 변칙적 세습화가 이뤄지고 있으며 관료와 정치가들과의 혼인관계 등으로 상류층이라는 계층을 만들어 가면서 경제적 격차가 사회적 계층 간 격차로 굳어지고 있다.

한국의 사회적 지배자들의 특성

한국 사회의 사회적 질서체계를 형성하고 영향력을 유지하는 3대 사회운동 세력으로 노동운동, 시민사회단체, 그리고 종교단체를 들 수 있겠다.

노동운동이 어떻게 사회적 질서체계의 상위자가 되었는지에 대하여 살펴보도록 하겠다. "노동운동의 특징은 대표적인 계급운동이라고 볼 수 있다. 이러한 노동운동의 한국에서의 시작은 1960년대를 첫 시작으로 보는 것이 정설이지만 1920년대 노동자를 위해조직된 조선노동자조합을 처음 시작으로 보는 시각 또한 존재한다. 1920년대에 만들어진 조선노동자조합은 조합원의 경제적 복지 향상을 위해 불매운동과 절약운동을 주도했던 조합이다. 그러나 사실 조선노동자조합은 일본의 제국주의로부터 독립운동에 참여하기 위해 조직된 조합이었다. 대한민국 정부 수립이후 합법화된 노조가 되기 위한 활동의 시작은 교원노조라고 볼 수 있다. 그들은 1960년 7월 17일, 한국교원노동조합연합회로 전국적으로 결집하여, 합법화 투쟁을 벌이고 있었다. 이 때 합법화 투쟁과 같이 문제 제기를 했는데, 교육공무원법에 이미 규정되어 있는 각종 수당 등을 법 규정대로 지급하라는 내용이다. 이에 대한 문제 제기가 나오게 된 이유는 정부가 예산편성과정에서 교원에게 지급하기로 되어 있던

38) 김영배, 한겨레뉴스, 2021.06.20.

90억환가량의 금액을 국가재정의 부족을 이야기하며, 완전 삭감해버린 것이 직접적인 사유가 되었다. 경북교원노조에서 시작한 법정수당 지급문제는 전국적으로 확대되어, 결국 문교부는 1961년 1월 26일, 교원들에게 보건수당 2천환, 교재연구비 2천환, 벽지수당 6천환을 61년 추경예산안에 책정하기로하고 초·중·고 교원의 봉급을 인상하기로 하였다. 하지만 미미한 수준에 불과해 교원노조는 뒤이어 전국적으로 투쟁을 벌였지만 문교부의 방안 그대로 시행되었다. 반공임시특별법안 제7조 폐지 운동은 1961년, 점차 고조되는 반정부적 분위기와 한·미 경제원조협정 반대운동 시위를 보며 위기감을 느낀 정부는 '데모규제법'과 '반공임시특별법'의 제정을 시도했다. 이는 시위를 억압하고 정치적 요구를 축소하려는 의도였다. 그중 '반공임시특별법'의 제7조는 근로자의 단결권, 교섭권 및 행동권을 보장하는 민주노조 운동을 무너뜨리려는 의도로 해석되어, 이러한 정부의 행동에 대해 전국의 언론, 일부 정당, 사회단체, 노조 등이 반대하는 움직임을 보였다.

한국노련에서는 전국의 모든 노조를 집결시켜 투쟁위원회를 구성하고, 대정부 투쟁을 벌이자 1961년 4월, '반공법 제7조'를 폐지하는 데 성공하였다. 1966년, 정부는 연료근대화를 통해 석탄 대신 유류를 모든 기관에 사용하게 하여, 석탄 산업은 파탄이 나고 탄광의 폐광 등을 통해 8천명 이상의 실직자와 18억원 이상의 임금 체불이 생겨났다. 이에 따라 전국의 광산노조연합은 투쟁위원회를 구성하고 조직적으로 항의를 벌였으나, 아무런 반응도 얻지 못했다. 1967년에는 노조간부 200명 이상이 상경하여 상공부 앞, 국회의사당을 향한에서 농성시위를 벌이고, 1968년에는 각지에서 시위를 벌였으며, 정선지방의 시위는 화형식까지 올리기에 이른다. 정부는 정책의 오점을 인정하고 체불임금 지원과 석탄산업에 대한 국가보호산업으로 향후 입법화한다는 대책을 발표하기에 이른다. 1970년 11월 13일, 서울 평화시장 앞에서 전태일은 근로기준법 준수, 일요일 휴일 지정, 노동자 혹사 반대를 외치며 분신 자살을 기도했다. 그 후 명동 성모병원에서 숨을 거둔다."[39] 전태일의 분신 투쟁은

39) 임승빈(2018), 정부와 NGO 4판, 대영문화사, 제4장 노동운동의 일부분을 발췌 요약했음을

한국의 노동운동의 역사의 한 획을 이뤘다고 해도 과언이 아니다. 그 이후 정부는 노조를 탄압하는 입장에서 최소한의 범위내에서 제도권으로 편입시키기 노력했으며 정부에 의해 만들어진 '한국노총'과 김대중 정부 이후 신생조직으로 만들어진 '민주노총'은 각각 매 4년마다 치러지는 국회의원 선거에서 보수와 진보진영으로 비례대표 국회의원을 배출하며 정치권 세력과 각각 결합하고 있다. 즉, 노동운동의 사회적 질서체계와 정치적 질서체계의 혼합이 이뤄지기 시작한 것이다. 그리고는 현대와 두산 등 대기업 노조 운동가들의 추천으로 인한 입사, 비정규직과 비노조원에 비해 상당히 높은 급여 등등에 의해 '귀족노조'라는 안 좋은 신조어까지 만들어질 정도로 사회적 질서체계에서 상위자이기는 하나 존경받지 못한 이익집단으로 여론이 형성되어 있다.

다음으로 1987년 이후 본격화된 시민사회단체의 사회적 질서체계에서의 역할 변화에 대하여 살펴보기로 한다. "시민사회라는 개념과 범주는 국가마다 학자마다 다양하여 한마디로 정의하기 어려운 개념이다. 시민사회라는 용어의 기원을 살펴보면, 키케로가 사용한 'societas civilis'라는 용어에서 그 초기 형태를 살펴볼 수 있는데, 전통적 의미의 시민사회는 시민에 의해 구성되고 그들의 참여로 운영되는 정치사회를 뜻했다.[40] 유럽에서는 1980년대 중반부터 복지국가의 위기, 대량실업의 확대 등 사회경제적 문제가 발생하기 시작하면서 시민사회 개념에 대한 논의가 진행되었다. 그러나 오랜 논의에도 불구하고 시민사회라는 개념은 국가마다 다르고 국가 내에서도 제3섹터(the Third sector), 자원섹터(voluntary sector) 등 그 명칭이 혼용되고 있다. 영국에서는 이러한 고전적 의미의 시민사회 개념이 18세기 들어서면서 근대적 의미의 시민사회 개념으로 바뀌게 되는데, 즉 국가와 시민사회를 다른 영역으로

밝힌다.
40) 최초로 시민사회이론을 정립한 스코틀랜드의 계몽주의자 애덤 퍼거슨(Adam Ferguson)의 저서에서도 이러한 인식이 잘 나타나있다. 그는 저서 『Essay on the History of Civil Society(1773)』에서 국가와 시민사회를 확연히 구별하지 않으며, 시민사회를 상업적 활동을 보호하고 세련화할 뿐만 아니라 정부와 법의 지배에 문화적, 공적 정신을 함양하는 '세련되고 문명화된 정치사회'로 정의하였다.

파악하려는 관점들이 등장하게 된다. 당시 영국에서 논의되던 시민사회론은, 시민사회를 상업사회로 보았던 흄의 담론, 정치적 인간 사회가 곧 시민사회라고 주장했던 애덤 퍼거슨, 그리고 흄과 퍼거슨의 시민사회론을 절충하여 개인들의 사적 이해의 장이지만 결국 공공의 이익이 발생하는 곳이 시민사회라고 주장했던 아담 스미스에 의해 이어져 나갔다. 시민사회가 이러한 개념을 갖기 시작한 기원은 유럽의 중세로 거슬러 올라가야 간다. 영국의 시민사회는 1688년의 명예혁명부터 그 존재가 뚜렷해졌다. 유럽사회에서는 17세기 말, 18세기 초에 이르면 정기간행물과 커피하우스 등의 존재가 여론형성의 중요한 기제로 작용하였다. 커피하우스에서는 대개 문학이나 예술을 둘러싼 논쟁이 많이 벌어졌는데, 이는 곧장 경제, 정치적 이슈로 확대되었고, 여러 계층이 비교적 쉽게 이 모임에 참여할 수 있었다. 하버마스는 17세기 말과 18세기 초기에 형성되기 시작한 영국의 커피하우스, 프랑스의 살롱, 독일의 테이블 사회와 같은 공론의 장의 중요한 공통된 특징을 '동등성(equality)', '문제 제기(problematization)', '포괄성(inclusion)'으로 요약했다. 이러한 공론의 장의 확대가 자연스럽게 지역, 국가, 국제 수준으로서의 연대를 맺게 되었고,[41] 이러한 여러 계급이 참여할 수 있는 모임으로부터 시민들의 시민사회 활동이 본격화된 것으로 볼 수 있다."[42]

그러나 한국의 시민사회와 시민사회단체들의 출범 계기는 유럽국가들과는 역사적으로도 기능적으로도 차이가 많다. 인용한 내용과 같이 유럽의 시민사회단체가 길드 등 경제조직에서 출발하여 산업혁명을 거치면서 국가의 정치적 질서의 지배자인 국왕과 의회 세력에 대한 저항부터 시작한 반면 우리나라는 항일운동의 독립단체부터 해방 이후는 좌·우 사회단체들 간의 대립이 격심했던 1948년 정부수립 때부터 줄곧 이어져 왔다고 볼 수 있다. 즉, 정당 이전의 사회단체에 가까웠지 정부에 저항적 세력, 즉 시민권력으로서 시민사회단체로 보기에는 어렵다. 그후 1987년 민주화 선언 이후 등장한 '경제정의

---

41) 김호기(1995), pp. 129–131에서 재인용.
42) 임승빈(2018), 정부와 NGO 4판, 대영문화사, pp. 30–31의 재인용했음을 밝힌다.

실천연합(이하 '경실련'이라 함, 1989년 창립)', '한국여성단체연합(1987년 창립)' 등은 정치권력을 추구하는 것이 아닌 시민을 대변하는 사회권력을 대변하는 단체들이 나타났다는 점에서 비로서 사회적 질서체계에서 시민사회단체들의 역할들이 나타나기 시작했다. 그 정점은 2000년도에 치러진 제16대 국회의원 선거에서 한국의 시민사회단체들이 연대하여 '낙천낙선운동'을 주도하면서 국민들의 신망과 세계적으로 주목을 받게 된 것이 지금에 와서 보면 사회적 질서체계에 있어 최고의 정점에 달했다고도 평가해 볼 수 있다.

보수와 중도우파의 합작정부의 형태로 1993년 등장한 김영삼정부에서 '경실련 출신' 전문가 교수 그룹에서 장관급 요직에 취임하며 시민사회단체가 지배권을 잡았던 사회적 질서체계와 정치적 질서체계와의 혼합이 이뤄져 시민권력의 대변자로서의 역할이 희석되어지기 시작한다. 그 이후 등장한 김대중, 노무현정부에 이르러서는 이러한 현상이 더욱 두드러진다. 과거 3김시대에 김영삼보다는 김대중후보를 상대적으로 더욱 지지했던 그룹이 1994년 '참여연대'를 창립한 것이다. 참여연대는 1998년 정부로부터 일절 지원을 받지 않고 회원들의 회비와 후원금으로만 운영하는 진정한 의미의 시민단체로 자리 잡았고, 2004년에는 유엔경제사회이사회(ECOSOC) 협의 지위를 획득했다. 이들 1987년 이후 민주화 운동 이후 나타난 중도우파 또는 중도좌파적인 성향의 비정규직 지식인들은 김영삼, 김대중, 노무현, 문재인정부에서 장관급으로 그리고 시민단체에서 활동한 정규직 활동가(간사)들은 정치가(국회 및 지방자치단체), 그리고 정부의 각종 위원회의 계약직 관료로 진출한다. 1997년 IMF로 인한 경제적 타격을 입어 사회적 일자리와 복지적 측면에서 정부에서 '비영리민간단체지원법(1998년)' 제정에 의해 제도적으로 시민사회단체에 재정적 지원을 할 수 있게 되어 각 지역서도 수많은 비영리민간단체(시민단체)들이 생겨나 2023년 현재 전국적으로 1-2만개에 이른다.

물론, 보수정권이었던 이명박, 박근혜 정부에서도 일종의 관변단체 역할을 하는 우파 시민단체가 우후죽순처럼 생긴다. 보수세력 시민사회단체가 왜 이렇게 늦게 만들어졌느냐 하는 것은 오해다. '자유총연맹', '새마을운동단체',

'바르게살기운동회' 등은 이미 이승만, 박정희, 전두환 정권을 거치면서 이들은 정부의 지원을 받고 정부와 연결된 '관변단체'들로서 정치적 질서의 지배자들로서 군림하고 있었다. 이들 관변단체들의 경우 분단 후 수십 년간 국가권력을 독점해 왔기 때문에 굳이 정부와 대립각을 세우는 원래의 의미에서 사회적 질서를 별도로 만드는 시민단체를 만들 필요가 없었던 것이다. 그러나 김대중 정부의 2000년 남북정상 회담, 노무현 정부의 2007년 남북정상회담 이후 보수단체들이 전향적인 대북정책 등에 위기의식을 느껴 바른사회시민회의, 시대정신, 뉴라이트전국연합, 대한민국어버이연합 등을 만들어 이들 역시 정부의 요직과 정치인으로서 변신하게 된다.

특히, 독재정권과 군사적 권위주의 정권시절에 시민을 대신한 시민사회단체가 한국사회의 민주화에 기여를 한 면도 있었으나 좌우파적인 정권이 교체되는 시기마다 극심한 사회적 갈등의 원인 제공자와 국민들의 정치혐오까지 불러일으킨 점 역시 사실이다. 즉, 사회적 질서의 중심체인 시민사회단체의 핵심 가치인 '공공성', '중립성', '비정파성'에 근본적인 비판을 받게 된 것이다. 정계로 가기 위한 수단으로 시민단체에 참여하는 학자(폴리페서) 등도 다수 생겨났으며 김영삼 정부에서는 '경실련', 김대중·노무현·문재인 정부에서는 '참여연대', 이명박·박근혜 정부 때는 뉴라이트 시민단체들의 정부입각과 전업 활동가(간사)들이 정치가 및 계약직 관료로 진출한 점은 비판받아 마땅하다. 사회적 질서와 정치적 질서, 그리고 경제적 질서체계가 혼합되는 사회가 바로 전근대적인 것이다. 왜냐하면 사회적 질서와 경제적 질서의 지배자들이 정치적 질서의 지배자로 탈바꿈하는 순간 사회는 미분화되고 정치가 사회 전체, 국가전체를 지배하는 독점적 지위를 갖게 되어 견제와 균형을 잃게 되기 때문이다.

일본의 관료지배와 정치적 질서의 세습화

제2차 세계대전에서의 일본의 패망은 관료집단의 약화를 가져온 것이 아니라 국가 리더 배출에서 경쟁 집단인 정치가 집단이 전쟁범이 되어 정치권에서 물러나게 되고, 대조적으로 미국이 일본을 효과적으로 통제하기 위하여 온존시킨 관료제는 오히려 강화되어 전후의 관료주도형의 정치행정체제를 강화시키기에 이른다고 지적하고 있다. "관료지배론적 접근방법과 다원주의론적 접근방법에서 강조하고 있는 일본의 관료제의 특질에 관한 논의에서 핵심 쟁점은 전쟁 전과 전쟁 후에서의 그들의 역할에 관한 연속론과 단절론일 것이다. 일본형 다원주의자인 무라마츠(村松岐夫) 교수의 개념정의에 따르면 연속론(連続論)이란 1945년 이후에도 전전형(戰前型)의 관료기구가 온존되고 오히려 강화되었다고 주장하는 논의이다. 연속론의 핵심은 전후의 정치체제가 미군정 하에서 헌법을 제정하고 또한 많은 민주적 개혁을 하였음에도 불구하고 구미 선진국과 비교하여 일본의 정치는 여전히 후진적이어서 그 공백을 관료가 장악하는 시스템은 전전이나 전후가 차이가 없다는 견해를 가진 그룹들의 주장하는 논의를 말한다. 이에 반하여 단절론(斷切論)의 대표적인 주장자인 무라마츠에 의하면 일본 관료제의 역할 변화에 관한 평가를 하는 데에 있어서 전전과 전후는 단절되어 있다는 주장을 하고 이에 대한 실증적으로 분석을 시도한 저서로서 1981년도에 간행된 『전후일본의 관료제(戰後日本の官僚制)』가 전후 다원주의론의 효시가 되었다. 단절론의 핵심은 전후의 정치과정이 관료 지배가 아닌 의회중심으로 변하였다는 점을 강조하는 것이다."43) 이러한 주장을 하게 된 배경으로서는 1970년대의 일본의 고도 경제성장에 대한 자신감의 표출에서 나온 주장이라고 볼 수 있다. 행정권 우월이 전전이나 전후를 막론하고 연속적 우월이냐 혹은 단절되었느냐는 논의는 천황을 정점으로 하는 행정체계와 수상을 정점으로 하는 행정체계와의 차이점이지 기본적으로 입법–사법–행정권 3권 가운데 행정권 우위를 부정하는 논의는 아니다. 1956년 창당 이래 정권을 내주지 않았던 자민당의 장기집권을 종식 시킨 것이 1993년도의 정권교체였다. 이때의 경험을 거쳐 90년대 후반

---

43) 임승빈(2003), 일본의 국가기구 형성에 관한 비판적 고찰, 행정학보, 47(4), 한국행정학회.

에 '정치주도'가 주창된 적이 있었다. 간과할 수 없는 점은 전후의 수상을 정점으로 하는 행정체계에서도 수상은 막강한 행정 권한을 가지고 있다는 점이다.

예를 들어, 대통령중심제인 한국에서 청와대비서실이 650여명 정도였으나 2022년도 등장한 윤석열 정부에서는 용산으로 대통령실을 이전하면서 정원을 1/3로 줄이겠다고 했다. 그러나 인원수의 다소를 떠나서 대한민국의 핵심 권력이 집중되어 있는 현상을 과거의 다름이 없다. 의원내각제인 일본총리실은 하시모토 수상과 고이즈미 수상의 관저(官邸)강화 행정개혁 이후 각 성청에서 파견된 700여명의 비서진을 거느리고 있다. 따라서 의원내각제 일본의 수상관저는 우리나라의 청와대에 비하여 정보와 정책, 조직과 예산 면에서도 결코 뒤지지 않는다. 2006년도 고이즈미 내각 이후 총리의 권한은 강화되고 있으며 그 정점은 아베 수상[44]이 장기집권 했을 때이다. 특히, 고이즈미 개혁 이후 자민당이라는 정당보다는 탈파벌을 천명하고 당의 의사결정을 수직화시키고 정부 내에서는 수상의 브레인 강화 등이라는 명목으로 총리실과 내각관방의 위상이 크게 높아졌고 관저(官邸)주도형 정책결정이 두드러지고 있는 현상이 나타나고 있다. 즉, 일본의 관료제에 대해서 비판적 입장을 견지하는 야마구치지로(山口二郎) 교수는 "개별 정책 분야에서, 족의원과 관료 조직은 기득권 유지로 공투하고 있다. 관료 지배를 타파하는 열쇠는 정치가의 분기에 있다. 정책을 지향하는 기본적인 이념을 정치가가 제시하고 선거에서 국민이 이것을 선택하고 국민의 부탁을 받아 정치가가 정책 입안을 지휘한다

---

44) 2023년 현재 일본 전국의 광역지방자치단체는 47개 도도부현인데 이들 가운데 20개의 광역에서는 한 명의 총리도 배출하지 못했다. 반면에 1868년의 메이지 유신의 주역이었던 조슈번(長洲藩)출신들이 얼마나 대단한지를 알 수 있다. 하기의 마츠시타 손주쿠에 가면 가장 앞 자리에 막부 토벌을 외치고 30살이 되기 전에 죽은 구사카 겐즈이와 다카스키 신사쿠가 있다. 특히, 다카스키 신사쿠(高杉晋作)는 조슈번이 메이지 유신 대열에서 낙오될 뻔한 것을 유신 대열에 합류시킨 공로가 크다. 아베신조의 이름 신(晋)이 바로 그의 이름에서 따온 것이며 아베 신조 전 총리는 가장 존경하는 인물로 요시다 쇼인을 꼽고 있다는 점은 잘 알려진 사실이다. 이토 히로부미와 야마가타는 바로 다카스기 신사쿠의 부하였으나 천출이라 메이지 유신 때의 내란을 겪을 때 뒷전에 있었기 때문에 목숨이 붙었다. 요시다 문하생 90명 가운데 50여명은 메이지 유신 혼란기에 죽었으며 생존한 나머지들이 조선을 침략한 것이다.

는 구도가 확립되지 않으면 관료 지배는 이어질 것이다."45)라고 전망하고 있으며 지금도 이러한 사정은 변함이 없다.

일본의 관료지배 현상은 정치적 질서의 지배자들인 국회의원, 특히 지역 선거구와 비례선거구46)로 선출되며 양원제에서 참의원인 상원보다는 하원이지만 주도적인 권한을 갖고 있는 중의원(衆議院)에서 여당인 자민당과 공명당의 2세, 3세 출신들의 정치가들의 비율이 매우 높다. 2023년 11월 현재 중의원에서 자민당 출신 244석 가운데 126명, 야당인 민주당마저도 176석에서 48명, 공명당은 34석에서 3명, 공산당은 9석 가운데 2명, 무소속 10석에서 6명으로 중의원 총 465석 가운데 185명이 일종의 세습정치가들인 셈이다. 즉, 일본에서는 정치적 질서의 세습화가 1980년대 이후 서서히, 그리고 매우 견고하게 이뤄지고 있다는 것이다.

한국의 사회변동과 3대 디커플링 현상의 고착화

한 나라의 경제가 특정 국가 혹은 세계 전체의 경기 흐름과 독립적으로 움직이는 현상, 모건 스탠리가 처음으로 사용한 용어로, 경기침체에도 불구하고 강한 성장을 지속하는 경우 현상을 넓게 '탈동조화' 현상, 즉 디커플링 (Decoupling)이라고 한다. 2023년 한국 사회의 갈등 위기는 대학과 전문대학 등으로의 고등교육 진학률과 경제성장률 수혜층의 디커플링에 그 원인이 있다고 본다. 이러한 디커플링의 결과 주택, 특히 서울의 아파트가 주요 이슈, 공공기관의 취업과 대기업 취업의 공정성 요구 등은 모두 수요층이 폭발적으로 증대된 반면에 공급이 따라줄 수 없는 형편으로 나타나 상대 진영에 대한 사회적 혐오가 발생하는 현상이 나타난다. 특히 한국 사회에서는 경제적 격차뿐만 아니라 문화적·지리적·공간적인 영역까지 확대되어 가는 사회적

---

45) 山口二郎(2007), ポスト戦後政治への対抗軸, 東京: 岩波書店, 서문.
46) 2022년 현재, 일본의 중의원 선거제도는 289석은 소선거구 방식으로 176석은 정당 및 정치단체의 비례대표로 선출하며 총 465석을 선출한다. 유권자는 투표시에 2장의 투표용지를 받는데 한 장은 소선거구 후보에 한 장은 정당 또는 정치단체에 투표를 한다.

격차와 경제성장의 디커플링이 점차 심화되어 가고 있다. 이러한 디커플링들이 발생하는 그 원인들은 무엇일까. 한국 사회에서는 사회변동론적 관점에서 다음의 3가지의 디커플링 현상이 발생하고 있다고 본다.

첫째는, 대학진학률과 경제성장률의 디커플링 현상이다. 1980년대 대학과 전문대학 등 고등교육기관으로의 진학률이 1980년에 30%에서 2008년에 약 84%까지 정점을 찍었던 반면에 경제성장률은 80년대 고도성장기에서 2008년부터는 저성장기로 돌아섰다는 점이다. 보다 상세히 살펴보면 4년제 및 전문대학으로의 진학률을 보면 1970년에 26.9%에 불과하였으나, 1985년 36.4%, 1995년 51.4%로 증가하였고, 2003년에는 79.7%가 진학한 것으로 나타났다. 여학생의 진학률 역시 1970년 이후 계속 증가하는 추세를 나타내고 있다. 고등학교 졸업자의 진학률은 1970년대에 10% 미만이었으나, 1980년 이후 증가하여 1985년에는 13.3%가 고등교육기관에 진학하였다. 1990년에 잠시 감소하였다가 2000년대 들어 급격하게 증가하여 2003년에는 57.6%가 진학하였다. 2000년도에 남녀학생 모두 대학진학률이 상승하여 2008년도에는 83.8%로 최고를 찍는다. 그러나 2010년대부터 대학진학률은 점차 하락하기 시작하여 2016년에 와서는 69.8%로 60%까지 떨어졌다. 이를 해석하자면 70년대 말 80년대 초까지만 하더라도 대학진학률 자체가 상위 20%~30%만 4년제 대학에 들어갈 수 있었다.

그러나 이렇게 급격하게 대학진학률이 높아진 것은 바로 1980년대 집권한 전두환 신군부가 1981학년도부터 이른바 졸업정원제를 실시하면서 대학 입학정원을 역사상 최대로 늘렸다는 점과 1993년에 집권한 김영삼 정부가 대학 설립에 대한 규제를 대폭 완화하면서 급증하기 시작한 것이다. 그러다가 리먼 브라더스 사태가 터진 2008년도에 정점에 도달했고(83.5%), 2009년부터 완만하게 감소하고 있는 실정이다. 이와는 반대로 한국의 경제성장률은 1976년에 13.2%, 1977년에 12.3%(1인당 GDP 1천달러 돌파), 1983년 13.4%(경제성장률이 물가성장률을 추월), 2000년 9.1%, 2006년 5.3%(1인당 GDP 2만 달러 돌파), 2013년 3.2%, 2019년 2.2%, 2021년 4.0%를 기록하고 있다.[47]

1970년대, 1980년대 고점을 찍고 서서히 내려가다가 2000년대에 들어와서는 저성장 기조가 정착하고 있는 것이다. 따라서 2022년 현재 50대 후반~60대 중반의 베이비부머 시대에는 고등교육기관에의 진학률이 높지 않은 상태에서 경제의 고도성장기를 맞게 되어 서울의 웬만한 4년제 대학이나 지방의 국공립대학, 유명 사립대학 출신들이 당시 한참 경기가 좋았던 금융권이나 해외 건설회사, 무역회사로의 취업은 지금의 20~30대 졸업생들과는 비교가 안 될 정도로 취업하는 것이 쉬웠다. 이는 대학 졸업자들 각자의 역량과는 무관하게 대학을 포함한 고등교육기관의 진학률과 당시의 경제성장률 간의 역비례적, 즉 디커플링 현상이라고 볼 수 있다.

〈표 7〉 1970~80년대 대학진학률과 경제성장률의 디커플링

구분 \ 연도	1975	1983	1995	2008	2016	2020
경제성장률	13.2%	13.4%	8.9%	3.0%	2.7%	−0.9%
대학진학률	25.8%	35.8%	51.4%	83.8%	69.8%	72.5%

[그림 4] 1970~80년대 대학진학률과 경제성장률의 디커플링

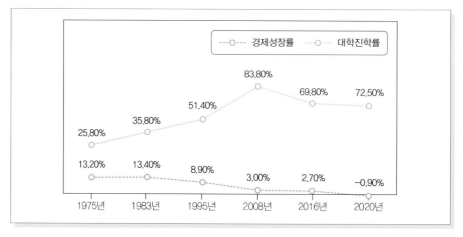

47) 한국은행, 2022년 자료.

둘째는, 고소득층과 저소득층의 계층 간 디커플링 현상의 심화이다. 계급은 신분제적 요소가 있어 태어날 때부터 정해지는 객관적 지표로 구성된다면 계층은 주관적이며 각자의 국가와 시대마다 기준점이 다를 수 있다는 점은 본서에서 전술한 바 있다. 계층은 주로 근로소득과 자산소득을 기준으로 삼는 것이 일반적인데 한국사회에서는 자산의 상속, 즉 '부의 세습'이라고 하는 용어로 쓰여지고 있으며 실제적으로 고소득층과 저소득층의 물질적·문화적 혜택이 점차 벌어지는 디커플링 현상이 심화되고 있다. 부의 세대 간 대물림이 가난한 계층에서 더욱 강하게 나타난다면 경제적 계층의 고착화 현상을 가속시키는 유인으로 작동하게 된다고 한다. 부의 대물림은 지역과도 매우 연관성이 깊다는 점이 한국사회의 또 다른 심각성이다. 수도권과 비수도권, 영남권과 호남권, 강북과 강남권 등 지역 간의 비교에서도 통계적으로 디커플링 현상이 유의미한 결과치가 나온다. 예를 들어, 부유한 계층이라고 알려져 있는 서울의 강남권에서 '부의 세습'이 더 많이 발생하고 있다는 점은 통계에서도 나타난다. 자산과 소득에 있어서 20~30대와 50~60대 간의 격차 역시 크다. 대학을 1970년 후반에서 1980년대까지 다녔던 50~60대들은 여전히 왕성한 경제활동과 사회활동을 하고 있다. 2000년대 이전까지만 하더라도 이들 1970년대 초반에 대학에 다녔던 세대들은 상대적으로 적어서 이미 퇴직했지만 2010년 이후의 50~60대들은 대학진학률이 30%를 넘어 50%에 육박하던 시절들이라 상당수는 여전히 퇴직을 안 하고 없었던 자리(지위)도 만들어서 기성세대로서 자리를 굳건히 잡고 있으며 심지어는 소득수준은 20~30대 비해서 월등히 높다는 점이다. 또한 이들 2010년 이후 50~60대의 대부분은 경기가 호황일 때 1980년대 초중반인 20대에 취업을 하고 그들이 1986년 아시안게임, 1988년 서울올림픽을 거치면서 1980~90년대에 아파트 등 부동산을 적극적으로 매입을 한 세대들이어서 자산 측면에서도 2022년의 현재의 20~30대들과는 비교가 안 될 정도이다. 이철승과 조귀동[48]은 각각

---

48) 이철승(2019), 불평등의 세대, 문학과지성사; 조귀동(2020), 세습 중산층 사회, 생각의힘.

그들의 저서에서 이철승은 586세대가 정치 및 시장 권력을 장악함으로써 청년과 여성이 세대 간 불평등의 희생자가 되었다고 분석했으며 조귀동은 부모의 계층이 자녀의 학벌로, 그리고 고소득 일자리로 이어지고 있다고 각종 객관적인 통계치를 제시하면서 이를 지적한 바 있다.

더군다나 이들 50~60대들이 2020년 이후로 집단적으로 퇴직을 하게 되고 연금수령과 복지혜택을 받게 되면서 보유 자산은 상대적으로 없으면서도 불구하고 자신들의 급여소득에서 이들 은퇴자와 고령자들에 대한 연금과 보험료를 지불해야 하는 20~30대들과의 세대 간 갈등은 더욱 심화될 것이다. 반면에 부의 세습 역시 빠르게 이뤄지고 있다. 국회 기획재정위원회 소속 김주영 의원이 '2016~2019년 미성년자 배당소득 및 부동산 임대소득 현황'을 분석한 결과 만 18세 미만 미성년자가 벌어들인 배당소득과 임대소득이 매년 빠르게 증가하는 것으로 나타났다는 것이다. "2019년 귀속 기준 0세~18세 17만 2,942명이 전체 2,889억 3,200만원의 배당소득을 올려 금액상으로 역대 최고치를 기록했다. 1인 평균 연 167만원으로, 이전 해인 2018년에 비해서도 1인 평균 22만원 증가했고, 2016년에 비해서는 67% 증가했다. 특히 태어나자마자 배당소득을 벌어들인 0세는 2019년 귀속 기준 427명으로, 2016년 118명에 비해 3.62배나 늘어났다.

부동산 임대소득도 마찬가지다. 종합소득세를 신고한 미성년자의 부동산 임대소득 현황을 분석한 결과, 미성년 임대소득자는 매해 1인 평균 약 2,000만원의 임대소득을 얻었다. 인원과 금액 자체도 매년 빠르게 늘고 있다. 자산 버블과 부동산 열풍에 이런 경향까지 더해져 증여 자체가 급증하면서 편법증여와 탈루 역시 많아지고 있음은 물론, 합법적이더라도 '절세증여'라는 이름으로 조세정책의 소득 재분배 기능을 약화시키는 경우가 증가하고 있다. 조부모가 손주에게 증여하는 '세대생략 증여' 또한 건수와 금액이 최근 5년간 2배 가까이 늘어났다. 자산 가치가 빠르게 증가하는 상황이 되면서 가산세를 내더라도 조기증여를 하면서 증여 절차도 한 번 줄이는 것이 낫다는 판단 때문이다. 전국의 세대생략 증여 건수 중 21%가, 금액으로 따지면 28%가 강남

3구에서 발생한 것으로 나타났다. 부의 대물림이 더욱 공고화되고 있다는 방증이다."[49]

　물론 우리나라도 부의 세습에 대해 근로소득 이외의 자산에 부과하는 자본이득에 대해 1975년도부터 양도소득이라는 명칭으로 종합소득과는 별도로 분류과세하고 있다. 그 배경은 1970년대 초반부터 시작된 경제성장과 동시에 부동산의 상속과 같은 형태로 불로소득이 늘어나게 되어 사회적 격차가 서서히 발생했기 때문에 중과세하려는 목적과 수년간에 걸쳐 우발적으로 발생하는 자본이득의 성격을 고려하여 경감 과세하려는 목적이 혼합되어 채택한 정책이었다. 그러나 그 이후 양도소득세는 경기변동과 정권의 성격 등에 따라서 빈번한 개정이 발생하여 제대로 된 자본소득, 즉 자산소득에 대한 과세라는 목적에 부합하지 못한다는 비판도 많다. 토마 피케티(Thomas Piketty)는 "국민소득 중 노동의 몫이 장기적으로 크게 늘어났는지는 확실하지 않다. '비인적자본(자본소득)'은 18세기나 19세기에 그랬던 것과 마찬가지로 21세기에서도 거의 필수적인 것으로 보이며, 앞으로 더 그럴 것이라고 보지 않을 이유가 없다."[50] 피케티가 "19세기 이전의 역사에서 대부분 그랬고 21세기에 다시 그렇게 될 가능성이 크듯이 자본수익률(r)이 경제성장률(g)을 크게 웃돌 때는, 논리적으로 상속재산이 생산이나 소득보다 더 빠르게 늘어난다고 할 수 있다."[51]라는 지적에 의해 여러 나라에서 피케티 지수를 활용하여 격차문제를 파악하려고 한다. 우리나라도 2000년 이후 피케티 지수를 파악할 수 있는 통계를 한국은행이 해마다 집계하여 발표하고 있다.

　피케티 지수인 자산/소득비율로 계산하여 한국 사회의 부의 세습화 경향을 분석한 것을 보면 충격적이다. "한국은행이 발표한 국민대차대조표를 분석한 결과, 2020년 코로나19 여파로 인해 국민순소득(NNI)은 전년 대비 0.7% 감소한 1,548조 5,000억원이었다. 부문별로 보면 비금융법인 NNI가

49) 김승현(2021), 세정일보(https://www.sejungilbo.com), 2021.09.10.
50) 토마 피케티 지음·정경덕 외 옮김(2013), 21세기자본, 글항아리, p. 34.
51) 토마 피케티 지음·정경덕 외 옮김(2013), 21세기자본, 글항아리, p. 39.

8.1% 감소했고, 정부는 1.6% 증가했다. 가계는 전년과 변화가 없었다. 반면 2020년 자산은 오히려 증가하는 모습을 보였다. 지난해 전체 국민순자산은 1경 7,722조 2,000억원으로 전년 대비 6.6% 증가했다. 이는 2019년까지 5년간 연평균 증가율 6.7%와 비슷한 수준이다. 코로나19 타격에도 불구하고 국민경제 전체가 보유한 자산의 순가치는 예년과 비슷한 수준으로 늘어난 셈이다. 그 핵심 원인은 부동산 상승이었다. 2020년 순자산 중 순자산 중 비금융법인과 금융법인을 합산한 법인기업 순자산은 전년 대비 8.9% 감소했다. 반면 가계 및 비영리단체 순자산은 11.9% 급상승했다. 직전 5개년 연평균 증가율 6.2%의 두 배에 가까운 상승세였다. 같은 기간 정부 순자산은 전년 대비 5.5% 증가했다. 직전 5개년 연평균 증가율 6.1%에 비해 소폭 떨어졌다. 즉, 가계와 비영리단체 순자산 증가가 전체 자산 증가를 견인했고 그 결과

[그림 5] 피케티 지수의 부의 세습사회(노동소득분배율 지표 비교)

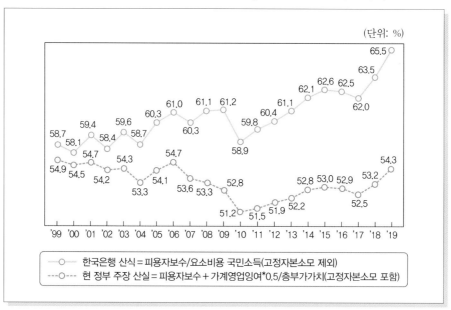

출처: 한국은행, 유경준 의원실(2020).

실물경제 부문의 침체에도 불구하고 2020년 한국의 국민순자산이 늘어난 것이다. 가계 및 비영리순자산 중에서도 특히 토지자산 상승세가 두드러졌다. 2020년 가계 보유 토지자산은 전년 대비 12.4% 증가한 5,810조 8,000억원이었다. 국민순소득이 마이너스 성장했음에도 토지자산은 상승함에 따라, 국민순자산을 국민순소득으로 나눈 피케티 지수도 상승했다. 2020년 피케티 지수는 11.4로 2019년 10.7에서 7.3% 상승했다. 이 가운데서도 가계 부문 순자산만을 기준으로 한 피케티 지수는 6.0에서 6.7로 12.7% 상승했다. 그만큼 2020년 한국의 분배상황이 더 악화한 셈이다. 피케티는 자신이 분석한 자료 중에서는 1980년대 말~1990년대 초 역사적인 부동산 거품을 경험한 일본에서만 피케티 지수가 국부 기준 9.8배에 달한 바 있으며, 다른 주요국에서는 이 지수가 8.0배를 넘어선 적이 없다고 밝힌 바 있다. 즉, 피케티 지수가 클수록 국민경제 전체의 소득 분배에서 자본이 가져가는 몫이 커져 세습사회로 간다는 것이다. 따라서 한국의 현 자산격차는 피케티도 경험하지 못한 큰 수

[그림 6] 가구당 평균 자산 보유액

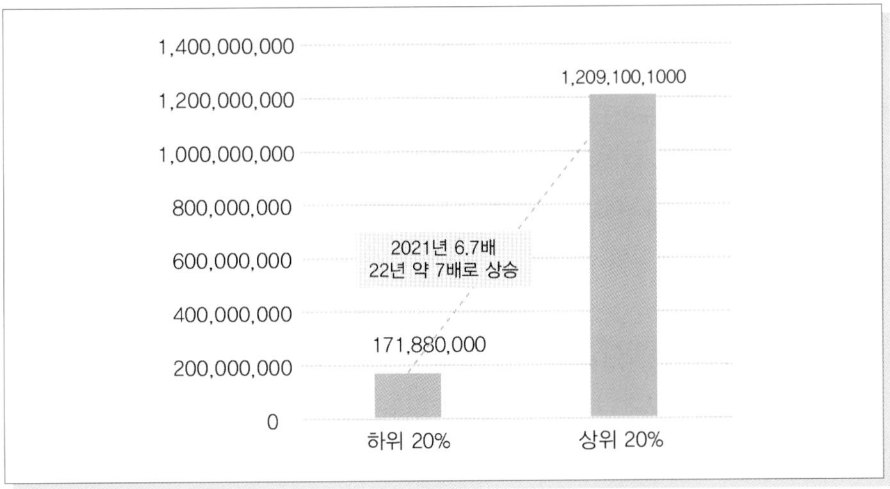

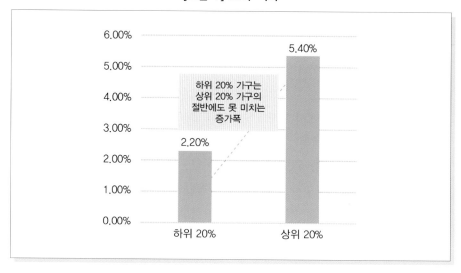

[그림 7] 소득 격차

준인 셈이다."[52]

현대 한국사회는 주거에 관련된 가구당 평균 자산(부동산 등) 보유액과 소득 격차를 통계청의 '2022년 가계금융복지조사결과'에서도 알 수 있다. 사회계층의 상층부와 하층부의 격차가 커지면서 부의 세습화도 동시에 일어나 계층 간의 차이가 신분제로 전환되는 위기를 맞이하고 있다.

이러한 자산 격차가 발생한 결정적 원인으로서 수도권 비대화를 지적하지 않을 수 없다. 2019년 수도권 인구 비중이 비수도권 인구비중을 추월하였으며, GRDP 또한 역전 현상이 발생하고 있다. 국내 지역격차 중에서도 수도권－비수도권 격차가 약 70%로 비수도권 내에서도 격차가 약 30% 발생하여 지역 간 격차가 확대되고 있다. 다음의 [그림 8]을 보면 OECD 국가 중에서도 국내 수도권 GRDP, 일자리 비중은 50% 이상으로 매우 높음을 알 수 있다.

---

52) 이대희, 프레시안, 2021.08.05. 국회 기본소득당의 용혜인 의원이 발표한 내용에 대한 기사. 용의원은 현재 한국의 지가 상승세를 방치할 경우 자산소득 대비 근로소득의 차이가 더욱 벌어져 재앙적 위기가 올 것이라며 '기본소득 토지세' 도입이 절실하다고 강조했다.

[그림 8] 국내 수도권 GRDP, 일자리 비중

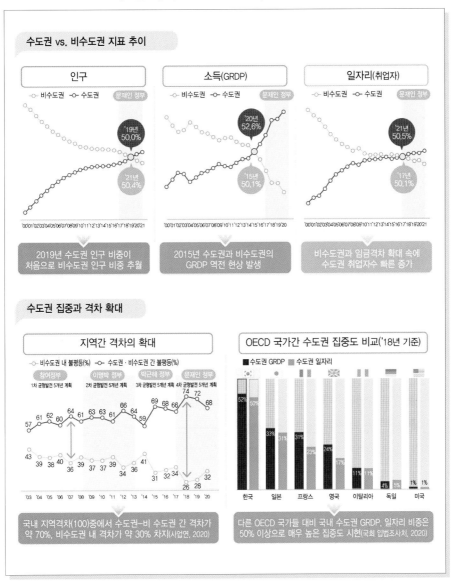

출처: 지방시대위원회(2023).

"한국의 불평등 지표는 전 세계 기준으로는 나쁘지 않은 편이지만 OECD 회원국과의 비교로 한정하면 한국의 불평등 지표는 비교적 낮은 순위에 위치한다. OECD에 따르면, 2017년 기준 한국의 지니계수·소득5분위배율·팔마비율[53] 순위는 데이터에 포함된 40개국 중 각각 30위, 31위, 30위에 머물렀다. 한국과 경제 규모가 비슷한 이탈리아와 스페인, 같은 아시아 국가인 일본 등은 모든 지표에서 한국보다 상위에 위치했다. 한국보다 불평등 지표가 나쁜 국가는 중·남미 및 동유럽 일부 국가와 미국 등이었다. 이는 한국의 불평등이 비슷한 경제 수준을 가진 다른 국가에 비해 아직 심각한 수준이라는 점을 보여준다."[54] 피케티가 자본의 집중도에 대해 경계하며 자산소득이 지나치게 커지면 격차사회가 심화되어 현대 민주사회의 근본이 되는 사회정의의 원칙과 맞지 않을 수도 있다고 지적하고 있다는 점을 간과해서는 안 될 것이다. 2022년에 살고 있는 우리 한국사회가 추구하고 있는 경제성장과 민주주의 사회 유지에 대한 뼈아픈 경고라고 할 수 있다.

셋째는, 공공기관 취업에 있어 기존의 사회적 약자층(여성과 장애인)과 과거에 강자층(남성과 비장애인) 간의 디커플링 현상이다. 남성과 여성 간의 이견으로 인해 한국사회의 갈등이 커져가고 있다는 점이다. 여성의 왕성한 사회진출로 인한 20대 남성들의 박탈감이 커져 가고 있는 현상이 나타난 것이다. "학교알리미에 공시된 '고교 졸업생 진로 현황'에 따르면 마이스터고와 특성화고를 제외한 일반계 고교(일반고·자율고·자사고·특목고) 1,814곳의 2021학년도 대학 진학률(전문대 포함)은 여학생이 81.6%로, 남학생 76.8%와 비교해 4.8%포인트 높았다. 이처럼 현역으로 대학에 들어가는 고교 졸업생 중 여학생 비율이 남학생보다 높은 것은 지난 20년간 심화된 현상이다. 2000학년도부터 2008학년도까지는 남녀 간 대학진학률 차이가 1%포인트 안팎에 불과했지만, 2010학년도를 전후해선 5%포인트 안팎으로 벌어지기 시작했다.

---

53) 팔마비율(The Palma ratio)은 소득 상위 10% 인구의 소득점유율을 하위 40%의 소득점유율로 나눈 값이다.
54) 임해원(2020), 뉴스로드(http://www.newsroad.co.kr), 2020.10.16.

전년도 기준(2020) 성별에 따른 대학 진학률은 여학생 81.4%, 남학생 76.4%였다."[55]

여성가족부가 '2020년 통계로 보는 여성의 삶'이라는 보도자료에 의하면 2020년 대한민국의 인구통계에서 여성이 차지하는 비중이 49.9%인데 오히려 공공기관에서의 관리자급에 해당되는 여성의 비율은 해마다 증가추세에 있다는 점이다.[56] 아울러 2019년도에 중앙부처의 4급 이상 고위직에서 여성이 차지하는 비율은 16.2%로 2009년의 5.8%에서 11%나 증가한다. 여성법조인의 비율은 이보다도 더욱 높다. 2019년의 여성 법조인은 판사 30.5%, 검사 31.0%, 변호사 27.1%를 차지하여 각각 2009년도에 비해 7.8%, 12.5%, 16.6%로 거의 수직상승 중이다.[57] 앞으로도 이런 현상은 더욱 가속되리라 본다. 2021년도 9급 국가직 공무원 합격자는 2021년도부터 적용된 '양성평등채용목표제'에 의해 전년도 여성이 55%를 차지하게 되었다. 당초에 '양성평등채용목표제'는 여성에게 유리할 것으로 예상되었으나 2021년도의 결과는 이 제도에 의하여 채용된 79명 가운데 남성이 70명, 여성이 9명으로 오히려 남성이 더 많이 채용되었다.

기업 규모, 고용형태, 성별에 따라 양극화가 심화되는 현상은 지적한 바와 같다. 이러한 현상은 청년 구직자의 중소기업 기피 현상 심화에 영향을 주고 있고, 이런 양극화는 현재 한국 노동시장의 가장 큰 문제점으로 꼽히는

〈표 8〉 공공기관에서 남성 vs 여성 관리자 비율

구분 \ 연도	2009	2011	2013	2017	2019
남성	91.6%	90.1%	89.5%	83.5%	81.2%
여성	8.4%	9.9%	10.5%	16.5%	18.8%

출처: 여성가족부(2020), 2020년 통계로 보는 여성의 삶, p. 20을 저자 일부 인용.

---

55) 고민서, 매일경제 & mk.co.kr, 2021.07.22.
56) 여성가족부(2020), 2020년 통계로 보는 여성의 삶, p. 20.
57) 여성가족부(2020), 2020년 통계로 보는 여성의 삶, p. 21.

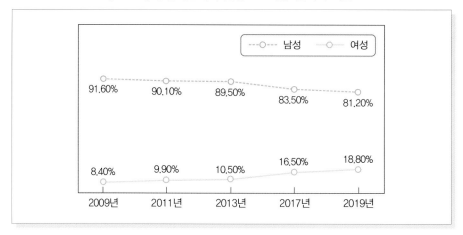

[그림 9] 공공기관에서 남성 vs 여성 관리자 비율

동시에 저출산, 결혼 포기 등 다양한 사회 문제의 주요 원인으로 거론되고 있다. 특히 여성과 남성의 급여차이는 이러한 현상을 가속화시키고 있다. 왜냐하면 2022년 여성가족부의 발표에 따르면 우리나라의 여성과 남성의 임금 차이는 OECD국가들 내에서도 가장 심각하다는 것이 그 반증이다.

　　장애인 의무 고용도 기존의 사회적 약자층(여성과 장애인)과 과거에 취업에 있어서 강자층(남성과 비장애인) 간의 갈등이 커져 사회적 논쟁이 되고 있다는 점이다. 과거에는 비장애인이면서 남성에게는 취업의 경쟁상대가 아니었던 '장애인의무고용제' 등의 확대 영향으로 기존의 비장애인의 공공기관에의 정규직 취업비율은 낮아지고 있다는 점이 모순되게도 사회적 갈등의 빌미를 제공하고 있다. "장애인 의무 고용 적용 대상인 공공기관과 민간기업의 지난해 장애인 고용 비율이 처음으로 3%를 넘어섰다. 고용노동부에 따르면 작년 말(2020) 기준으로 장애인 의무 고용 사업체 2만9천890곳의 전체 직원 중 장애인 비율은 3.08%로 전년(2.92%)보다 0.16%포인트 상승했다. 장애인 의무 고용 사업체의 장애인 고용 비율이 3%를 넘은 것은 장애인 의무 고용제를 도입한 1990년 이후 처음이다. 장애인 의무 고용제는 국가, 지자체, 상

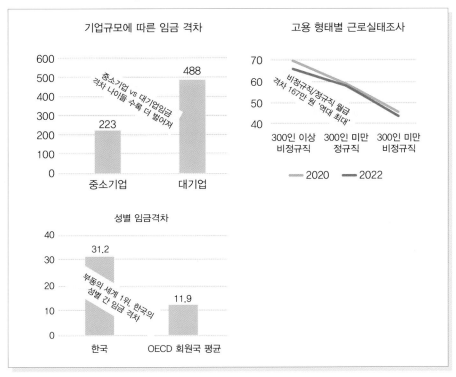

[그림 10] 한국 사회에서의 각종 격차

기업규모에 따른 임금 격차

중소기업 vs 대기업임금
격차 나이들 수록 더 벌어져

고용 형태별 근로실태조사

비정규직/정규직 월급
격차 167만 원 '역대 최대'

300인 이상   300인 미만   300인 미만
비정규직   정규직   비정규직

2020   2022

성별 임금격차

부동의 세계 1위. 한국의
성별 간 임금 격차

한국   OECD 회원국 평균

출처: 통계청(2019, 2023), 여성가족부(2022).

시 근로자 50명 이상의 공공기관, 민간기업이 일정 비율 이상의 장애인을 고용하도록 의무화한 제도다. 이 비율에 못 미치는 사업체는 부담금을 내야 한다. 2020년 적용된 장애인 의무 고용 비율은 정부, 지자체, 공공기관 3.4%, 민간기업 3.1%였다. 정부와 지자체에서도 공무원이 아닌 근로자는 장애인 비율이 5.54%로 의무 고용률을 웃돌았지만, 공무원(3.00%)은 의무 고용률에 못미쳤다. 공공기관(3.52%)은 장애인 고용 비율을 충족했지만, 민간기업(2.91%)은 미달했다. 민간기업 중에서도 대기업 집단(2.38%)은 50~100인 사업체(2.39%)보다도 장애인 고용 비율이 낮았다. 전체 장애인 의무 고용 사업체가 고용 중인 장애인은 26만826명으로, 전년보다 1만5천494명(6.3%) 증가했다. 민간기업의 장애인 근로자도 8천109명 늘었다. 해당 민간기업의 상시 근로자가 지난해 코로나19 사태의 여파 등으로 3천703명 감소한 것을 고려하면 주목할 만한 성과라는 게 노동부의 설명이다."[58] 이에 덧붙여 외국인 고용이 증가하며 기존에 위협을 느끼지 않았던 노동자 계층에서도 한국인 고용인이 줄어드는 디커플링 현상이 나타났다. 2020년 법무부가 펴낸 '출입국·외국인 정책 통계월보'에 따르면 지난 6월 기준 국내에 체류하는 외국인은 총 213만 5,689명인 것으로 조사됐다. 2019년 6월(241만6,503명) 대비 11.6% 감소한 것이다. 국내 체류 외국인 숫자가 줄어든 것은 2010년 이후 2020년이 처음인데 이는 코로나19 확산으로 고용 상황이 좋지 않았으며 의무 고용 기업과 기관들의 적극적인 노력으로 인해 반사적으로 외국인 고용숫자가 감소했기 때문이다. 일본의 경우는 "일본 후생노동성이 2020년 발표한 '외국인 고용상황' 신고상황 자료를 보면 2019년 10월 기준 일본의 외국인 노동자 수는 165만8천804명으로 2018년 10월보다 19만8천341명(13.6%) 늘었다. 2007년에 외국인 노동자 신고를 의무화한 이후 일본의 외국인 노동자 수는 작년 10월에 역대 최다를 기록했다. 후생노동성은 일본 정부가 추진하고 있는 외국 인재 및 유학생 수용 정책이 외국인 노동자 증가에 영향을 미친 것으로 분석했다. 노동력 수요 증가와 영주자 및 일본인의 배우자 자격으로 체류하고 있는 외국인의 취업 증가, 기능실습생 유입 등도 외국인 노동자가 늘어난 원인으로 꼽았다. 다만 2018년(11.8%)이나 2017년(16.2%)과 비교하면 증가율이 둔화한 편이었다."[59] 오히려 산업규모나 인구가 우리보다 많은 일본에 비해 우리나라의 외국인 고용 숫자가 많다.

2023년 우리의 현실을 보면 고령화, 0.78이라는 출산율에 의해 젊은 층의 조세부담이 더욱 커질 것이라는 저출산의 위기가 심화되고 있다. "1970~80년대의 평균 연령은 1975년에 23.5세, 80년에 24.8세, 85년에 26.4세, 그리고

---

58) 이영재, 연합뉴스, 2021.04.29.
59) 이세원, 연합뉴스, 2020.01.31.

95년에 30.2세가 된다. 그러다가 2000년에 32.4세로써 30대 진입을 하고 2021년 6월 말 평균연령은 43.4세로 높아졌다. 2008년에 비해 6.4세 많아진 것이다. 이러한 추세라면 10년 뒤에는 50대 이상 인구가 전체 인구의 절반 이상을 차지할 것이다."[60] 자연스럽게 고령층에 대한 복지재정지출이 급증하게 된 것이다. 미취업자인 젊은 층과 연금과 건강보험납부자인 급여소득자들의 불만도 커졌다. 반면에 부동산 재산을 소유하고 있는 대부분은 연금 수급

[그림 11] 우리나라의 인구문제 현황

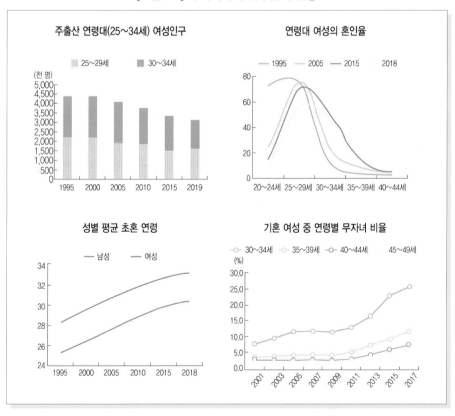

출처: 제4차 저출산·고령사회 기본계획(2021~2025).

---

60) 서울통계연보, 통계청 홈페이지.

자이거나 은퇴 고소득자로서 현재에는 소득이 없는 자들이다. 고등교육 출신자들의 실업율은 급증하고 원하는 일자리는 구할 수가 없으며, 정규직과 비정규직의 급여와 대우 차이가 현격해지고, 수도권대 비수도권의 경제력 격차는 더 커지고, 주택가격의 격차도 서울의 강남권 아파트를 대표로 해서 국민들이 수용 불가능할 정도로 커지고 있으며, 고용의 대부분을 차지하는 중소기업의 경제력은 날로 저하되는 반면에 대기업의 경제력은 더욱 커져 가고, 연금과 보험에 취약한 자영업자 비율은 OECD 국가 내에서 최상위를 차지하여 은퇴후 고령자 빈곤율 역시 OECD 국가 내에서는 하위권에 위치하며 출생율 역시 OECD 국가 내에서 최저를 기록하는 등 우리나라의 사회적 격차문제는 매우 심각하다. 한국경제연구원이 2021년 9월에 발표에 의하면 한국의 청년(15~29세) 고용률은 42.2%로 G5국가(주요 5개국, 미국·영국·독일·프랑스·일본) 평균(56.8%)보다 14.6%포인트 낮았다. 한국의 청년 경제활동참가율(46.4%)도 G5국가 평균(62.5%)에 한참 못 미치는 것으로 나타났다. 청년층 4명 중 1명은 사실상 실업 상태로, 청년 체감실업률이 25.1%에 달했다.

[그림 12] 우리나라의 출산율 동향

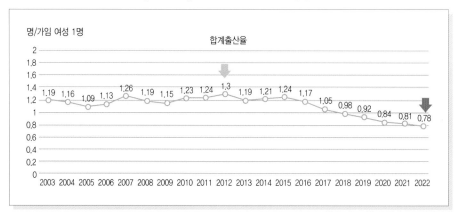

주: 합계출산율 2012년도 1.3 기록, 2년간 하향추세를 보이다가 2015년도 소폭상승하는 듯하였으나 계속 하락하여 2022년도 0.78을 기록함.
출처: 통계청, 「인구동향조사」.

[그림 13] 우리나라 인구 예측

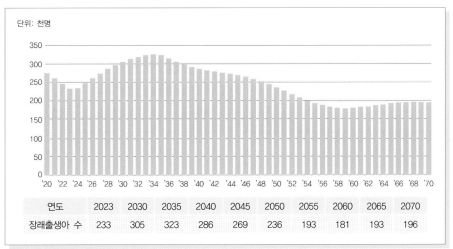

단위: 천명

연도	2023	2030	2035	2040	2045	2050	2055	2060	2065	2070
장래출생아 수	233	305	323	286	269	236	193	181	193	196

출처: 'KOSIS 인구로 보는 대한민국'(검색일: 2023.11.26).

지난해 청년 구직단념자는 21만9,000명으로 2015년 대비 18.3% 증가한 수치이다. 과거 산아제한 정책으로 여성 인구(15~49세) 감소, 주출산 연령대(25~34세) 여성인구의 급감 및 연령 상승으로 출생아 수 감소고용 친화적이지 못한 시스템으로 인해 여전히 돌봄 공백이 존재한다는 것을 의미한다. 여성의 평균 출생아 수는 10년 사이 0.24명이 감소하였고, 15~49세 기혼여성의 평균 출생아 수는 최근 10년 사이에 0.11명 감소하고 있으며 더욱 심화되는 현상이다.

그 결과 복지수혜자들에 대해 혐오하는 20대, 30대 세대들이 날로 증가하고 있다. 특히, 고액 세금 납부자들에 의해 언론과 주요 산업이 주도 되고 있는 아직도 국가독점자본주의적 요소가 강한 한국에서는 더욱 심하다. 중산층 이상의 다수의 사람들 역시 자신들의 세금을 축내는 사람들로서 복지수혜자들의 무임승차가 지나치게 높다고 인식하고 있으며 기업의 광고주에 의존를 하고 있는 언론에 의하여 증폭되고 있는 실정이다. 사실 자유주의를 대표적으로 표방하는 미국에서 출발한 것이 1930년대 세계대공황을 극복한 케인즈주의식의 정부가 공급자인 공공정책으로 대변되고 있다는 점은 아이러니하다. 왜냐하면 국가의 적극적인 복지확대를 통해 근로자의 삶을 일정 수준이상 보조하여 노동자의 재생산성을 돕는 경제체제를 만들려고 하는 것이 수정자본주의인데 이는 케인즈식 경제체제의 20세기적 표현이기 때문이다. 즉, 정부의 적극적인 개입을 통해 시장실패를 보완하는 경제체제를 말한다. 그러나 이러한 복지의 확대는 정치적인 선거 때마다 유권자의 표와 결부되어 정부의 재정적자를 초래하게 되었다.

지리적 공동체 붕괴와 반실재의 SNS공동체 위기

지금의 한국 사회를 보면 인구감소와 수도권으로의 인구집중, 학령인구의 감소, 소통의 변질 등등은 특히 지리적 공동체를 기반으로 하는 지방정부에 커다란 영향을 미칠 것이다. 상대적으로 수도권의 지방정부에서는 안이하게 대처할 수는 있으나 지방 없는 수도권도 국가도 없다. 2023년 현재 우리는 기후변화와 4차산업의 도래라는 전지구적인 외부환경 변화에 대한 적응뿐만 아니라 내부에서도 격차로 인한 갈등의 고조, 그리고 인구절벽, 세대 간 젠더 간 갈등 고조 등은 중차대하고 극복해야 할 과제이다. 아울러 지역공동체는 수도권과 인구 50만 이상의 대도시 17곳(수도권에 11곳, 비수도권에 6곳)으로 집중되면서 지역공동체 붕괴 내지 지방소멸 수준에 이르고 있다고 한다. 그나마 겨우 남아있는 지역공동체에서도 인구 구조의 불균형과 주민들의 무관심으로 말미암아 자치단체장과 지방의회의 주민 대표성은 날로 떨어지고 있다. 이러한 공동체의 위기를 지금과 같은 방식의 자치분권의 확대로만 해결이 가능할까. 그렇지 않다고 본다. 공동체의 위기를 가지고 온 보다 근원적인 문제를 국가와 사회의 관계의 변화와 사회체계의 변화라는 관점에서 봐야 한다.

다음의 [그림 14]는 도시생태학적 관점과 도시사회학의 3가지 접근에 대해서 정리한 것이다. 요체는 도시는 살아남기 위해서 사유재 강화와 공유재 강화를 위한 주택정책이 진자운동을 한다는 점이다. 지리적 공동체의 붕괴를

[그림 14] 도시사회

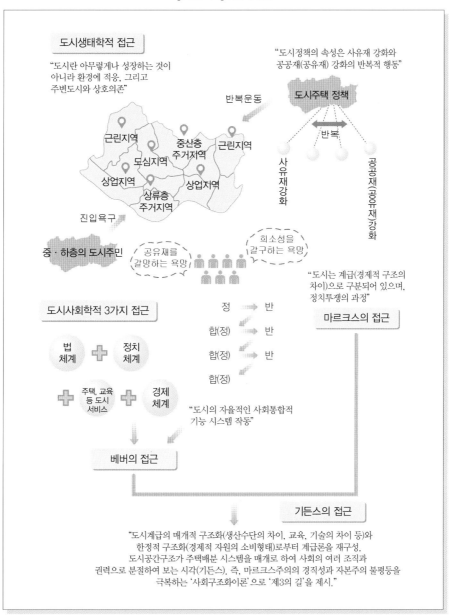

도시생태학적 접근

"도시란 아무렇게나 성장하는 것이 아니라 환경에 적응, 그리고 주변도시와 상호의존"

"도시정책의 속성은 사유재 강화와 공공재(공유재) 강화의 반복적 행동"

반복운동

도시주택 정책

반복

근린지역

중산층 주거지역

근린지역

도심지역

상업지역

상업지역

상류층 주거지역

사유재강화

공공재(공유재)강화

진입욕구

중·하층의 도시주민

공유재를 갈망하는 욕망

희소성을 갈구하는 욕망

"도시는 계급(경제적 구조의 차이)으로 구분되어 있으며, 정치투쟁의 과정"

마르크스의 접근

도시사회학적 3가지 접근

정 ➡ 반

합(정) ➡ 반

합(정) ➡ 반

합(정)

법 체계 ➕ 정치 체계

➕ 주택, 교육 등 도시 서비스 ➕ 경제 체계

"도시의 자율적인 사회통합적 기능 시스템 작동"

베버의 접근

기든스의 접근

"도시계급의 매개적 구조화(생산수단의 차이, 교육, 기술의 차이 등)와 한정적 구조화(경제적 자원의 소비형태)로부터 계급론을 재구성. 도시공간구조가 주택배분 시스템을 매개로 하여 사회의 여러 조직과 권력으로 분절하여 보는 시각(기든스). 즉, 마르크스주의의 경직성과 자본주의 불평등을 극복하는 '사회구조화이론'으로 '제3의 길'을 제시."

직면하는 지금의 상황에서는 도시정책을 이데올로기로 보지 말고 유연한 문제해결형 정책적 사고를 가지고 접근하여야 할 것이다.

유발 하라리(2015)는 "지난 2세기에 걸쳐 일어난 혁명들은 워낙 빠르고 과격한 나머지 사회질서의 가장 근본적인 특성 대부분을 변화시켰다. 전통적으로 사회질서는 단단하고 고정된 무엇이었다. '질서'는 안정성과 연속성을 의미했다. 급격한 사회혁명은 예외였고, 대부분의 사회 변화는 수많은 작은 단계가 축적된 결과였다. 사람들은 사회구조란 확고하며 영원하다고 가정하는 경향이 있었다. 가족과 공동체가 그 질서 내에서 자신이 차지하는 위치를 변화시키려 분투할 수는 있었지만, 스스로 질서의 근본구조를 바꿀 수 있다는 발상은 낯선 것이었다. ...(중략)... 정확히 말하자면 오늘날은 모든 해가 혁명이다. 공간의 생성과 소멸은 사회적 현상이며 과정적 현상으로서 이해하여야 한다는 뜻이기도 하다. 과정적 공간개념이란 서로 다른 두 현실인 한편으로 공간, 다른 한편으로는 사회적 생산물들, 사람들 그리고 그들의 행위를 가정하는 대신 공간을 사람들과 사회적 생산물들의 구조로부터 이끌어 낼 때에만 공간 현상에 일어나는 변화들을 파악할 수 있다는 것이다. ...(중략)... 따라서 공간개념의 출발은 상대주의적이었다."61)고 언급했다. 굳이 하라리의 저술을 인용을 하지 않더라도 현대인 모두가 동의할 것이다. 지금의 지리적 공동체를 기반으로 하는 기존의 질서를 붕괴시킬 정도로 재편되고 있는데 그것은 지리적 공간에서 사이버 공간으로의 확장으로 이해하여야 할 것이다. 21세기에 살고 있는 현대인들에게 공간은 지리적으로 제한된 공간이 아닌 무한대로 펼쳐질 수 있는 공간으로 확장되고 있다. 이에 따라 기존의 정치·경제·사회의 질서 체계의 재편은 필연적으로 발생할 수밖에 없다. 게다가 공간은 더 이상 고정적이지 않게 되어 과정적으로 이해하여야 하는 현상으로 받아들여야 한다.

현대 독일의 사회철학자 가브리엘은 현대사회의 개인주의와 단절된 소통,

61) 유발 하라리(2015), 사피엔스, p. 315, p. 350, p. 515을 발췌 요약.

반면에 SNS를 통한 직접참여가 활발해지는 현상을 극복하는 방안으로 신실재론을 주장하고 있다. 그가 말하는 신실재론은 탈진실(Post-truth), 포퓰리즘의 바람이 거친 오늘날 그가 제창하는 개념이다. 그는 세계사의 시간이 거꾸로 가고 있다라는 표현을 사용하면서, 신은 죽었다. 근대라는 '장대한 약속'도 죽었다. 이러한 '죽음'을 거친 우리는 닻을 잃고 표류하는 배와 같다. 그 바람에 지금 이 세계는 '좋았던 시절', 즉 19세기의 '국민국가'시절로 되돌아가려는 움직임이 확산되고 있다."는 것이다. 가브리엘은 다섯 가지 위기를 다룬다. '가치의 위기', '민주주의 위기', '자본주의의 위기', '테크놀로지의 위기', 그리고 이 4가지 위기의 근저에 있는 '표상의 위기'를 들고 있다. 그는 19세기로 세계가 회귀 중이라는 것이다. 오늘날에 우리는 공간적 중첩과 혼합이 더더욱 증가되어 국제적인 상호의존관계 심화와 미디어 세계의 전환을 일제히 동반하는 강화된, 공간적으로 구조화된 의존성을 상정해야 한다. 국가와 지방정부는 이와 같이 새로운 유무형의 지리적이면서 동시에 공간적 공동체의 출현에 새로운 관점에서의 지역공동체 나아가서는 한국사회, 인류사회의 공동체 정신을 강조하며 적극적으로 개입해야 한다는 것이다.

가브리엘이 경고하는 것은 세계가 19세기의 국민국가로 회귀 중이라는 것이다. "오늘날 유럽에서는 국민국가가 부활중이다. 언어, 전통, 종교, 혈통에서 공통적인 요소를 이끌어 내는 국민국가 개념은 민족국가와 유사한데 이는 매우 위험하다. 실제로는 이러한 공통성만 있는 것이 아니라 차이도 크며 다양한 점이 무시될 수 있다는 것이다. 유럽은 미국의 식민지화되었다. 미국적 소프트웨어 시스템이 국가시스템으로 자리 잡은 것이다. 오늘날 전 세계에는 사람의 인식을 조작하는 비즈니스가 횡행하고 있다. 세상은 WASP(White Anglo-Saxon Protestant)가 지배하고 있다. 이들이 아이디어 원천에 의존해서 지배엘리트가 된 것은 아니다. 구조적으로 지배하기 시작한 것이다. 세상은 신뢰성이 낮은 정보로 넘쳐나고 있다. 리얼리티의 형태는 변화하고 있다. 세상에서 일어나고 있지만 우리의 눈에는 보이지 않는다. 아무도 진실을 추구하고 있지 않기 때문이다. 이러한 상황에서 중요한 점이 신실재론이다."[62] 신실재론은 모든 사람에게 힘을 불어넣을 수 있다. 진실을 추구하기 때문이다. 만약 모두가 어떤 일이 일어나고 있는지를 알고자 한다면 미디어의 반응은 달라질 수밖에 없다. 우리는 소셜미디어로부터 자신을 해방시켜야 한다. 소셜미디어는 완전한 의태이다. 인터넷 규제만으로는 충분치 않다. 인터넷세상에서는 법정도 없고 민주주의도 없다. '완전'도 없다. 기본적으로는 수학이기 때문이다. 비민주적인 글로벌 미디어 공간이 형성되어 있고 인테넷은 왜곡된 정보를 심어주며 우리의 지성을 잠식한다. 가브리엘이 주장하는 신실재론은 두개의 개념으로 구성된다: "첫째는, '모든 일'을 포괄하는 단일한 현실은 실재하지 않는다. 현실은 하나가 아니라 수없이 존재한다. 복수의 현실을 하나의 현실로 환원할 수도 없다. 존재론적 개념 ontology이다. 존재하는 것, 즉 무한으로 존재하는 수많은 현실 영역에 관해 말하고 있다. 칸트의 구축주의(Constructivism)에 대해 비판하였다. 가브리엘은 구축주의를 '일반적으로 사실 그 자체는 존재하지 않는다. 오히려 우리가 우리 자신의 중층적인 언설 또는 과학적인 방법을 통해 모든 사실을 구축하고 있다'점을 비판한다. 둘째는, '우리는 현실을 있는 그대로 알 수 있다.'라는 사고관이다. 우리는 틀림없이 그 현실의 일부이기 때문이다. 우리는 하나하나의 현실을 원칙상 알 수 있다는 인식론상의 주장이다. 우리가 직접 알 수 없거나 현실에 부딪히지 않아서 그렇지 알 수 있다는 것이다. 현실은 달아나지도 숨지도 않는다. 신실재론이 각광을 받는 이유는 지금 일어나는 일과 새로운 기술, 견해가 함께 진행되기 때문이다."[63] 존재하는 것과 존재하지 않는 것에 대한 우리의 인식은 디지털로 인해 완전히 바뀌었다. 즉, 현실과 가상의 경계가 모호해진 세계에서 우리는 살고 있다. 경계선이 모호한 것은 현대의 이데올로기이다. 사실(fact)과 거짓(fake)의 경계선이 모호하다는 것은 포스트모던의 철학적 사고이다. "신실

62) 마르쿠스 가브리엘(Markus Gabriel) 지음 · 김윤경 옮김(2021), 왜 세계사의 시간은 거꾸로 흐르는가, 타인의 사유, p. 5.
63) 마르쿠스 가브리엘(Markus Gabriel) 지음 · 김윤경 옮김(2021), 왜 세계사의 시간은 거꾸로 흐르는가, 타인의 사유, pp. 10-15.

재론에서 의미는 아날로그에서는 도서관의 책은 권으로 세지만 디지털에서는 쪽수 등 다양하게 측정한다. 우리의 놓여진 도서관은 현실(진실)이지만 측정 규칙에 따라 의미가 달라진다. 이것을 의미장이라고 부른다. 언어학에서의 '의미'이다. 이들 '의미'는 인간의 정신으로부터 완전히 독립한 존재이다. 콘셉트의 의미 meaning이다. 다시 말해 intention이야말로 의미 sense라고 부르는 것이다. 의미장의 밖에는 아무것도 일어나지 않는다. 모든 것은 관계와 상황 속에서 발생한다."[64] 가브리엘은 포스트 모던은 인류의 장대한 약속(종교, 근대과학 등)이 쓸모없어진 후 전통으로부터 철저히 단절하고자 했다. 그러나 그런 환상에서 우리를 해방하기 위해 포스트 모던은 '우리는 각자의 환상에 빠져 있다'라는 새로운 환상이었다라고 말한다. 특히, 대중민주주의적 성격인 SNS 정치적 환경에 노출된 한국사회에서는 IT를 활용한 일상생활의 변화는 더욱 커질 것이다. 인간과 인간의 소통은 언어에서 출발했다. 언어는 사회를 구성했고 기호화되면서 사회는 구조적으로 진화하게 된다. 계층간 소통되는 언어를 엄격히 구별한 것은 고금동서를 막론하고 동일하게 나타나고 있다.

계층의 신분제로 고착화 위기

보수진영이나 진보진영이나 모두 지금의 한국 사회의 가장 큰 문제라고 지적하는 격차사회의 문제는 곧 계층 간 이동성이 약해져 가는 위기에 직면하고 있다는 얘기다. 다음의 〈표 9〉는 세계 각국의 계층간 이동성에 관한 지표를 활용하여 순위를 매긴 것이다. 2020년 기준 우리나라가 계층간이동률이 25위이다. 〈표 9〉를 보더라도 복지재정지출과 조세부담률이 높은 북유럽권 국가들에 있어 계층 간 이동률이 높다는 것을 알 수 있다.

---

64) 마르쿠스 가브리엘(Markus Gabriel) 지음·김윤경 옮김(2021), 왜 세계사의 시간은 거꾸로 흐르는가, 타인의 사유, pp. 5-38의 내용을 부분 발췌 요약.

〈표 9〉 세계 각국의 계층간 이동률(2020년 기준)

Rank (순위)	Country(국가)	Index Score (지표)	Rank (순위)	Country(국가)	Index Score (지표)
1	Denmark	85.2	15	Japan	76.1
2	Norway	83.6	16	Australia	75.1
3	Finland	83.6	17	Malta	75.0
4	Sweden	83.5	18	Ireland	75.0
5	Iceland	82.7	19	Czech Republic	74.7
6	Netherlands	82.4	20	Singapore	74.6
7	Switzerland	82.1	21	United Kingdom	74.4
8	Belgium	80.1	22	New Zealand	74.3
9	Austria	80.1	23	Estonia	73.5
10	Luxembourg	79.8	24	Portugal	72.0
11	Germany	78.8	25	South Korea	71.4
12	France	76.7	26	Lithuania	70.5
13	Slovenia	76.4	27	United States	70.4
14	Canada	76.1	28	Spain	70.0

출처: The Global Social Mobility Index is an index prepared by the World Economic Forum in the Global Social Mobility report. The Index measures the intergenerational social mobility in different countries in relation to socioeconomic outcomes. The inaugural index ranked 82 countries.

　『불평등의 대가』의 저자이면서 노벨경제학상 수상자인 스티글리츠와 브루스가 공저한 『창조적 학습사회』에서 그들은 캐너스 애로우의 학습효과와 경제발전에 관한 상관성에 대해 구체적으로 언급하고 있다.[65] 애로우에 따르면 경제발전에 성공한 국가들은 평균성과와 최고성과의 간격이 적다는 것이다. 문제는 시장 스스로가 학습과 혁신을 효율적인 수준으로 만들거나 반복적인 현상으로 만들고 있는가, 아니라면 정부는 어떤 개입을 필요로 하는가

---

[65] Joseph E. Stiglitz & Bruce C. Greenwald(2015), Creating a Learning Society: A New Approach to Growth, Development, and Social Progress. 김민주·이엽 옮김(2016), 창조적 학습사회, 한국경제신문을 요약 정리했음을 밝힌다.

라는 점이다. 애로우 교수의 언급에 의하면 사회의 발전은 기술진보인데 두 개의 요인으로 연구개발과 행동학습을 적시하고 있다. 정부의 역할은 어떻게 하면 학습경제와 학습사회를 구축하는지 그리고 사회후생을 강화하기 위하여 정부의 역할을 강조하는 것이다. 토마 피케티(Thomas Piketty) 역시 지식과 기술이 경제적 격차를 해소하는 데에 기여할 수 있다는 주장을 한다. "과거에 그랬듯이 오늘날에도 동일한 연령집단 내에서도 부의 불평등은 존재하며, 상속재산은 21세기 초에도 발자크 소설의 고리오 영감이 살던 시대와 마찬가지로 결정적인 것이 되어가고 있다. 지식과 기술의 확산은 오랫동안 평등을 향한 실제적이고도 중요한 추동력이 되어왔다."[66]는 것이다.

중소기업연구원이 발간한 '대-중소기업 간 노동시장 격차 변화 분석' 보고서(2021년)에 따르면 2019년 상시근로자 5~499인 중소기업의 1인당 월 평균 임금은 337만7,000원으로 근로자 500인 이상 대기업(569만원)의 59.4% 수준으로 나타났다. 이는 20년 전인 1999년의 71.7%보다 12.3%포인트 낮아진 수치로, 대기업과 중소기업 근로자의 임금 격차는 더욱 벌어지고 있다. 평균 근속기간도 1999년에는 중소기업이 대기업보다 3.2년 짧았지만 2019년에는 4.7년 더 짧았다. 반면에 2019년 기준 중소기업 기본통계에 따르면 국내 기업의 99.9%, 기업 종사자의 82% 이상이 중소기업인 것으로 조사됐다. 중소기업 10곳 중 9곳 정도는 개인기업이고, 전체 중소기업의 절반 이상은 수도권(서울·인천·경기)에 소재했다. 중소기업 수는 국내 기업의 99.9%, 종사자는 82.9%, 매출은 48.7%를 차지했다. 즉, 절대적으로 고용율과 기업의 개수라는 측면에서 중소기업이 차지하는 비율이 압도적으로 크나 급여와 근속년수 등은 대기업이 압도적으로 높다는 것이다. 우리 사회의 저출생, 고령화라는 위기만큼 심각한 것은 격차사회에서 나오는 사회적 갈등을 극복하는 과제일 것이다. 즉, 자본소득과 근로소득 모든 면에서 사회 계층의 상층부와 하층부의 격차가 커지면서 부의 세습화도 동시에 일어나 계층 간의 차이가 신분

---

66) 토마 피케티 지음·정경덕 외 옮김(2013), 21세기자본, 글항아리, p. 34.

제로 전환되는 위기로 돌입하고 있는 것이다.

현대 한국사회는 극복해야 할 다양한 문제들로 인한 위기에 직면해, 실제로 한국의 갈등지수는 OECD 30개국 가운데 3위를 차지할 정도이다. 갈등지수는 소득불균형 정도, 민주주의 성숙도, 정부, 정책의 효율성이 지표로 사용된다. 우리나라의 갈등지수 순위는 무려 3위인 반면, 갈등관리 지수는 30개국 중 27위에 불과하다. 2013년 삼성경제연구소에서 사회 갈등에 따른 경제적 비용이 연간 82조~246조원에 이른다고 발표한 바 있다. 더불어, 사회적 갈등이 경제성장에 미치는 영향에 대하여 한국의 갈등이 G7 수준으로 개선되면 GDP가 0.2%포인트 추가 상승할 것이라고 분석했으며, 갈등지수의 1표준편차(0.46) 감소는 1인당 GDP를 7.4%~12% 증가시키는 효과가 있다고 추산했다.[67]

[그림 15] 한국 사회의 갈등지수

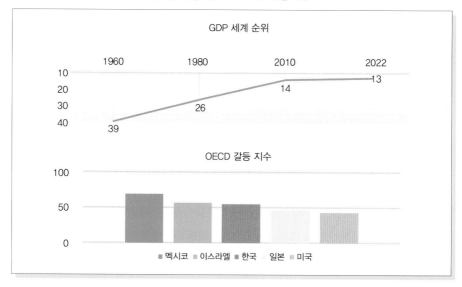

출처: UN(2023), 전국경제인연합회(2016).

---

67) 한국행정연구원, 2018.

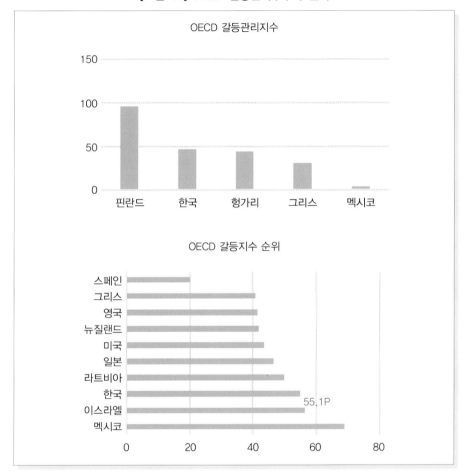

[그림 16] OECD 갈등관리주수와 한국

OECD 갈등관리지수

OECD 갈등지수 순위

출처: UN(2023), 전국경제인연합회(2016).

즉, 현대 사회에서 격차로 인한 사회적 갈등은 큰 국가적 손실을 일으키고 있으며, 이를 해결하기 위해서는 사회적 가치 형성과 유지를 비롯해 근본적인 제도 정비와 교육 및 다방면에서 인식하고 개선할 필요가 있다.

강한 국가는 어떻게 만들 것인가

강한 국가는 어떻게 만들 것인가

고대사회(국가)부터 근세에 이르기까지 동서양을 막론하고 국가는 정치적 질서를 지배하는 권력이 다른 경제적 질서, 사회적 질서보다 월등히 강했다. 이들 정치적 지배자들은 소수였으며 종교라는 의식을 통하여 경제와 사회적 질서까지 독점했던 시기였던 것이다.

영국의 정치사학자인 배링턴 무어(Barrington Moore Jr.)는 고대국가부터 현대국가에 이르기까지 독재와 민주주의라는 두 가지 시각을 가지고 강자가 되는 국가의 공통적인 조건을 밝혀낸다. 1966년도에 발간된 그의 저서 『독재와 민주주의 사회적 원천(Social Origins of Dictatorship and Democracy)』에서 강한 국가가 되는 조건으로서 세 가지 루트를 제시한다. 첫 번째 루트는, 대외전략에서 개방과 평화 즉, 세계 공동체를 지향하는 국가가 생존하고 발전했다는 것이다. 두 번째 루트는 고대민주주의와 고대공화주의를 열었던 그리스는 배제를 통한 길로, 로마는 포용을 통한 길을 선택하여 그 이후의 세계의 주인공이 바뀌었다는 것이다. 강자의 조건 세 번째 루트는, 고대의 로마제국 중세의 몽골제국, 17세기의 네덜란드, 18-19세기의 영국, 20세기의 미국의 전략은 군림할 것인가 매혹을 할 것인가였다. 선진국이라 것은 가보지 않은 길을 가고 오지 않은 빚을 끌어내는 능력을 가진 국가이다라는 것이다. 그렇다면 우리나라가 강한 국가로 가기 위하여 무엇을 어떻게 할 것이냐는 지금 이 땅에 살고 있는 우리에게 주어진 과제일 것이다.

공화적이며 개방적인 민주주의 질서체계의 강화

이 책의 당초의 목적은 국가와 사회를 이루는 과정에서의 '질서'라는 소재가 어떻게 행위자들 간의 관계를 형성하고 국가와 사회를 지배하게 되고 발전하면서 또는 패망하게 되는가를 살펴보고자 했다. 왜 강한 국가들은 약자를 보호하며 포용성을 높이는 길을 갔던 것인가. 그것은 경제적 질서의 상층부와 정치적 질서의 상층부가 같은 계층에서 배출되는 귀족정치 내지 과두제적 지배체계가 결국은 국가를 붕괴시켰던 것을 알았기 때문이다. 정치사적으로 보면 16-17세기 중세의 르네상스는 고대 그리스의 민주정과 고대로마의 공화정을 부활시키는 작업이었다. 유럽에서 가장 잘 부활시킨 곳이 프랑스와 영국, 스위스 등이었다. 그러나 무엇보다도 19세기 프랑스의 학자인 토크빌이 『미국의 민주주의(1830과 1831)』에서 강조했듯이 19세기 유럽이 아직도 피라미드적인 계서제 사회임에도 불구하고 신생 미국은 고대 그리스의 민주주의와 로마의 공화정의 정신을 잇고 있다고 칭찬을 한다. "지금 우리 한국 사회가 겪고 있는 공동체의 위기는 어쩌면 인구감소에 의한 지방소멸이나 수도권으로의 인구집중에 의해서 생기는 비수도권의 인구의 공동화 현상이 아닐지도 모른다. 대한민국에 사는 우리들 대부분은 지난 몇 차례의 국정선거와 지방선거를 치루면서 유튜브와 인스타그램, 페이스북, 카카오톡, 트위터 등을 통한 자신들만의 사이버(SNS)공동체를 이뤘지 바로 지리적인 이웃과는 모르고 지내고 있지 않은가. 상대 진영의 사이버(SNS)공동체에 대해서는 원색적으로 비난하는 정도가 그 도를 넘고 있지 않은가. 특히, 유튜브 같은 경우에는 접속 건수에 따라 수입이 결정되는 구조가 되기 때문에 가브리엘이 주장하는 바와 같이 거짓(fake)이 실재(fact)로 둔갑되는 것이 흔하지 않은가. 이런 것들이 바로 우리 공동체의 붕괴를 가속화시키는 것이다."[1] 더군다나 장기간에 걸친 코로나19에 의하여 더욱 가속화된 개체주의와 탈공동체주의는 한국 사회를 위협하고 있다. 지금과 같이 사이버(SNS)를 통한 의사소통이 주류가 된다면 비민주적인 글로벌 미디어 공간이 형성되어 있고 인테넷은 왜곡된 정보를 심어주며 우리의 지성을 잠식할 것이다. 사이버(SNS) 정치적 환경에 심하게 노출된 한국 사회에서는 그 영향력이 더욱 커지리라고 예상한다.

우려스러운 점은 한국 사회는 앞서 살펴보았듯이 점점 더 정치·경제 질서체계의 상층부가 일체화되는 현상을 보이며 사회적 질서체계의 상층부 역시 점차적으로 일체화되는 현상을 보이고 있다는 점이다. 말하자면 계층 간의 이동이 점점 어려워져 사회적 역동성이 떨어지고 과두제적인 귀족정치 형태로 점점 고착화 되어 가고 있다는 점이다. 한국의 경제적 질서의 지배자들과 정치적 질서의 지배자들, 심지어는 사회적 질서의 지배자들이 과거에는 혼인관계, 학연과 지연 등의 연고주의적 관점에서 한 몸이 되어 가고 있었다면 지금은 성장과 효율성이라는 성장 레짐[2]이라는 최면에 걸려있으며 이것이 정치적 헤게모니로 작용하고 있다는 점이다. 자유시장주의를 옹호한 것으로 유명한 정치철학자인 허버트 스펜서가 1864년 환경에 적응하는 자만이 살아남는다는 '적자생존의 원칙'이라는 사회진화론을 최초로 강조하는데 이는 다름 아닌 라마르크의 『철학적 동물학(1809)』에서 획득형질의 유전이라는 주장과 실제 내용은 다르지만 묘하게 일치되게 사용되어 약육강식으로 이해가 되어 버린다. 생물의 우생학으로 잘못 발전되어 히틀러의 광기로 나타났다는

---

1) 임승빈(2022), '6.1 지방선거와 공동체주의적 자치분권의 확대', 자치분권 2.0 지방선거 캠페인 토론회 발제문, 거버넌스센터주최, 국회도서관소회의실, 2022.03. 29. pp. 7–8을 요약 발췌했음을 밝힌다.

2) 임승빈(2022), 지방자치론 15판 개정판, 법문사. 여러 학자들의 견해를 정리한 부분을 발췌 요약하였다. 레짐(regime)이란 학자들의 견해에 따라 다양하게 정의되나 명시적이건 묵시적이건 일련의 지배적인 이념, 묵시적인 원칙과 규범 등이라는 점에서는 공통적으로 인정한다. 따라서 성장 레짐(growth regime)이란 경제성장을 위해서는 다른 가치는 어느 정도는 희생할 용의가 있는 집단들 간의 명시적, 암묵적 합의를 지칭할 수 있겠다.

점은 주지의 사실이다. 사회진화론의 '적자생존의 원칙'은 경제학 분야에도 영향을 미치는데 후생경제학으로도 연계된다. 살아남는 적자가 되기 위해 강해지라는 의미로 도치되어 버려 성장하지 않으면 실패(죽음)라는 도식화가 되어 성장의 굴레에 빠져버린 것이다. 물론 다윈 진화론의 핵심인 자연선택에 의한 적자가 살아남고 이들에 의해 진화가 된다는 과학적 사실과는 정반대의 현상이 나타나고 있다. 이러한 성장 레짐이 이데올로기화 되어 산업화를 비교적 성공리에 수행한 한국 사회를 지배하고 있는 것이다. 즉, 정치·경제·사회의 질서체계가 각자가 분리되고 상호의존적 네트워크 연계성이 강화되는 표면적 현상과는 달리 그 이면에는 성장과 효율이라는 성장 레짐과 성장이데올로기를 떨쳐내지 못하는 의식이 형성되어 있는 것이다.

어떻게 극복할 수 있을까. 언급했듯이 공간적 공동체라는 개념이 SNS에 의해서 확장 또는 수축이 되어있는 상황에서는 혈연·학연·지연이 아닌 가치공동체적 연고주의 공화주의 관점을 강조하는 것이 바람직하다고 본다. 정부는 정치와 경제체계에 대한 사회적 질서체계의 자율성과 스스로 사회통합 역량을 강화시킬 수 있도록 제도적 지원을 할 뿐만이 아니라 사회구성원들이 가치공동체를 만들 수 있도록 지원해야 할 것이다. 그러기 위해서는 다양한 영역에서 지역 공동체라는 하나의 지리적 공간이 있다면 이를 운영하고 삶을 위한 정책들에 대해 지역사회와 지방정부, 시민사회들 때론 중앙정부까지 포함된 협력적 거버넌스를 만들 필요가 있다. 동시에 지역 공동체의 자율성과 책임성을 강화시키는 공화주의적이며 분권형 국가를 만들어나가야 할 것이다. 작은 단위까지 민주주의적이며 개방적인 질서체계를 만들어야 할 것이다. 예를 들어, 지방의 검사장, 지방법원장, 지방경찰서장, 국공립학교운영위원회 등까지 지역사회의 공공조직에 있어 민주적이고 개방적인 통제가 필요하다. 동시에 베버가 지적한 바와 같이 선출되지 않은 직업 관료들의 집단이기주의와 전문성의 오류 역시 주의해야 할 사항이다.

정치 · 경제 · 사회적 질서체계에 대한 민주적 통제의 강화

정치적 질서체계는 '효능감(수용성)', 경제적 질서체계는 '효율성(비용적)', 사회적 질서체계는 '공정성(형평과 공익)' 각각이 추구하는 구성적 가치가 다르다는 사실을 인지해야 할 것이다. 1970년대 후반부터 유럽 사회의 변화를 보면서 이에 대한 진단을 시작한 독일의 사회학자인 루만은 사회적 질서가 기능적으로 분화되고, 중심이 없는 사회에서 정치체계는 사회의 핵심적인 기능체계가 아니라 단순히 하나의 기능체계일 뿐이다라고 주장하면서 기존의 국가역할에 대하여 다른 시각을 제공한다. 루만의 시각은 기존에 국가 · 정치를 사회 조종의 핵심과 중심으로 파악했던 구조기능주의자인 탈코트 파슨즈나 한나 아렌트와 같은 학자들의 입장과 대립된다.[3] 루만에게 있어서 국가는 정치체계의 한 요소일 뿐이다.[4] 사회에 있어 정치의 힘을 회의하고, 정치가 사회를 조종한다는 의견에 부정적인 루만의 시각은 '조종 비관주의'라고 불리기도 한다.[5] 결국 루만에게 있어 "정치는 다양하게 분화된 사회의 특정 기능을 담당할 뿐이다. 루만은 막스 베버의 권력 개념을 계승한다. 루만 역시 권력의 근원은 궁극적으로 물리적 폭력을 정당화하는 데 있다고 서술한다. 정치체계에는 매체로서 권력이 작용하고, 이는 '집합적인 구속력을 가진 결정'을 위한 것이다. 루만에게 권력은 지배나, 억압의 수단이 아니라 하나의 소통의 수단으로 기능한다. 권력을 통해서 비로소 '정치적인 것'에 대한 커뮤니케이션이 정치체계로 분화될 수 있다."[6] 루만은 정치체계가 작동하기 위해서는 코드화가 필요함을 환기시키면서, 이 코드는 "우월한 권력(공권력)"과 이에 "복종하는 자의 구별(통치자/피통치자) 및 공권력을 여당/야당 도식"으로 조건화된다고 지적한다. 권력의 우세와 열세는 차이, 아마도 최초의 차이는 무력

---

3) 서영조(2008), 니클라스 루만의 정치체계론, 한국시민윤리학회보, 21(1), p. 50.
4) 니클라스 루만 지음 · 박여성 옮김(2011), 사회체계이론 2, 한길사, p. 341.
5) 서영조(2011), 정치와 사회 조종－루만의 '조종 비관주의'를 중심으로, 현상과인식, 35(1/2), p. 16.
6) 서영조 · 김영일(2009), 니클라스 루만의 권력이론: 소통수단으로서의 권력, 21세기정치학회보, 19(2), p. 17.

으로 결정되었을 것이고, 이것이 시간이 지나면서 평화를 요구받고 무력과는 다른 안정적인 수단을 모색하는 것으로 이어졌을 것이다. 이러한 필요에 의해 공직이 발명되고, 이를 통해 공직에 통치자/피통치자의 차이가 재규정된다. '공직'이라는 새로운 개념을 통해 정치체계는 한층 더 탈인간화된다. 이러한 과정에서 근대 정치의 출현으로 인해 정치는 여당/야당으로 재코드화된다"[7]는 것이다. 즉, 루만이 체계이론 일반에서 다루었듯 체계에서 코드는 불변적 속성을 가지고, 프로그램은 가변적 속성을 갖는다. "루만의 상이한 코드와 프로그램의 개념을 통해, 전자의 기능으로 복잡성을 축소하고, 후자의 기능을 통해 체계의 유연성을 확보한다. 예를 들어 여당/야당이라는 이항코드는 불변의 것이다. 하지만 집권을 하느냐/하지 못하느냐는 정치체계의 프로그램에 달린 결과이다. 따라서 문제는 어떤 정치적 세력이 특정의 정치체계의 프로그램을 결정하느냐에 달리기도 한다. 이런 까닭에 정치체계의 프로그램은 체계의 밖에서 일어나는, 즉 환경에서의 커뮤니케이션에 반응한다. 루만은 프로그램을 '출입문'에 비유하고 있으며, 이는 환경과의 접촉을 통해 배제된 것을 다시 체계 안으로 '재진입'시키는 기능을 수행한다."[8] 루만에게 있어 정치체계의 기능과 구체적인 특성은 4가지로 압축될 수 있다. 첫째, '정치적인 것'을 주제로 발생하는 모든 커뮤니케이션은 '결정'이라는 형태로 압축된다. 정치적 커뮤니케이션은 항상 결정과 연관을 갖는다. 둘째, 정치적 커뮤니케이션을 통한 결정은, 의문 없이 다음 결정이 이어지는, '구속적인 성격'을 갖는다. 셋째, 이러한 구속은 '집합적인' 성격을 지닌다. 여기서 집합적이라는 것은 결정이 그 체계에 포함된 모든 구성원에게 영향을 미친다는 것이다. 마지막으로 정치체계는 결정들의 사실적 연속성, 결정의 여부와 상관없이도 언제라도 결정하는 있는 능력과 연관된다는 것이다.

---

7) 서영조(2013), 자기생산체계로서의 정치체계 – 루만의 새로운 정치이해, 사회와 철학, 25, pp. 279–280.

8) 서영조(2013), 자기생산체계로서의 정치체계 – 루만의 새로운 정치이해, 사회와 철학, 25, p. 289.

그러나 한국 사회의 정치와 경제저 질서체계의 상위그룹의 파워엘리트를 배출하는 계층을 보면 재벌의 친인척, 행정부의 고위직 공무원, 판검사 등 법조계, 주요 언론사의 간부, 교수들이라고 볼 수 있는데 이들이 상호 다른 체계적 질서를 갖고 상호의존적이며 민주적 통제를 받고 있는 것일까. 그렇지 않다고 본다. 이들을 배출하는 파워엘리트 그룹은 한국의 오랜 군사독재정권을 거치면서 산업화가 이루어지는 과정에서 국가독점적 자본주의에 의해 정치계와 경제계가 독립적인 상호의존관계보다는 혼연일체형에 가깝다고 볼 수 있다. 이들 두 개의 정치적 질서체계와 경제적 질서체계들 간의 또는 그 내부에서 민주적 통제 또한 제대로 작동되었다고 볼 수는 없다. 정치적인 엘리트를 배출하기 위한 정당 내의 민주적 절차 및 통제, 그리고 경제적 질서체계를 형성하는 데에 민주적 통제를 위한 재벌에 대한 출자 및 지분 규제 및 공정거래법 등은 2000년대 이후에 만들어진 법들이고 이마저도 불충분하다는 것이 지배적인 의견이다. 더군다나 정치적, 경제적 질서의 지배자들에 대한 견제를 하는 사회적 질서체계의 주요한 역할자들인 시민사회단체의 영향력은 점점 약해져 가고 있거나 심지어는 혐오의 대상이 되고 있으며 언론은 독자들이 아닌 경제적 질서의 지배자들인 기업들의 광고주에 장악되어 있다. 지금 필요한 것은 정치·경제·사회적 질서체계들 간의 상호의존적이며 독립적으로 운용되도록 민주적 통제를 강화시키는 시스템 구축이 필요하다. 장하준 교수는 국가의 역할에 대해서 다음과 같은 제언을 한다. "우리는 시장이 기본적으로 정치적 구조물이라는 것을 이해할 필요가 있다. 시장은 시장을 떠받치는 특정한 권리/의무 구조와 관련짓지 않으면 정의할 수 없는데, 이 같은 권리/의무들은 정치적 과정을 통해 결정되는 것이지, 신고전학파(혹은 신자유주의) 논객들이 우리에게 주입시키는 것처럼 어떤 '과학적' 혹은 '자연적' 법칙에 따라 결정되는 것이 아니다"[9]라고 하며 제도주의적 정치경제적 질서체계를 만들어야 한다고 강조한다.

---

9) 장하준 지음·이종태/황해선 옮김(2006), 국가의 역할, 부키, p. 143.

즉, 경제적 질서에서 독과점이 자본주의 근간을 흔들 듯이 정치적 질서의 독과점 역시 자유민주주의적 질서체계의 근간을 흔드는 것이다. 따라서 지금의 한국 사회의 세습화되어가는 자본주의적 구조와 정치적 질서의 지배엘리트와 경제적 지배질서의 지배엘리트가 혼합되는 반면에 기존에는 사회적 질서체계 속에서 어느 정도 역할을 했던 시민사회단체들이 실종되어 가는 현상을 극복하기 위해서는 제도적으로 정치·경제·사회적 각각의 질서체계의 독과점 현상이 나타나는 것을 방지하기 위해서는 각 체계에 대한 민주적이고 공화적인 통제를 강화시키도록 하여야 할 것이다.

권력과 권한의 분산적 시스템 구축

상기 한국사회의 디커플링 현상과 한국사회 갈등문제는 국가의 위기이면서 동시에 지방의 위기이다. 국가의 방향성이 지방의 방향성이며 우리는 대한민국이라는 한 배에 타고 있다. 지방대학과 지방산업의 붕괴를 수도권의 지방정부에서는 안이하게 대처할 수는 있으나 지역경제권이 무너지면 수도권도 국가도 위기에 빠질 것이다. 2024년 현재 우리는 기후변화와 4차산업의 도래라는 전지구적인 외부환경 변화에 대한 적응뿐만 아니라 내부에서도 격차로 인한 갈등의 고조, 그리고 인구절벽, 세대 간 젠더 간 갈등 고조 등은 중차대하고 극복해야할 과제이다. 아울러 인구는 2024년도 현재 수도권과 인구 50만 이상의 대도시 17곳(수도권에 11곳, 비수도권에 5곳)으로 집중되면서 지역공동체 붕괴 내지 지방소멸 수준에 이르고 있다고 한다.

지금과 같이 SNS를 통한 의사소통이 주류가 된다면 비민주적인 글로벌 미디어 공간이 형성되어 있고 인터넷은 왜곡된 정보를 심어주며 우리의 지성을 잠식할 수 있다는 것이다. 상기에 인용한 가브리엘의 지적에 대하여 동의한다. 특히, 대중민주주의적 성격인 SNS 정치적 환경에 노출된 한국사회에서는 IT를 활용한 일상생활의 변화는 앞으로도 더욱 커질 것이다. 더욱더 지역공동체에서 주민자치적인 대면적인 활동을 늘려야 할 때다. 자발적이고 민주적인 주민자치회의 구성 방법에 대해서도 생각해야 한다. 주민자치회의 구성을 직접 선거로 다수결로 선출하는 것만이 능사는 아니다. 언급했듯이 공간적 공동체라는 개념이 SNS에 의해서 확장 또는 수축이 되어 있는 상황에서는 공화주의적 관점에서 주민 대표를 선출하는 것이 바람직하다고 본다. 아울러 지방의원 및 국회의원 선출 방식도 지금과 같은 소선거구제 보다는 중대선거구제와 비례대표제를 보다 많이 적용하는 것이 민의를 제대로 반영하는 정치체제를 만들 수 있을 것이다. 지금 수준보다 더 외국인 참정권을 확대하고 적극적 이민정책을 펴서 개방형 국가로 만들어야 할 것이다. 또한 집단지성을 활용하는 즉, 중앙정부와 지방정부는 자신들의 시민을 믿고 협력적 거버넌스를 만들어 가야 하며 공동체의 자율성과 책임성을 강화시키는 분권적 국가를 만들어나가야 할 것이다. 즉, 우리 한국 사회가 직면한 내외부 과제들을 해결·극복하기 위해서는 적극적인 권력의 분권과 권한의 분산이 필요하다.

자기 성찰적 공동체를 지향

한국의 현대 정치를 뒤돌아 보면 지금과 같은 민주주의 체제를 만들기까지 고난의 여정이었다는 표현 외에 달리 설명할 수가 없을 것이다. 박정희와 전두환정권은 같은 군사독재정권이었어도 한국 사회라는 공동체를 만드는 과정과 방법이 같은 형태로 작동되지는 않았다. 두 개의 군사독재정권 모두 비정당한 방법으로 정권을 쟁취했으며 정치·경제·사회 질서체계를 군사정권의 일부 세력이 장악하려는 의도는 같았다. 그러나 박정희정권의 경우에는 그 자신 여느 타국의 독재자들과는 달리 검소했으며 국민들에게도, 경제적 질서체계에서 상위자들에게도, 고위직 관료와 공무원들에게도 근검절약을 강조했으며 '국산품애용'이라는 표어를 통해 국가산업을 외국자본으로부터 지키려는 노력이 강했다. 부자들의 소비품을 사치품으로 규정하여 일종의 이중과세적인 특별세법을 시행했으며 부유층의 자산의 양도를 통한 부의 세습을 막고자 도입한 '부동산양도세제도' 역시 박정희정권 때인 1975년이었다. 물론 국가 의식과 민족의식을 이용하여 인권을 탄압하고 국가 주도적인 전체주의적 유신정권의 탄생은 야당 등의 민주화 세력의 거센 저항이 있었고 비판받아 마땅하다. 이 과정에서 이승만정권 이래로 보수진영이 사용해 왔던 전가의 보도인 '반공'이라는 이데올로기로 진영을 양분시키고 영호남 지역갈등을 조장하면서 배제의 정치를 했으며, 전태일사건을 대표로 하는 노동자에 대한 탄압, YH사건, 부마사태 등은 박정희 군사정권에 대한 평가에서 결코 가벼이 취급해서는 안 될 부분도 많다.

그러나 전두환정권은 박정희의 군사독재정권을 계승했지만 한국이라는 공동체를 만드는 과정과 방법은 이전과 비해 매우 달라진다. 근검절약 대신에 86년 아시안게임을 계기로 1987년 해외여행자유화 시대가 열리고 프로스포츠가 개막되고 12시 통금해제가 되면서 국민들의 소비를 문화와 여가 영역으로 확장시킨다. 그 전형적인 예는 박정희정권 때는 시골 출신의 젊은 여성이 도시의 공장에 다니며 가족을 부양하는 것이 가슴 뿌듯하게 그려졌지만 전두환 때는 이들 젊은 여성이 도시의 술집 호스테스로 취업하여 가족을 부양하지만 가족에게는 떳떳하게 나타나지 않는 내용이 드라마나 영화의 주된 테마였다. 외국산 제품은 넘쳐났고 가짜 외국산은 더욱 판치는 반면에 해외건설에 대한 인허가권, 수출주도로 들어온 국내자본을 독과점 대기업에 몰아주면서 기업의 지배구조가 더욱 가족 중심으로 변하는 재벌이 확장되는 시기도 바로 전두환정권 때이다. 그 이후 등장한 노태우정권은 지지율 40%도 안되었기 때문에 태생적인 한계가 있었고 이에 따라 3당 합당을 통해 지금의 보수정당의 토대가 만들어진다. 물론, 노태우정권 때에 노동자의 보호를 위해 산업안전보건법 등의 제정 등은 괄목할만한 사회적 질서체계의 주요한 행위자인 노동자들에 대한 우대조치가 되고 기업을 제재하게 되지만 정치 · 경제 체계가 사회적 질서체계에 비해 압도적 우위인 위치를 흔들 정도는 아니었다. 정치 · 경제 · 사회 질서체계들 간의 평등적 내지 상호의존적 관계를 정립하려는 시도는 김영삼정권 때 시작되었다고 볼 수 있으며 김대중정부와 노무현정부로 이어진다. 그렇다면 현재 이후 향후 한국이라는 공동체가 정치·경제·사회 질서체계들 간의 평등적이고 상호의존적 관계를 유지하면서 행복하고 강한 국가는 어떻게 만들 수 있을까.

앞서 후기근대성에서 인용했던 마르쿠제(H. Marcuse)의 통찰을 상기할 필요가 있다. 그가 언급한 초기자본주의의 가치는 근면과 금욕이었으나 후기자본주의인 지금은 경쟁과 성과라는 지적은 적절하다. 인간은 그 사람이 소유하고 있는 상품(자동차, 주택 등)을 통해서 보여지게끔 만든다고 마르쿠제가 말한 바와 같이 후기자본주의 사회로 들어오면 모든 이들은 기업이 만든 과다한 광고 등에 의하여 상품의 소유를 위한 경쟁과 성과를 취하는 데에 누구도 이의를 달지 않는다. 마르쿠제는 바로 일차원적 인간, 변증법이 정지된 사회의 현대인의 모습이라는 말한다. 변증법의 원칙인 현실(경쟁과 성과)을 부정할 이상향에 대하여 아무도 얘기하지 않는다는 것이다. 심지어는 계급주의적인 노동자들마저도 풍요로움 삶 속에 계급의식은 사라지고 현실에 안주하며 다른 대안을 찾지 못하는 1차원적 인간(*One Dimensional Man*, 1964년)이라는 사고방식에 젖어 들었다고 그는 개탄한다. 후기자본주의의 현대인들은 삶의 실천적 문제들까지 과학기술이 전적으로 해결해준다는 환상을 갖고 있다는 것이다. 이러한 인간의 소외(비인간화)를 극복하기 위해서는 이상향인 유토피아를 회복하여야 하고 비판적 사유의 토대를 갖춘 지식인의 역할이 무엇보다도 중요하다고 강조한다. 마르쿠제는 바로 '지식인의 위대한 거부'를 대안적 변증법으로서 마르쿠제는 강조하는 것이다. 물론, 이와 같은 마르쿠제의 견해에 대한 비판도 있다. 대중은 그가 말한 것처럼 조종당하기만 한다거나 수동적이지만은 않다. 정보사회로 넘어오면서 기업뿐만 아니라 개체인 대중 스스로가 유튜브에서 또는 다른 SNS와 같은 공간에서 생산 활동을 할 수 있게 되었으며 페이스북 같은 공간에서 팔로워들의 동의에 의하여 해당분야의 '헤게모니'도 장악할 수 있으며 과거 히피문화나 락음악과 같이 대항(저항)문화가 국가와 시장이 만든 것에 대체하여 주류문화로 될 수도 있다. 그러나 이러한 모든 것이 현실 순응(경쟁과 성과를 위한 효율성의 추구=합리성)하는 1차원적 사고 내지 1차원적 인간은 생각할 수 없으므로 현실을 타개하는 새로운 변증법적 사고가 필요하다. 바로 이것이 지식인의 숙명이라고 마르쿠제는 말하고 있다고 본다.

전 세계가 SNS를 통해 모두 하나로 소통이 가능하게 되고 전통적이고 가족적이고 장소 구속적이고 계층적인 전제들이 붕괴하는 현상을 자연스럽게 받아들일 것이냐 아니면 성찰적 근대성을 갖고 대응해야 할 것이다. SNS 등의 사적인 소통수단이 확충되는 지금의 현상은 국가와 개인의 직거래가 됨과 동시에 사회체계에서의 공정성의 가치를 내거는 루만의 '자기준거적' 규율마저 사라지는 위험성도 내포하고 있는 의미도 된다. 예를 들어, 비트코인으로 시작된 가상화폐와 블록체인을 기반으로 둔 NFT(Non-Fungible-Tocken)세상도 그 사례다. 세상은 새로운 소통의 세계로 바뀌고 있다. 과거에 전통적인 화폐가 주요한 소통이었을 때는 급여를 주는 자와 받는 자 사이에서는 권리와 의무감이 발생했으나 지금의 가상화폐와 NFT 세상에서는 이용자(개개인)들 간의 관계만 중요하다. 가상공간에서 벌어들인 재화에 대해서 사회적 의무감을 가질 수가, 가질 필요도 없는 것이다. 나의 자산을 형성하는데 내가 속한 사회적 인프라에 빚을 지지 않은 것이다. 즉, 새로운 화폐 수단을 통해 자산을 형성한 집단들에게 도덕적 가치를 강조할 수도 없다. 왜냐면 그들은 국경을 넘었고 보이지 않는 사용자들과의 소통으로 자산을 형성했기 때문이다. 따라서 이제는 전통적인 화폐와 법을 사회와 소통의 기반으로 삼았던 관료제를 토대로만 국가를 운영할 수 없다.

마르쿠제가 강조한 후기자본주의적 인간들이 갖고 있는 변증법적인 반증의 결핍과 유토피아를 잃어버린 1차원적 인간으로부터의 탈피를 위한 성찰적 자기 결정권이 중요하다는 점이다. 이러한 맥락에서 환경에 던져진 인간이 아니라 성찰적 현대인을 강조하는 후기모더니즘 학자들의 주장은 매우 유용하다. 즉, 현재 우리 일상생활에서 빠질 수 없는 AI와 4차산업의 도래는 우리에게 기술진보에 따른 적응을 필수적으로 강요하는 던져진 삶이 아니라 우리 스스로 선택할 수 있는 문제로 인식하는 것이 중요하다고 본다. 토마 피케티는 21세기의 세계화된 세습자본주의를 통제하려면, 20세기의 재정국가와 사회적 국가 모델을 재고하여 오늘날의 실정에 맞게 조정하는 것만으로는 충분하지 않을 것이라고 지적한다. 그가 경제적 투명성과 자본의 민주적 통제를 강조하는 것도 이 때문이다. 새로운 인류 사회 구축을 위한 개방적이고 민주적이며 공화적인 새로운 국가운영과 국제적인 시스템을 위한 재설계가 필요하다. 이 과정에서 국가와 개인을 매개하는 새로운 정치ㆍ경제ㆍ사회의 질서체계를 생성하고 유지할 수 있도록 도덕과 공동선을 강조하는 적극적 국가 역할이 필요한지 아니면 고전적인 관점에서의 아담 스미스와 하이에크, 밀턴 프리드먼이 강조하는 자유시장(free market)의 논리에 따라 소극적 국가 역할이 적절한지는 본문을 통하여 각각의 논리를 전개했지만 앞으로도 '국가와 사회'에 맡겨야 할 커다란 끝이 보이지 않는 국가적 담론이 될 것이라고 상상해 본다.

왜 분권적이고 네트워크형 국가를 지향해야 하는가

신자유주의라는 사조가 정치적으로 그리고 경제사회의 정책의 모습으로 본격적으로 등장한 것은 1979년 마가렛 대처가 영국 총리에 취임과 동시에 신자유주의 실천을 공언하면서 시작되었다고 해도 과언이 아니다. 1980년 미국에서의 레이건 집권 이후 신자유주의, 1986년의 일본의 나카소네 정권의 시작 등도 맥을 같이했다. 미국의 레이건 대통령은 정책평가와 분석을 중시하고 연방보조금의 인센티브제도 도입과 대규모 감세를 강조하기도 한다. 이후 일본을 비롯한 다른 선진국들에서도 민영화를 과감히 추진한다. 이러한 사조는 일본뿐만이 아니라 뉴질랜드 및 여타 국가들에게 영국과 미국을 벤치마킹해 신자유주의적 정책을 추진하는 것이 유행처럼 번지게 되었다. 물론, 1980년대 이후 오늘날까지도 신자유주의 경제이론은 세계 경제지형과 세계 경제질서 속에서 거대한 주류를 이루고 있다는 점은 부인할 수 없다. 신자유주의 사조는 자유시장 경제에 기반을 두고 있지만 아담 스미스 시대의 '자유방임'과는 달리 정부의 제한적인 규제와 개입을 받는 시장경제이다. 그러나 본질적으로 신자유주의 이론은 자유 경쟁을 주장하고 정부의 전면적인 개입에 반대하며 여전히 자유시장경제의 옹호자이다. 미국 시카고대학 교수였던 밀턴 프리드먼 등이 대표적인 신자유주의 학파라고 불리었다.

당시 신자유주의를 표방하느냐 아니냐 하는 구분은 통합과 자유를 강조하느냐 혹은 분권과 자율을 강조하느냐에 따라 구별이 가능하며, 지방행정 체계 개편과정을 보면 양 진영의 차이점이 극명하게 드러난다. 예를 들어, 영국 잉글랜드 지역의 2층제적 지방행정체계가 1층제로 변하고 GLC(Greater London Council, 1965-1986)가 1986년 폐지된 것은 바로 신자유주의적 사조가 팽배하던 시절에 영향을 받게 된 결과이다. 런던의 지방행정체계 개편 논의가 신자유주의적 사조가 등장해서 시작된 것은 아니고 실제적으로는 1944년 아비크롬비(Abercrombie)의 '대런던계획'에서 출발한다. 제2차 세계대전 당시 독일의 폭격으로 도시개조가 필요했던 상황과 맞물리며 1963년 관련법령을 확보하게 된다. 이후 1965년 런던 개조계획이 본격 착수되어 GLC(Greater London Council)가 탄생하게 되었다. 1986년 GLC가 폐지되는 과정을 살펴보면 신자유주의적인 요소가 강하게 작용되었다. 1981년 런던 GLC 단체장 선거에 노동당의 켄 리빙스턴이 당선된 당시 수상은 보수당의 마가렛 대처였다. 켄 리빙스턴은 지하철요금과 버스 승차요금을 대폭적으로 25% 인하를 단행한다. 상당액의 보조금을 여성단체 및 흑인단체, 소수민족단체에 배분한 것에 대한 보수당이 반발한 것이다. 노동당의 이러한 조치들은 신자유주의적 사조에 입각해서 '작은 정부'를 지향하는 보수당의 마가렛 대처 수상과 충돌하게 되었다. 동시에 런던의 보수당 주도의 32개 자치구에서도 리빙스턴 시장이 지방세를 상향하려고 시도했기 때문에 런던시민들의 저항도 커졌다. 특히, 지하철도 노선을 갖고 있지 않은 브로무리 자치구는 GLC에 대해 행정소송도 한다. 그 후에 보수당이 주도하는 '32개 런던자치구협의회'는 GLC 폐지 운동에 들어갔다. 1983년 총선거에서 보수당의 마가렛 대처는 GLC를 비롯해 6개 대도시 권역 MCC(Metropolitan County Councils) 폐지를 공약에 내걸게 되고 선거에 압승을 하게 되었다. 기초지방자치단체인 런던 32개 자치구(Bourough)가 대부분의 행정서비스를 위한 지출을 담당하고, GLC는 16%에 지나지 않기 때문에 폐지하자는 주장이 핵심내용이었다. 당시 잉글랜드 지역의 2층제의 지방행정 체계를 1층제로 바꾸는 공약이었으며 선거결과 보수당이 압승하였다. 물론 야당인 노동당 등이 거세게 반대했으나 관련 법안이 국회를 통과하고 1986년 3월 31일 마침내 약 20년의 역사를 가진 런던광역지방정부인 GLC는 폐지되었다. 폐지 이후의 런던의 GLC행정은 '런던조정위원회(London Coordinating Committee)'에 이관되거나 GLC의 사무권한의 상당수는 32개의 기초자치구에 재원과 함께 사무이양이 단행되었다. 기본적인 논조는 1970년대 중반에 등장한 신자유주의 영향에 의해 개인들의 저축, 투자, 일자리를 활성화하려는 의욕을 강조하고 시장 메커니즘이 경제를 더 자주적으로 규제하도록 해야 한다고 주장하면서 지방정부의 자율성 강조와 함께 동시에 중앙정부의 재정적 보조금을 축소하기에 이르렀다. 증세와 시민정신을 강조했던 당시 런던시장인 노동당의 리빙스턴과 정면으로 충돌한 것이었다.

그러나 런던의 지방행정 체계는 노동당이 집권 여당일 때 다시 한번 지방행정체계 개편을 하게 되었다. 1998년 런던 대도시 개편을 위한 주민투표법(Greater London Authority (Referendum) Act 1998)을 제정하여 1998년 5월 7일 런던시민들이 투표를 실시하여 34% 투표율에 72% 찬성으로 통과되었다. 투표결과 런던 대도시(Greater London Authority, GLA)라는 새로운 모습의 광역지방행정 계층이 만들어진다. 2000년에 직선으로 GLA단체장과 의회를 구성했으며 본격적으로 광역기능을 부여받은 대도시 '광역지방자치단체'지위를 얻게 되었다(GLA Act, 1999). 법에 의하며 런던 대도시(GLA)는 기초단위를 포괄하는 지방정부이면서 광역시로서 2계층 지방행정체계를 유지하나 하위 32개 기초지자체에 대한 감독권은 없다. 런던 대도시는 광역기능을 총괄적으로 수행할 수 있도록 광역행정 대기능의 7대 전략적 사무권한을 수행하고 있으며, 런던 대도시법(GLA Act, 1999와 2007년 개정법률)에서 권한을 받고 독립적으로 사무를 수행하고 있다. 런던 대도시 지자체(GLA)는 2007년 개정된 GLA

법에 의하여 광역적 권한과 역할이 더 확장되어 직업전문교육, 기후환경변화에 대한 대응, 의료서비스의 불평등 해소 등의 분야도 자치권을 행사하게 되었다. 런던 대도시와 기초자치구 간 재정 관계는 런던 대도시 재원의 일부를 기초 지자체인 런던자치구 주민세(Council Tax)의 일부를 세수기반으로 하며, 그 외의 재원에 대해서는 대부분 국가로부터 교부금을 지원받아 정책을 수행하고 있다.

1995년 34년 만에 단체장 직선제도를 부활시킨 우리나라 지방행정체계 개편 논의에서도 영국의 영향을 강하게 받는다. 특히 지방자치를 부활시킨 직후에 맞이한 1997년 12월에 시작된 IMF는 강하게 정부의 구조조정을 요구했으며 행정의 비효율성에 대한 사회적인 비판도 매우 컸다. 우리나라도 예외는 아니었다. 심지어는 진보정권이라고 했던 IMF 직후에 등장한 김대중 정부, 이어서 등장한 노무현 정부에서도 신자유주의적 정책들은 만연되어 정부업무에 대한 분석 및 평가를 강조하면서 정부업무평가법 제정, 정부공공기관에 대한 경영평가 강화, 민영화를 통한 정부재정 축소 등도 추진되었던 것이다. 가장 절정에 달했던 시점이 이명박 정권이었다. '부자되세요'라는 정치 슬로건과 함께 등장한 이명박 정부에서의 지방행정체계 개편 주장 역시 앞서 1980년대 영국 잉글랜드 사례를 들면서 전국을 60-70개 정도의 기초지방자치단체로 하자는 주장이었다. 당시 지방행정체계 개편의 핵심은 도시부는 1층제로, 농촌부는 2층제로 하자는 안은 영국의 대처 정부에서 추진했던 방안과 완전히 동일한 내용이었다. 광역과 기초 2층제로 되어 있는 지방행정체계의 비효율성을 강조하면서 인구 기준으로 재편하자는 것이었다.

이명박 정권 때 2008년 터진 리먼 사태, 미국발 금융위기는 신자유주의적 시장경제 논리의 신화를 깨뜨리고 시장경제를 방치하다가는 걷잡을 수 없는 지경에 빠질 수밖에 없다는 비판에 이를 추진했던 각국 정부에 경각심을 갖게 해 준 계기가 된다. 아울러 미국발 금융쓰나미는 그때까지 지배했던 신자유주의를 바탕으로 만들어진 '워싱턴 컨센서스'에 대한 비판이 커지는 계기가 된다. 1980년대 초 라틴아메리카 국가들은 신자유주의 이론과 정책의 실험장이었다. 1980년대 말 중남미 국가들이 채무 위기에 빠지자 1990년 미국 국제경제연구소가 나서 국제통화기금·세계은행·미주개발은행·미국 재무성 관료와 중남미 국가 대표를 초청해 워싱턴에서 중남미 국가 경제개혁을 위한 방안과 대안을 제시하는 세미나를 열었다. 이 자리에서 '워싱턴 컨센서스'가 도출된다. 이른바 '워싱턴 컨센서스'란 사실상 시장경제 중심의 신자유주의 이론과 정책의 승화로, 미국은 신자유주의 모델로 세계질서를 규범화해 세계경제의 자유화·민영화·시장화·통합화를 꾀했던 것이다.

그렇다고 해서 한국의 민주성과 정부의 적극적 역할을 강조하는 진보진영에서 지방행정체계 개편에 대해 반대만을 했던 것은 아니었다. 2010년도의 민주당에서 지방행정체제의 개편 필요성을 제기한 이후 국회에서 '지방행정체제개편에 관한 특별법'에서 현재의 '지방자치분권 및 지방행정체제개편에 관한 특별법'에 이르기까지 국회에서는 여당과 야당이 큰 이견 없이 제정된 법이었다. 그 이유는 보수와 진보 양쪽 진영 모두 제6공화국의 헌법을 기초로 한 현행 지방행정체계로서는 생활경제권과 행정권의 불일치, 국회의원 선거구와 불일치 등으로 인하여 책임정치 구현의 한계, 행정의 효율성 제고, 지역 간의 격차 완화, 지역경쟁력 강화 등을 위해서는 한계가 있다는 점에서 동의하기 때문이다. 행정학이나 정치학 분야에서뿐만이 아니라 지리학, 지역개발학 등의 분야에서도 지방행정체계 개편의 필요성을 국토 공간의 재구조화라는 측면에서 문제를 제기하고 있다. 즉, 정보화와 교통통신의 발달로 인한 인구이동이 급격하게 대도시로 집중되고, 특히 수도권으로의 인구집중에 따른 인구소멸과 지방소멸, 경제의 4차 산업으로의 이행 등의 이유로 현재와 같은 지방행정체계가 만든 공간구조로서는 경쟁력 강화에서 한계가 있다는 지적이다.

이상 상기의 논의들을 종합하여 보면, 지방행정구역의 적정규모의 방향성은 크게 세 가지로 요약된다. 즉, 행정의 효율적 관점, 주민통제가 가능한 민주성 확보, 그리고 경제사회 구조 변화로 인한 국토 공간의 재구축 등으로 구분할 수 있다. 이러한 관점은 보수와 진보 진영에 따라 우선순위가 다르다는 점에서 지방행정체계 개편의 주안점이 다른 것이다. 행정의 고효율성을 강조하는 보수 진영에서는 일반적으로 지방행정구역의 통합을 지지하고 지방 자치단체의 민주적 운영과 주민통제를 강조하는 진보 진영에서는 지방행정구역의 통합보다는 지방자치단체로의 권한이양을 통한 분권을 강조하는 경향을 보인다. 그 결과 청주-청원의 통합, 마산-창원-진해 등의 통합은 모두 보수 정권 때인 이명박 정부 시절에 이뤄졌으며 전국을 5＋2라는 광역경제권을 추진했던 것도 이명박-박근혜 정부였다. 이에 반하여 진보정권이라는 김대중-노무현-문재인 정부에서는 지방분권을 강조했으며 문재인 정부 시절에 2020년부터 추진하려고 했던 부산-울산-경남의 특별지방자치단체를 추진했던 것은 하나의 자치단체로 통합하기보다는 광역자치단체들 간의 자율적인 네트워크와 협력을 강화하자는 방안이었다.

일본의 모리기념재단 도시전략연구소는 매년 세계의 주요 48개 도시에 대한 "경제", "연구 및 개발", "문화 교류", "거주", "환경", "교통 액세스"의 6분야 23지표 그룹, 70지표로 평가하고 있다. 2023년도 1위는 런던, 2위는 뉴욕, 3위는 도쿄, 4위는 파리, 5위는 싱가포르, 6위 암스테르담, 7위 서울로 상위 7개 도시까지의 순위 변동은 없으며, 두바이가 처음으로 상위 10위에 진입했고(8위), 상해는 상위 10에서 빠졌다(15위). 최근 10년간의 종합 점수를 살펴보면, 1위인 런던은 작년에 하락했지만 올해는 상승하였고, 뉴욕, 도쿄, 파리 각 도시는 올해 하락하였으며 도시에 따라 코로나 이후 결과에 차이가 나타나고 있다. 도쿄의 약점은 경제 분야에서 나타났으며, 이번에는 역대 최저인 10위로 추락했다. 도쿄는 국제 컨벤션의 수와 외국인 방문자가 증가하고, 여기에 환율이 하락하는 영향으로 물가 수준이 하락, 일자리가 적고, GDP 성장률은 여전히 낮다(47위). 특징은 6분야의 점수가 균형을 이루고 있으며, 런던의 문화 교류나 뉴욕의 경제 및 연구 개발과 같은 명확한 강점이 없다는 것이다. 금융 분야의 14개 지표를 평가한 첫 시도인 "금융 센터" 랭킹은 1위 뉴욕, 2위 런던, 3위 도쿄, 4위 베이징, 5위 상해이다. 도쿄는 "대형 보험회사 본사" 및 "세계 톱 연금 기금"의 2개 지표에서 1위를 차지했다.

[그림 1] 주요국들의 수도권 지방행정체계

[그림 1]은 세계 주요국들의 수도권 지방행정체계를 나타낸 것이다.

그림에서도 나타난 바와 같이 세계 주요국들 수도권 메가시티들은 도시 간 네트워크를 통한 메가 리전으로 진화하고 있다는 것을 알 수 있다. 즉, 면적과 인구가 도시경쟁력 지표가 아니다. 거주비용이 낮고 다양성, 문화 교류, 경제활동의 활성화가 보장되는 도시가 경쟁력이 강하게 나타난 것이다.

그렇다면 왜 분권형 국가이면서 지역과 지역 간의 네트워크 강화를 추구해야 하는지는 재레드 다이아몬드의 『나와 세계(2014)』라는 저서에서 나오는 대목을 인용하면 적절할 것 같다. "서양의 중세시대에 중국은 테크놀로지에서 모든 세계를 앞서 나갔다. ...(중략)... 예컨대 수문이 설치된 운하, 주철 합금, 수직 갱도, 화약, 연, 자기 나침반, 인쇄와 종이와 활자 등등 중국은 테크놀로지에서 세계를 선도했다. ...(중략)... 중국이 이런 선두적 위치를 상실한 이유가 무엇일까? 중국인이 세계를 정복하지 않고 유럽인이 먼저 세계 곳곳으로 진출해 세계를 정복한 이유가 무엇일까? ...(중략)... 여러 이론이 있겠으나 내 생각에는 이른바 '보물함대'라 불리는 중국의 탐험대에 닥친 사건이 이 의문을 해결할 수 있는 중요한 단서인 듯하다. 1405년부터 1433년까지 중국 황제인 영락제는 환관(宦官) 정화(鄭和)의 지휘 하에 일곱 번(필자 주: 영락제가 6번, 그 뒤의 선덕제가 1번)이나 함대를 파견한다. 크르스토퍼 콜럼버스가 스페인에서 출발해서 아메리카 대륙으로 건너간 세 척의 작은 범선에 비하면 중국 함대는 어마어마했다. 중국 원정대는 길이가 100미터에 이르는 선박 수백 척으로 이루어졌고 선원도 28,000명에 달했다(필자 주: 정확하게는 선박은 150미터, 62척과 2만 7,800여명의 군사 및 의원, 역관 등). 중국 원정대는 소주의 유가항을 출발해서 동남아시아 해안을 따라 내려가 인도네시아를 지나 인도로 향했고 다시 인도양을 지나 아프리카 동부 해안에 도착한다. 일곱 번의 대규모 원정 이후 다시 함대를 파견했더라면 아프리카 남단(필자 주: 남아프리카의 희망봉)을 지나 서부 해안으로 올라갔을 테고 심지어는 유럽 정복도 시작되었을 수도 있었다. 하지만 그런 일은 일어나지 않았다. 왜 여덟 번째 함대는 없었을까? 중국에세 그런 대규모 원정을 명령할 수 있는 사람은 오직 황제밖에 없었기 때문이다. 영락제(필자 주: 1360년에 태어나고 1424년에 사망한 그의 치적은 매우 많았으며, 난징에서 지금의 중국 수도인 베이징으로 천도한 황제였다)라는 황제가 사망한 이후에 1433년 중국의 조정에서는 막대한 돈이 들어가는 함대의 파견을 반대하는 정파가 권력투쟁에서 승리하면서 원정대는 사라진다(필자 주: 원정대의 사령관이면서 이스람교도이기도 했던 정화가 사망하자 그를 대신할 사령관이 없었던 것도 작용했을 것이다). ...(중략)... 게다가 당시의 황제는 조선소를 폐쇄하고 중국 선박들이 먼바다로 나가를 것을 금하기 까지한다. ...(중략)... 그렇다면 유럽 원정대와 비교를 해보면 흥미롭다. 유럽의 경우에는 해양 원정대의 파견을 명할 수 있는 명령권자가 다수 있었다. ...(중략)... 콜럼버스가 대서양을 지나 아시아에 간다고 하면서 지원을 이탈리아의 군주들, 프랑스, 포르투갈, 스페인의 백작 등에게 요청한다. 모두가 거절했지만 그는 끈질기게 스페인의 페르난도 2세와 이사벨라 1세 부부에게 탐험을 7

번이나 찾아가 설득하여 지원 요청이 성사되어 신대륙 항로를 발견하게 된 것이다. ...(중략)... 요컨대 유럽이 정치적으로 작은 단위로 쪼개져 있었던 까닭에 콜럼버스는 많은 공작과 백작 및 군주에게 지원을 요청할 수 있게 된 것이다. ...(중략)... 반면에 중국은 정치적으로 통일된 땅이었다. 중국에서는 재정적인 지원을 해 줄 만한 사람은 단 한사람, 황제밖에 없는 것이다."[10]

이와 같은 재레드 다이아몬드의 견해는 막스 베버가 자신의 저서인 『경제와 사회』 4판에서 근대적 의미에서 유럽자본주의 출현에 최대의 계기를 만든 것은 국력확장을 위해 민족국가들 간의 부단한 평화적이고 군사적인 투쟁의 결과이다. 즉, 국가와 국가, 기업과 기업들 간의 자본을 획득하기 위한 경쟁이 유럽의 자본주의 발달을 가져와서 하나의 국가였던 19세기 중국보다 성공한 이유에 대해서 언급한 것과 일맥상통한다.

결론적으로 우리나라의 지방자치 행정체계를 광역자치단체의 폐지 또는 광역자치단체와 기초자치단체 간의 계층과 구역을 급격히 바꾸는 대안들의 경우 정치적 실현 가능성이라는 측면에서 장애요인을 안고 있을 뿐만 아니라 주요국의 수도권 대도시 전략들과도 사례를 찾을 수 없다. 이러한 정책 환경을 감안할 때, 광역자치단체와 기초자치단체 간에는 계층 간의 축소를 신자유주의적인 관점에서 통폐합보다는 국가와 광역, 그리고 자치단체 간의 행정수행이라는 기능적인 조정을 통한 소프트웨어적 개혁을 통하여 달성하는 것이 바람직하다고 본다. 위에서 살펴본 바와 같이 해외 주요국(영국, 프랑스, 일본)의 수도들이 메가폴리스 경향은 보이나 이를 가속화시키는 하나의 대도시로 통합하는 경향은 보이지 않는다. 메가시티 전략이 아닌 메가리전 전략으로 국토의 균형된 발전 계획을 수립하고 있다. 하나의 광역자치단체로 묶어서 얻는 득보다는 지역의 독자성을 유지하면서 네트워크형으로 지역간 거버넌스를 강조하는 세계적인 추세와는 역행하기 때문에 국가경쟁력 강화에도 큰 기여를 못한다.

---

10) 재레드 다이아몬드 지음·강주현 옮김, 재레드 다이아몬드의 나의 세계, 서울: 김영사, pp. 92-95 발췌 요약.

참고문헌

그레그 스타인메츠 지음 · 노승용 옮김(2015), 「자본가의 탄생」, 부키.

김봉철 · 최자영 외(2015), 「서양고대사 강의」, 한울아카데미.

김선주 지음 · 김범 옮김(2020), 「조선의 변방과 반란: 1812년 홍경래난」, 푸른역사.

김익한(1996), "1910년대 일제의 지방지배정책 – 행정구역 통폐합과 면제를 중심으로 –", 「한국의 사회제도와 사회변동」, 문학과지성사.

김창규(2018), 「중국의 근대와 근대성」, 경인문화사.

김태웅(2012), 「한국근대지방재정연구」, 아카넷.

김항규(1996), "초기 조선총독부의 정책결정체제 연구", 한국행정학회 학술대회 발표논문집, pp. 133–164.

니얼 퍼거슨 지음 · 홍기빈 옮김(2008), 「광장과 타워」, 21세기북스.

니얼 퍼거슨 지음 · 구세희/김정희 옮김(2018), 「시빌라이제이션」, 21세기북스.

니콜로 마키아벨리 지음 · 강정인/김경희 옮김(2015), 「군주론」 제4판, 까치.

니클라스 루만 지음 · 김종길 옮김(1997), 「복지국가의 정치이론」, 일신사.

니클라스 루만 지음 · 박여성 옮김(2011), 「사회체계이론 2」, 한길사.

니클라스 루만 지음 · 박여성/이철 옮김(2014a), 「예술체계이론」, 한길사.

대니얼 J. 부어스틴 지음 · 이경희 옮김(2022), 발견자들 3, EBS books.

라이샤워 지음 · 이광섭 옮김(1997), 「일본근대화론」, 소화.

Robert D. Putnam · 정승현 옮김(2009), 「나 홀로 볼링 사회적 커뮤니티의 붕괴와 소생」, 페이퍼로드, pp. 74–76.

마르쿠스 가브리엘 지음 · 김윤경 옮김(2021), 「왜 세계사의 시간은 거꾸로 흐르는가」, 타인의 사유.

마이클 샌델 · 김명철 옮김(2014), 「정의란 무엇인가」, 와이즈베리.

막스 베버 지음 · 박성환 옮김(1997), 「경제와 사회 · 1」, 문학과 지성사.

마이클 스콧 지음 · 홍지영 옮김(2018), 「기원 전후 천년사, BC508-AD415」, 사계절.

미조구치(溝口雄三) 지음 · 임태홍 옮김(2022), 「이탁오 평전」, 글항아리.

박은경(1995), "일제시대 조선총독부 조선인 관료에 관한 연구", 「한국정치학회보」 28(2), p. 133.

서영조(2008), "니클라스 루만의 정치체계론", 「한국시민윤리학회보」 21(1).

_____(2011), "정치와 사회 조종 - 루만의 '조종 비관주의'를 중심으로", 「현상과인식」 35(1/2).

_____(2013), "자기생산체계로서의 정치체계 - 루만의 새로운 정치이해", 「사회와철학」 25.

서영조 · 김영일(2009), "니클라스 루만의 권력이론: 소통수단으로서의 권력", 「21세기정치학회보」 19(2).

송호근(2013), 「시민의 탄생」, 민음사.

시오노 나나미 지음 · 오정환 옮김(1996), 「나의 친구 마키아벨리」, 한길사.

신주백 편(2018), 「근대화론과 냉전지식체계」, 혜안.

Aristotle/크세노폰 외 지음 · 최자영/최혜영 옮김(2002), 「고대 그리스정치사 사료: 아테네, 스파르타, 테바이 정치제도」, 신서원.

알랭드 보통 지음 · 정영목 옮김(2021), 「불안」, 은행나무.

야스마루 요시오 지음 · 이희복 옮김(2021), 「일본의 근대화와 민중사상」, 논형.

양병우(1976), 「아테네 民主政治史」, 서울대출판부.

에릭 와이너 지음 · 노승용 옮김(2016), 「천재의 발상지를 찾아서」, 문학동네.

에밀 벵베니스트 지음 · 김현권 옮김(2014), 「인도유럽사회의 제도 · 문화 어휘 연구 1: 경제, 친족, 사회」, 그린비.

위고메르시 지음 · 강주헌 옮김(2021), 「대중은 멍청한가」, 커넥팅.

위르겐 하버마스/니클라스 루만 지음 · 이철 옮김(2018), 「사회이론인가, 사회공학인가? 체계이론은 무엇을 수행하는가?」, 이론출판.

윌 버킹엄 외 지음 · 이명희/박유진/이시은 옮김(2011), 「철학의 책」, 지식갤러리.

유발 하라리 지음 · 조현욱 옮김(2015), 「사피엔스(Sapiens)」, 김영사.

유용태(2019), 「동아시아사를 보는 눈」, 서울대출판문화원.

율리히 벡 지음 · 홍성태 옮김(1997), 「위험사회」, 새물결.

이매뉴얼 C. Y. 쉬 · 조윤수/서정희 옮김(2013), 「근-현대 중국사: 제국의 영광과 해체(상권)」, 까치글방.

이철승(2019), 「불평등의 세대」, 문학과지성사.

임승빈(2002), "'메이지헌법'과 '현행헌법'의 비교를 통한 일본헌법과 행정과의 관계 분석", 「일본연구논총」 25.

_____(2003), "일본의 국가기구 형성에 관한 비판적 고찰", 「행정학보」 47(4), 한국행정학회.

_____(2019), "자치, 그리고 공동체주의 논거와 실천모색", 「한국자치행정학보」 33(3).

_____(2022), "6.1 지방선거와 공동체주의적 자치분권의 확대", 자치분권 2.0 지방선거 캠페인 토론회 발제문, 거버넌스센터주최, 국회도서관소회의실.

_____(2022), 「지방자치론」 제15판, 법문사.

임혁백(2021), 「민주주의의 발전과 위기: 아테네에서 21세기 한국까지, 민주주의 연대기」, 김영사.

장대익 외(2009), 「종교전쟁: 종교에 미래는 있는가」, 사이언스북스, p. 158.

장시기(2006), "탈근대성의 인식론", 「들뢰즈와 그 적들」, 한국비평이론학회, 우물이있는집.

장하준 지음 · 이종태/황해선 옮김(2006), 「국가의 역할」, 부키.

전경옥 외(2011), 「서양 고대 중세 정치사상사: 아테네 민주주의에서 르네상스까지」, 책세상.

鄭墡謨(2012), 「李裕元의 乙亥燕行과 江華島條約, 문명의 충격과 근대동아시아의 전환」, 경진출판소.

정약용 지음 · 다산연구회 편역(2005), 「목민심서」, 창비.

조귀동(2020), 「세습 중산층 사회」, 생각의힘.

조지프 스티글리츠, 브루스 그린왈드 저 · 김민주/이엽 옮김(2016), 「창조적 학습사회」, 한국경제신문.

조찬래(2015), 「고대정치사상」, 충남대 출판문화원.

존 롤즈 지음 · 장동진 옮김(1998), 「정치적 자유주의: Political Liberalism」, 동명출판사.

존 핸즈 지음 · 김상조 옮김(2022), 「코스모사피엔스: 우주의 기원 그리고 인간의 진화」, 소미미디어.

최민자(2015), 「스피노자의 사상과 그 현대적 부활」, 모시는 사람들.

최정운(1999), 『오월의 사회과학』, 풀빛.

_____(2013), 『한국인의 탄생』, 미지북스.

최진욱(1998), 『조선시대 생원진사 연구』, 집문당.

T. W. 아도르노 지음 · 최문규 옮김(1996), 『한줌의 도덕』, 솔.

토마 피게티 지음 · 장경덕 외 옮김(2013), 『21세기 자본』, 글항아리.

토머스 홉스 지음 · 최공웅/최진원 옮김(2021), 『리바이어던』, 동서문화사, 세계사상전집05.

Forrest, William George Grieve · 김봉철 옮김(2001), 『그리스 민주정의 탄생과 발전』, 한울.

프랑코 벤튜리 지음 · 김민철 옮김(2018), 『계몽사상의 유토피아와 개혁』, 글항아리.

피터 프랑코판 지음 · 이재황 옮김(2017), 『실크로드 세계사: 고대 제국에서 G2 시대까지』, 책과 함께.

하태규(2017), "고대 아테네 민주주의와 광장 민주주의", 『경제와 사회』 113호, 비판사회학회.

한국철학사상연구회/정암학당 편(2017), "자유(최종덕)", 『아주 오래된 질문들』, 동녘.

황옥자(2020), 『고대 아테네 사회의 갈등, 화해, 공존』, 민주주의와 인권.

Carl J. Friedrich(1967), *An Introduction to Political Theory: twelve lectures at Harvard*, 安世舟 · 村田克巳 · 田中誠一 · 福島治共 譯(1995), 『政治學入門: ハーバード大學12講』, 東京: 學陽書房.

F. ヴェントゥーリ 著 · 加藤喜代志/水田洋 譯(1981), 『啓蒙のユートピアと改革』, 東京: みすず書房.

Joseph E. Stiglitz · Bruce C. Greenwald(2015), *Creating a Learning Society: A New Approach to Growth, Development, and Social Progress*, Columbia University Press.

M. アルブロウ 著 · 君村昌 譯(1974), 『官僚制』, 東京: 福村出版.

ウェーバー, M. · 阿部行藏他 譯(2005), "新秩序ドイツの議會と政府－官僚制度, 政党組織の政治的批判", 『ウェーバー政治 · 社會論集(世界の大思想23)』, 河出書房新社.

シャトレ 著 · 野澤協 監譯(1976), 『啓蒙時代の哲學』, 東京: 白水社.

シリル・ノースコート・パーキンソン・森永晴彦　譯(1996), 「パーキンソンの法
　　　則」, 東京: 至誠堂.

ベンディックス, R.・折原浩 譯(1988), 「マックス・ヴェーバー」,　中央公論社.

マックス・ヴェーバー・阿閉吉男/脇圭平 譯(1987), 「官僚制」, 恒星社厚生閣.

マックス・ヴェーバー・石尾芳久 譯(1992), 「國家社會學」 改訂版, 東京: 法律文
　　　化社.

マックス・ヴェーバー・世良晃志郎 譯(1960), 「支配の社會學I」, 東京: 創文社.

＿＿＿＿(1962), 「支配の社會學II」, 東京: 創文社.

マックス・ヴェーバー・新明正道　監修(1981), 「現代社會學のエッセンス 8」, 東
　　　京: ペリカン社.

レイフィスマン&ティム・サリバン著・土方奈美　譯(2013), 「意外と會社は合理
　　　的」, 日本経済新聞社.

ロック・鵜飼信成(1968), 「市民政府論」, 東京: 岩波文庫.

ロバート・キングマートン・森東吾他　譯(1961), 「社會理論と社會構造」,　東京:
　　　みすず書.

加藤哲郎(1990), 「國家論のルネサンス」, 東京: 靑木書店.

岡田彰著(1994),　　 「現代日本官僚制の成立−戰後占領期における行政制度の再編
　　　成」, 法政大學出版局.

山口二郎(2007), 「ポスト戰後政治への對抗軸」, 東京: 岩波書店.

大嶽秀夫(1994), 「戰後政治と政治學」, 東京: 東京大出版會.

＿＿＿＿(1999), 「日本政治の對立軸」, 東京: 中央公論新社.

＿＿＿＿(1994), 「戰後政治と政治學」, 東京: 東京大學出版會.

稲繼裕昭(1996), 「日本の官僚人事システム」, 東京: 東洋經濟新報社.

渡邊洋三(1972), 「現代國家と行政權」, 東京: 東京大出版會.

渡辺沈(2007), 「組織社會學」, 東京: ミネルバァ書房.

蠟山政道(1965), 「行政學研究論文集」, 東京: 勁草書.

毛桂榮(1997), 「日本行政改革」, 東京: 靑木書店.

飯尾潤(1993), 「民營化の政治過程」, 東京: 東京大出版會.

福原宏幸 編(2007), 「社會的排除・包攝と社會政策」, 東京: 法律文化社.

三宅一朗 外(1986), 「日本政治の座標」, 東京: 有斐閣.

西尾勝(1996),「行政學」, 東京: 有斐閣.

_____(2002),「日本の行政學」, 東京: 有斐閣.

新藤宗幸(1986),「行政改革と現代政治」, 東京: 岩波書店.

辻清明(1969),「日本官僚制の研究」新版, 東京: 東京大學出版會.

_____(1991),「公務員制の研究」, 東京: 東京大學出版.

阿利莫二(1974),「官僚制概念の成立と展開」, 東京: 東京大出版會.

阿部 薺(1989),「現代政治と政治學」, 東京: 岩波書店.

野口悠紀男・榊原英資(1977), 「大藏省日銀王朝の分析－總力戰經濟体制の終焉」,
　　　　東京: 中央公論.

御廚貴(1980),「明治國家形成と地方經營」, 東京: 東京大學出版會.

伊藤大一(1981),「現代日本官僚制の分析」, 東京: 東京大學出版會.

猪口孝(1983),「現代日本政治經濟の構圖」, 東京: 東洋經濟新報社.

_____(1988),「國家と社會」, 東京: 東京大學出版會.

_____(1993),「經濟大國の政治運營－日本」, 東京: 東京大學出版會.

田口富久治(2001),「戰後日本政治學史」, 東京: 東京大學出版會.

井出嘉憲(1982),「日本官僚制と行政文化」, 東京: 東京大出版會.

條田徹(1986), "男女雇用均等法をめぐる意思決定"中野實編, 「日本型政策決定の
　　　　變容」, 東京: 東洋經濟新報社, 80－81.

佐藤慶幸(1991),「官僚制の社會學」, 東京: 文眞堂.

佐藤誠三郎/松崎哲久(1986),「自民党政權」, 東京: 中央公論社.

曾根泰敎(1986),「やらせの政治(審議會)方式の檢證」, 東京: 中央公論.

池田 信夫(2020),「ハイエク知識社會自由主義」, PHP研究所.

眞淵勝(1994),「大藏省官僚の政治經濟學」, 東京: 中央公論社.

靑井和夫 編(1964),「組織の社會學」, 東京: 有斐閣.

村松岐夫(1981),「戰後日本の官僚制」, 東京: 東洋經濟.

_____(1994),「日本の行政」, 東京: 中公新書.

樋渡展洋(1991),「戰後日本の市場と政治」, 東京: 東京大學出版會.

片岡寬光(1998),「國別行政改革事情」, 東京: 早稻田大學出版部.

恒川惠市(1996),「企業と國家」, 東京: 東京大學出版.

行政改革會議(1998),「最終報告」, 東京: 行政改革會議.

찾아보기

저자약력

■ 임 승 빈

　임승빈은 일본 동경대학교 상관사회과학(학술학) 석사와 박사학위를 취득했다. 최종학위 논문은 "包括奉事形の政策執行"이다. 지역사회의 민간인 명예직 행정위촉위원들과 행정과의 상호의존적 네트워크를 통한 정책집행과정에 관한 논문이다. 이론적 틀은 N.루만의 사회체계론과 M.베버와 T.파슨즈의 구조기능주의적 이론에 영향을 많이 받았으나 기본적으로는 지역사회와 행정과의 상호의존관계가 구조기능적만으로도 또는 현상주의적만으로도 해석할 수 없다는 입장이다. 오히려 일본의 경우는 권력의 순환과정과 권위의 순환과정이 메이지 유신 이후에 만들어진 국가제도주 하에서 경제적 보상 관계가 아닌 사회적 보상 관계를 통하여 특수한 제도가 형성되었다는 경위를 밝힌 논문이다.

　학위 이후에 그는 한국에 귀국하여 한국지방행정연구원, 한국행정연구원, 국립순천대학교 등을 거쳐 지금의 명지대학교 행정학과에 근무 중이다. 그동안 주요 단독 저서로는 2003년 초판 발행 이후 2023년까지 16판을 거듭해온 『지방자치론(법문사)』, 5판 개정판까지 출간된 『정부와 NGO(대영문화사)』가 대표적이다.

질서의 지배자들[제2판]

2022년 8월 30일   초판 발행
2024년 2월 10일   제2판 1쇄 발행

저　자	임　　　승　　　빈	
발행인	배　　　효　　　선	

발행처　도서
　　　　출판　　**法　文　社**

주　소　10881 경기도 파주시 회동길 37-29
등　록　1957년 12월 12일 / 제2-76호 (윤)
전　화　(031)955-6500~6 FAX (031)955-6525
E-mail　(영업) bms@bobmunsa.co.kr
　　　　(편집) edit66@bobmunsa.co.kr
홈페이지　http://www.bobmunsa.co.kr

조 판　광　　　진　　　사

정가　26,000원　　　　　ISBN 978-89-18-91453-4